읽는 사람은 죽기 전에 천 번을 산다

_____ 드림

"알면 사랑한다"

최재천

아는 만큼 실천하면

세상이 달라집니다.

정○○

하나의 삶, 하나의 지구, 하나의 모험

2021. 10. 17

라오는 기질은 알면 달라질 수 있고
성숙해지면 연마할 수 있다

박 성준

사랑과 존경이 늘

함께 하기를

평안하고 행복하세요.

늘 건강하시고 행복하세요.

걸어가면 길이 된다
유인경

Meta-dreaming
in Metaverse
김상균

나의 꿈보다
타인의 아픔 곁에
강유정

느끼는 모두에게 자유를!
진범선

정근옥 2021.10
행복하세요..

한국인을 읽는다

KBS 특별기획
한국인을 읽는다

최재천 · 유성호 · 김상균 외 지음

베가북스
VegaBooks

정관용

국민대학교 교양대학 특임교수이자 시사평론가, 한국을 대표하는 방송 토론 진행자.

서울대학교 사회학과를 졸업하고 국민대학교에서 정치외교학 석사 학위를 받았고, 한양대학교에서 신문방송학 박사과정을 수료하였다.

1990년 CBS 뉴스 해설을 시작으로 방송계에 입문하였다. 1993년 김영삼 정부 청와대 비서실 행정관이 되었으며, 2년간 일하였다. 1998년 SBS 〈뉴스 대행진〉의 뉴스해설가를 시작으로 본격적인 방송인의 길을 걸었다. 현재 KBS 라디오에서 〈정관용의 시사본부〉, EBS에서 〈EBS 초대석〉을 진행하고 있다.

저서로 《나는 당신의 말할 권리를 지지한다》, 《문제는 리더다》(공저), 《상실의 시대》(공저) 등이 있다.

들어가며

영화로 치자면 옴니버스 영화가 되겠다.

처음 시작은 책이었다. 라디오 방송에서 책 소개하는 프로그램들은 많았고, 지금도 몇몇 방송국에서 진행 중이다. 그런데 기존 프로그램들과는 좀 다른 구성과 내용으로 책을 함께 이야기하는 기획을 해보자고 입을 모았다. 하지만 너무도 많은 책 가운데 어떤 책을 어떤 기준으로 어떻게 골라야 할지부터 막막했다. 그래서 떠오른 게 우선 주제를 정하는 것이었다.

주제라…. 정치, 경제, 사회, 문화, 국제, 한반도… 그중 어떤 분야에서 어떤 주제를 선정해야 할지 이 또한 막막했다. 머리를 맞댄 논의

한국인을 읽는다

끝에 요즘 사람들의 관심이 많이 모여있는 곳, 모이기 시작하는 곳, 원래부터 관심이 많았던 곳 이런 지점들이 떠올랐고 그중 몇 가지 주제를 추려갔다.

환경, 메타버스, 운명, 생사, 돈. 어라? 너무 따로따로인데? 하나로 꿰어지는 논리적 일관성이 없잖아? 아니지. 원래 사람들의 관심사가 논리적으로 다 연결되는 건 아니지. 그래. 21세기 대한민국을 살아가는 사람들이 자신들의 삶을 돌아보고 앞으로의 삶에 대해 생각해볼 때 저절로 떠오르는, 혹은 앞으로 꼭 떠올려봐야 하는 주제들이면 된 거 아닌가?

그래서 정해진 다섯 가지 주제. 그래서 옴니버스 '한국인의 삶'. 이렇게 얼개가 잡혔다. 그다음은 각 주제별로 핵심을 관통하는 책, 요즘 주목받는 책들을 정했고, 책의 저자들을 모셨다. 그리고 주제별로 살아있는 경험을 이야기해줄 맞춤 연사들도 초대했다.

'환경' 파트에서는 한국을 대표하는 생태학자, 통섭학의 대가 최재천 교수. 그리고 일찍부터 기후 위기와 생태변화, 인류 생존 문제를 설파해온 공우석 교수. 영국 출신의 젊은 탐험가 제임스 후퍼 님을 초대했다.

'운명' 파트는 대중음악평론가였다가, 생사의 고비를 넘고 명리학에 천착해 자신만의 명리학 세계를 열어젖힌 강헌 현 경기문화재단 대표와 풍수건축이라는 새로운 세계를 우리에게 소개한 건축가이면서 역술가인 박성준 대표, 그리고 기자로 수십 년 수많은 사람을 인터뷰하며 다양한 사람들의 운명을 간접 경험한 방송인 유인경 기자와 함께했다.

'생사' 파트에서는 복잡다단한 삶의 마지막 종착점인 시체를 해부하는 법의학자 유성호 교수와 사회 참여 의사로 활동하다 극심한 우울증을 겪고 난 뒤, 삶과 죽음의 경계가 불분명할 정도인 오지 진료에 나선 국경없는의사회 활동가 정상훈 의사 그리고 강유정 교수를 초대했다.

'돈' 파트에서는 코트라에서 세계 무역현장을 누비고, 유대인의 경제역사를 비롯 돈의 인문학을 설파해온 홍익희 교수, 그리고 유인경 기자와 함께 이야기를 나누었다.

메타버스 파트에서는 누구보다 먼저, 그리고 다양한 내용으로 메타버스 세계를 우리에게 알려온 인지과학자 김상균 교수, 영화가 현실이 되는 미래세계를 안내할 영화평론가이자 문학평론가 강유정 교수와 이야기를 나누었다.

마지막으로 일종의 보조 진행자 역할을 맡아 MZ 세대의 눈으로 다섯 가지 주제를 함께 이야기해준 그룹 양반들의 리더 전범선 씨. 휘뚜루마뚜루 사는 것 같지만 공부천재이며 평범한 엘리트코스를 거부하고 '다소 불안하지만 많이 행복한 삶'을 개척하는 훌륭한 청년이다.

귀한 시간 내서 함께 한국인의 삶을 이야기하고 더 나은 삶에 대한 고민을 풀어주신 모든 분들에게 깊이 감사드린다.

개인적으로 다섯 주제가 다 똑같은 무게로 다가왔던 것은 아니었다. 오래전부터 중요 관심사였던 것은 환경과 생사의 문제다. 50억 년 지구의 역사에서 현생 인류가 생겨난 건 고작 10만~20만 년 전이다. 그리고 우리가 석유와 석탄을 캐다 쓴 건 불과 몇 백 년밖에 안 된다. 그런데 그 결과 지구생명체 전체의 대멸종을 만들어내고 있다니 이 얼마나 어처구니없는 현실인가? 스스로 자기 목숨을, 자식의 목숨을 위협하는 이 불편한 현실을 알면서도 그냥 편한 대로 살아가는 우리의 모습. 이제 바꿔야 한다고 방송 활동하면서 수없이 강조해 왔다.

좋은 죽음, 웰다잉 운동도 일찍부터 관심사였다. 죽음이 언제든 내 곁에 있고, 편안한 삶의 일부임을 받아들이면 비로소 삶이 겸손해지고 자유로워진다는 명제를 잊지 않고 되새기려 나름 노력해왔다. 쉽지만은 않은 일이었지만…. 죽음을 자주 떠올리는 삶이 죽음은 없을 것처럼 사는 삶보다 훨씬 충만하고, 행복할 수 있다고 믿는다. 특히 사회적 존재로서 남에게 피해를 주지 않는 건전한 삶을 만들 수 있다고 믿는다.

돈의 문제는 평범한 생활인으로서 누구나 갖게 되는 수준의 관심사였다. 시사평론가로서 국제 경제와 한국 경제의 구조적 문제 등에 대해서는 많은 전문가들과 토론하고 공부했지만 그건 생활인의 돈 문제와는 좀 다른 차원이다. 개인 차원에서는 저축, 집 마련, 직간접 투자, 노후 대비, 특별히 남다를 것 없는 수준에서 생각하고 실천하는 정도다. 다만 돈을 벌고 모으고 쓰는 가장 기본적인 교육이 어려서부터 이루어져야 한다는 생각, 이런 면에서 한국 교육에 큰 문제가 있다는 생각은 평소부터 해왔다. 이번 좌담을 통해 유대인의 가정 경제교육이 왜 훌륭한지 새삼 깨달았다.

메타버스는 최소한의 공부는 하지 않으면 안 되는구나 하는 정도의 관심사였다. 다르게 표현하자면 내가 직접 메타버스 세상의 일원으로 적극 활동하지 않아도 메타버스 세상이 어떤 사람들로 만들어져서 어떻게 굴러가고 있는지 몰라선 안 된다는 정도? SNS 활용도 잘 안 하고, 온라인 서핑, 유튜브 시청도 거의 하지 않는 나의 실생활에서 메타버스는 정말 미지의 세계다. 하지만 시사평론가라는 직업상 몰라선 안 된다. 또 교수로서 젊은 학생들과 소통하기 위해서도 필수 공부 과목이다. 이번에 조금 공부해보니 세상 돌아가는 기본 법칙은 현실세계나 메타버스나 똑같다는 생각이 들었다. 장밋빛 환상으로만 메타버스 세계를 볼 수 없다. 이미 현실화하고 있는 신종 범죄들에 대한 대비에 사회적 차원의 노력이 집중되어야 한다.

명리학과 운명이란 주제는 가장 관심 없던 분야이다. 태어난 연월일시로 사람의 운명이 결정된다는 걸 믿을 수 없었고, 혹세무민하는 야바위 돈벌이 정도로 무시해왔다. 그런데 이번 좌담을 통해 공부해보니 내 생각이 명리학에 대한 가장 편협한 오해였음을 깨달았다. 인류 탄생부터 함께 해온 가장 오래된 학문 명리학. 그 핵심은 결국 유전적·환경적으로 타고난 기질과 각 개인이 맞닥뜨리게 되는 주변 환경, 주변 사람, 사회문화적 변화가 어떻게 조화를 이뤄 개개인의 운명을 만들어가는지에 대한 학문이었다. 혹세무민이 아니라 최고의 사회과학일 수 있는 그런 분야였다.

독자들께서도 이 책을 꼭 순서대로 처음부터 끝까지 읽어야 하는 건 아니다. 저처럼 각자 평소 관심 많던 분야부터, 혹은 반대로 생소했던 분야부터 하나하나 읽는 편이 오히려 바람직해 보인다. 그리고 더 관심이 깊어진다면 주제별로 제시된 몇 권의 책을 구해 보기를 권한다.

참여해주신 많은 전문가분들은 평생을 해당 분야의 연구와 실천에 매진해 온 분들이다. 그 응집체가 쉽고 간명한 몇 마디 설명으로 녹아있다. 읽다 보면 저절로 무릎을 치게 되는 탁견을 만나게 되는 신명나는 경험들을 많이 해보기 바란다.

마지막으로 방송 기획부터 진행, 제작, 편집, 책 출간에 이르기까지 모든 과정을 주도해 온 민노형 PD와 김자영 작가에게 가장 큰 애정과 감사를 보낸다.

2021. 10.

정관용

최재천

바이러스는 인류를 멸종시키지는 못합니다. 하지만 기후 변화 문제는 모든 사람을 죽일 수 있습니다. 진짜 위기는 코로나19가 아닌 기후 변화 위기인 거죠. 이에 대응하지 못하면 아마 전 인류가 위험에 빠질 겁니다.

공우석

지구는 땅. 공기, 물, 생명체가 서로 조화롭게 살고 있었거든요. 그런데 인간이 등장해서 이 구성요소 하나하나에 영향을 미치고, 부담을 줬기 때문에 균형이 무너져 코로나와 같은 전염병이 발생한 겁니다. 인과응보라는 것을 자각하고, 다시 경험하지 않으려면 어떻게 살아야 할지 지금부터라도 생각하고 바로 실천해야 합니다.

제임스 후퍼

코로나로 인해 재택 근무 등 노동의 형태도 많이 바뀌면서 우리가 충분히 다른 방식으로 생활할 수 있다는 것을 인지하게 되었잖아요. 그래서 코로나가 종식되더라도 금방 흐트러지지 말고, 기후 변화 등의 문제를 지속적으로 중요하게 인식하며 개선하기 위한 노력이 필요합니다.

강헌

운이나 관계에는 좋고 나쁜 것이 없습니다. 운이나 관계를 바라보고 판단하고 행동하는 주체의 확신이 필요한 거죠. 현재 상황, 주어진 조건에서 주체가 어떤 의미를 얻어서 어떻게 성장을 이루어낼 것인가를 모색하는 자세가 중요합니다.

박성준

갑자기 내린 소나기에 비를 맞는다고 해서 우리는 소나기를 원망하지는 않거든요. 내가 우산을 챙기지 못한 것, 내가 미리 날씨를 확인하지 못한 것을 책망하죠. 그렇듯 어떤 문제가 발생하였을 때 다른 사람을 비난하고 욕하기보다는 그 모든 것들이 나로부터 기인한다는 생각, 나에게서 먼저 원인을 찾아보는 태도가 필요합니다.

유성호

죽음을 숙고함으로써 얼마나 삶이 소중한지를 한 번 더 생각해보았으면 합니다. 죽음에 대해 깊이 생각하고 공부함으로써 나의 삶이 얼마나 소중한지 알게 되면 결국 옆에 있는 사람이 얼마나 소중한지도 알 수 있거든요. 그렇게 조금 더 따뜻한 사회를 만들어갈 수 있는 겁니다.

정상훈

'자아'가 아니라 보편적인 인간으로 존재하며, 어디에나 존재하는 보편적 고통을 살피자. 그것만이 죽음이 던지는 무력감을 극복할 수 있는 길이라고 결론지었습니다. 코로나19 시대에 유행하는 말로 하자면 '자아와 거리두기'라고 할까요.

홍익희

기본적으로 동양의 종교는 청빈이나 무소유를 가르쳐요. 그런데 청교도나 유대교에서는 부富가 하나님의 축복이라고 가르칩니다. 그들은 어려서부터 돈을 긍정적인 관점에서 바라보고 돈 버는 일이 부끄러운 일이 아니라 배우고, 돈에 대한 관심과 자기 개발이 함께 가는 거죠. 그것이 우리와 결정적인 차이입니다.

유인경

돈은 자유이자 덫입니다. 돈 때문에 구질구질한 일을 안 해도 되고 싫은 사람을 안 만날 수 있다는 의미에서는 자유라 볼 수 있죠. 그럼에도 불구하고 온전히 자존감을 지키고 인간다움을 누리며 나이 먹으려면 돈은 계속해서 모아야 한다고 생각합니다. 그런 의미에서는 덫이기도 하죠.

전범선

진로를 선택할 때 고민을 많이 했는데요. 돈을 좇는 삶을 살면 좀 불행할 것 같더라고요. 결국 '불행'이냐 '불안'이냐를 두고 고민했죠. 인생의 중요한 결정을 내릴 때 최선을 선택하는 게 아닌, 차악을 선택하게 되는 경우가 있잖아요? 저는 불행한 것보다는 불안한 게 낫다는 마음으로 예술가의 삶을 선택했습니다.

김상균

사람이 갖고 있는 욕망이 현재 지구로는 감당이 안 되겠다는 걸 알게 됐어요. 그런데 욕망을 분출할 수 있는 공간은 필요하고, 화성을 개척하는 건 너무 먼 이야기니까, 그 전에 우리가 디지털상에라도 인간의 꿈과 욕망을 펼칠 수 있는 더 넓은 땅을 만들어야 하지 않을까, 하는 고민이 메타버스로 발현하고 있는 겁니다.

강유정

영화 〈HER〉에서 AI의 목소리를 스칼릿 조핸슨이라는 배우가 연기하는데요. 결국 AI가 인간의 말투에서 느껴지는 미묘한 뉘앙스와 톤은 구현하기가 어렵다는 거죠. 감정적으로 뭐라 설명할 수 없는 지점들은 여전히 풀리지 않는 미지의 영역으로 남아있죠. 그런 정서 영역, 마음의 영역이 남아있으니, 메타버스가 발전하더라도 사람의 지분은 항상 남아있지 않을까 합니다.

1. 환경

아파서 더 창백한 푸른 지구

최재천, 공우석, 제임스 후퍼, 전범선

2. 운명

결정된 운명인가?
결정하는 운명인가?

강헌, 박성준, 유인경, 전범선

3. 생사

잘 살고 잘 죽기 위해
죽음과 마주하기

유성호, 정상훈, 강유정, 전범선

4. 돈

돈을 만드는 삶과 돈이 만드는 삶

홍익희, 유인경, 전범선

5. 메타버스

인간 욕망의 끝은 어디인가? 새로운 우주의 탄생

김상균, 강유정, 전범선

1. 환경

아파서 더 창백한 푸른 지구

대담자
최재천, 공우석, 제임스 후퍼 그리고 전범선

대담도서
최재천 《생태적 전환, 슬기로운 지구생활을 위하여》
공우석 《기후위기, 더 늦기 전에 멀어지기 전에》,
《생태: 지구와 공생하는 사람》

최재천

평생 자연을 관찰해온 생태학자.

서울대학교에서 동물학을 전공하고, 미국 펜실베이니아 주립
대학교에서 생태학 석사 학위를, 하버드대학교에서 생물학 박
사 학위를 받았다. 현재 이화여자대학교 에코과학부 석좌교수
와 생명다양성재단 대표를 맡고 있다.

하버드 재학 시절 세계적 학자인 '에드워드 윌슨'의 제자였으
며, 그의 책《통섭》을 번역하여 국내외 학계에 이 개념을 널리
알리고 있다.

《생태적 전환, 슬기로운 지구 생활을 위하여》,《생명이 있는 것
은 다 아름답다》등의 책을 썼다.

공우석

자연과 인간의 평화로운 공존공생을 바라며 한국의 숲을 누비는 지리학자.

한반도에 분포하는 식물의 다양성과 기후, 인간 등 환경과의 관계를 가르치고 관심이 많다. 기후변화가 고산식물에 미치는 영향을 연구한다. 지구 온난화, 기후 위기, 생물 멸종 위기 등 환경문제를 해결하기 위해 전방위적으로 노력하며 생활 속에서 실천할 수 있는 활동을 널리 알리고 있다. 현재 경희대학교 이과대학 지리학과 교수로 재직 중이다.

《기후위기, 더 늦기 전에 더 멀어지기 전에》,《숲이 사라질 때》 등의 책을 썼다.

제임스 후퍼

오로지 두 팔과 두 다리로 남극, 북극을 종단하고 에베레스트를 등정한 탐험가.

오스트레일리아의 울런공과대학교 대학원에서 지구환경과학 박사 학위를 받았으며, 동국대학교 바이오환경과학과 교수를 거쳐, 현재 환경컨설턴트로 활동 중이다. JTBC의 〈비정상회담〉을 통해 우리나라 대중에 이름을 알리기 시작했다.

영국 최연소로 에베레스트 등반에 성공했으며 2008년 내셔널지오그래픽이 뽑은 '올해의 탐험가'에 선정되었다. 저서로 《원 마일 클로저》가 있다.

> 자연과 가까울수록 병은 멀어지고
> 자연과 멀수록 병은 가까워진다.
>
> -요한 볼프강 폰 괴테-

기후는 왜 변하는가?

최근 중국에 이례적으로 큰비가 내려 많은 사람이 목숨을 잃었습니다. 전 세계적으로 기후 변화 등의 환경 문제에 대해 관심과 우려가 깊어지고 있는 상황인데요. 미국도 최근 산불 피해가 극에 달하고 있는데, 전문가들은 올해 서부 일대의 기온이 30년 만에 최고를 기록하면서 그 피해는 더 커질 것이라 전망하고 있습니다. 추운 날씨의 대명사인 시베리아 지역도 최근에는 많이 더워졌다고 하죠. 기상 이변은 어쩌다 한 번 일어나야 이변이라고 할 수 있을 텐데, 이제는 그렇게 말할 수 없을 거 같네요. 이제 이런 현상은 일상이 되었다고 볼 수 있을까요?

최재천(이하 '최')   네 그렇다고 볼 수 있습니다. 지금까지 기후 변화의 심각성을 알리기 위해 열심히 노력하는 사람들에게, 기후 변화가 허상이라며 찬물 끼얹던 사람들도 있었습니다. 그런데 이제는 인류가 저지르는 일들로 인한 기후 변화 문제를 부정하기는 힘들 겁니다.

지구가 더워지는 지구 온난화로 인해, 어떤 지역은 폭우가 또 어디서는 가뭄이 또 어떤 지역은 엄청난 고온 현상이 나타나는데요. 이런 현상들이 나타나는 이유는 연구가 되었나요?

공우석(이하 '공')   다양한 원인이 분석되고 있지만, 예측이 어려워지는 것이 더 문제입니다. 원래는 지구의 대기 대순환으로 기후 현상이 어느 정도 예측이 되었어요. 그런데 이제 정상적인 상태라면 마땅히 일어나야 할 일들이 나타나지 않게 되는 불확실성이 확대되면서 예측이 불가능해지는 거죠. 어떻게 보면 이런 기상 변화로 겪는 고통은 우리가 뿌린 대로 거두는 과정이라고 판단하는 것이 옳을 거 같습니다.

제트기류의 변화가 기상 이변의 큰 원인이라고도 하는데요.

제임스 후퍼(이하 '후퍼')   네, 맞습니다. 한국만 생각하더라도 작년

(2020년) 이 시기에 각 지역에서 엄청난 홍수가 발생했었는데, 올해(2021년)는 비도 적고 더운 날씨만 지속되고 있잖아요. 원래 제트기류°가 기후에 어느 정도 안정성을 부여하고 있었는데, 대

● 제트기류

대류권의 상부 또는 성층권의 하부 영역에 좁고 수평으로 부는 강한 공기의 흐름을 말한다. 지상 9,000~1만m 높이에서 불고 풍속은 보통 100~250km/h 정도이다.

류가 원활하지 않으니 이상 기후가 발생하고 있는 것도 맞습니다.

제트기류에 이상이 생긴 것도 지구 온난화와 직접적인 관련이 있나요?

최　　　그에 관해 한 가지 설이 있습니다. 현재 지구의 온도는 지속적으로 오르고 있는데, 그 오르는 속도가 모든 지역이 같지는 않습니다. 이상하게도 극지방이 유난히 더 빨리 오르는데요. 지구 전체 평균의 2~3배 정도로 빠른 속도라고 합니다. 그래서 극지방과 열대지방의 온도 차이와 제트기류의 속도가 확연히 줄어들게 되는 겁니다. 비가 오면 확 쏟아붓고 빨리 지나가야 하는데, 지금은 그냥 거기서 머물면서 몇 날 며칠을 내리니까, 한 지역에 훨씬 많은 양의 비가 내리고 훨씬 거세지고, 홍수 같은 피해들이 자주 벌어지는 거죠.

후퍼　그런 개념도 있습니다. 제트기류의 힘이 약해지면서 위치를 유지하지 못하고 올라갔다가 내려갔다가 하니 날씨가 빨리 바뀐다는 거죠. 어떤 날은 엄청 덥다가, 갑자기 비가 오고 또 추워지고….

제트기류의 변화도 지구 온난화로 인해 극지방의 온도가 더 빨리 오르는 것이 원인이 될 수 있다는 말이네요.

전범선(이하 '전')　열대지방을 자주 다니셨던 최재천 교수님이 우리나라 기후도 열대 같아졌다고 말씀하셨는데요. 그럼 열대지방은 전보다 더 더워졌나요?

최　사실 그 부분은 잘 모르겠습니다. 그런데 확실한 것은, 예전에는 열대는 어느 정도 덥고, 온대는 어느 정도 덥다는 기준이 있었고 그게 잘 맞아 떨어졌는데 최근에는 이런 기준이 무너졌어요. 기후가 예측 가능한 범위 내에서 변화하면 대응을 할 텐데 어느 지역의 기후가 어떻게 변화할지 전혀 예측이 안 되니 대응이 어려워졌습니다.

한국인을 읽는다

기후 변화 대응, 이미 너무 늦었다?

공우석 교수님의 《기후위기, 더 늦기 전에 더 멀어지기 전에》라는 책이 있는데요. 그런데 기후 변화에 대한 대응이 이미 늦었다고 하는 사람들도 있더라고요.

공　　그렇죠. 반면에 또 아직 상당수의 사람들은 기후 변화는 사기라고 말합니다. 또 어떤 사람들은 이것이 조작이고 음모라고도 하고요.

미국에서는 전 대통령인 트럼프도 지구 온난화•를 부정하기도 했었죠?

공　　네. 그런데 'IPCC(Inter-governmental Panel on Climate Change)'라는 유엔 산하의 기후 변화에 관한 정부 간 협의체가 있습니다. 기후 변화와 관련된 지구적 위험을 평가하고 대책을 마련하기 위한 국제기구인데, 이곳에서도 기후 변화라는 것은 분명

> **● 트럼프의 지구 온난화 부정**
>
> 2018년 13개 연방기구로 구성된 300여 명의 과학자와 천여 명의 데이터 분석 인력이 동원되어 작성된 '기후변화 보고서' 발표 당시 트럼프 전 대통령은 공식석상에서 "보고서를 믿지 않는다."고 의견을 말한 바 있다.

한 사실이라고 얘기했습니다. 그리고 그런 변화가 인간에 의해 만들어진 사실이라는 것을 강조했습니다. 우리나라도 환경부에서 기후 변화에 대한 평가보고서를 세 차례 발표했는데요. 이 결과에서 확인할 수 있는 것은, 기후 변화는 엄연한 현실이고 이미 여러 분야에 걸쳐 부담을 주고 있다는 것입니다. 이제 기후 변화로 인한 피해가 과학적으로 입증이 되었기 때문에, 더 이상 부정할 수 없는 사실이 된 것이죠.

지구 온난화는 화석연료 사용에 의한 이산화탄소 발생이 주 원인인 것으로 알고 있습니다. 그런데 이미 상당량이 배출되어 있고, 지금도 배출되고 있는데요. 이미 발생한 이산화탄소 때문에 앞으로 지구는 더 더워질 것이고 그렇기에 이미 지구 온난화는 선을 넘었다, 되돌릴 수 없다는 의견도 있습니다.

최　　그 부분에 대해서는 연구결과가 나와야 알겠지만 두 가지 측면에서 얘기하고 싶은데요. 첫째로, 설령 이미 선을 넘어서 되돌릴 수 없다 하더라도 포기할 수는 없다는 겁니다. 그래서 되돌릴 수 없다느니 하는 논쟁은 무의미하죠. 이미 상당히 늦은 것은 사실입니다. 우리가 뿜어낸 온실기체(온실가스)의 양을 일순간에 획기적으로 줄이는 방법을 발견해내지 않는 한, 한동안 이런 상태는 유지될 것입니다. 그렇다고 포기할 수 있는 문제는 분명히 아니고요.

　　　　　　　　　한국인을 읽는다

코로나가 말해준 지구의 힘

최　이번에 코로나를 겪으면서 새로운 생각을 하게 되었습니다. 혹시 자연의 회복속도가 우리가 생각했던 것보다 훨씬 더 빠른 것은 아닐까? 하는 기대감이 생겼어요. 사람들이 바깥으로 잘 안 나오니까 뜻밖에 굉장히 빠른 속도로 자연이 복원되는 거죠. 그래서 자연은 우리가 그동안 미처 알지 못했던 대단한 회복력을 갖고 있을지도 모른다는 기대가 조금씩 생기는 거죠.

그 기대라는 것은 결국, 우리 인류가 조금만 더 노력하면 생각하는 것보다 더 빨리 자연이 회복할 수 있다는 거죠?

최　네. 한 가지 예를 말씀드릴게요. 2013년 충청남도 서천에 국립생태원을 설립했는데요. 원래 그곳이 논바닥이었습니다. 생태원을 만들 때 그 위쪽에 있는 저수지에서 흘러나오는 물을 사용했는데요. 복원하는 데 기간이 4~5년 정도밖에 안 걸렸어요. 그런데 방문하는 사람들이 하는 말이, 자연을 하나도 훼손하지 않고 생태원을 지었다고 습지를 잘 보존해주어서 고맙다고 말하는 거예요. 사실 습지가 있었던 것이 아니라 만들어진 것인데 말이죠. 그 속도가 우리가 예상하고 상상했던 것보다 훨씬 빠르더라고요. 그렇게 자연이 빠른 속도로 우리 앞에 다시 나타나는 것을 보면서 우리가 미처 측정하지 못했던 자연의 회복력이 있을지도 모른다는 생각이 들었습니다. 그렇기에 포기하지 않고 희망을 가질 수 있는 것이죠.

30대 초중반인 전범선 씨와 제임스 후퍼 씨의 의견은 어떤가요? 젊은 세대도 이런 환경문제에 관심이 많죠?

전　　네, 젊은 세대에서도 기후 변화나 환경문제에 대해 경각심을 갖고 있는 사람들이 많습니다. 더불어 제가 느끼기에 기후 위기는 세대 문제인 것도 같습니다. 저희 윗세대를 한국의 '산업화 세대', '민주화 세대'라고 얘기하지만, 발전과정에서 발생한 탄소배출과 생태파괴는 다음 세대에서 감당해야 하니까요.

　　말씀하신 것처럼 기후 변화는 예측이 불가능한 문제라 이제는 변화라고 하기보다는 위기라고 하는 게 맞다고 생각합니다. 그리고 이를 환경문제라고 말하기 좀 그런 게, 환경이란 말 자체가 인간과 환경을 분리시키는 개념어잖아요. 이제 우리 세대는 그런 이분법적인 사고에서 벗어나 인간도 생태계의 일부라는 마음으로 살아가야 할 거 같습니다. 물론 희망을 잃지 않아야 하는 것이 맞지만 저희 젊은 세대의 입장에서는 불안하고 비관적인 생각이 드는 것이 사실입니다.

그런 불안감과 위기의식이 있어야 행동이 바뀌겠죠. 제임스 후퍼 씨는?

후퍼　네, 맞습니다. 그런데 사실 우리 세대에서는 윗세대 때문에 생태계가 훼손되었다는 생각을 가질 수도 있지만, 저는 그건 틀렸다고 생각해요. 어쩔 수 없이 우리가 책임져야 하는 부분이라면 누구의 잘못이라 따지지 않고 앞으로 어떻게 난관을 헤쳐갈지 방법을 찾는 데 노력을 집중해야 할 것 같아요.

환경을 망치는 음식문화

공우석 교수님은 식물을 연구하면서 전국에 안 가본 산이 없죠?

공　다른 사람들보다는 많이 다녔을 거라 생각합니다. 최근 우리나라에서 자연인, 캠핑 같은 문화가 생겨나고 있어요. 그런데 한편으로는 우리가 자연에 들어가서도 꼭 도시에서 하는 것처럼 생활할 필요가 있나? 하는 생각이 듭니다. 전기를 쓰기 위해 배터리를 들고 가서 불을 켜고 바비큐를 해먹고 와인을 마시는 게 정말 자연다운 건가? 저는 아니라고 봅니다. 우리가 도시에서 누리는 모든 것을 버리고 자연에 들어가 불편함을 감수하면서, 평소 우리가 얼마나 풍족하게 또는 과하게 물질 문화를 누리고 있는가를 깨치는 계기가 되어야 합니다. 집에서처럼 편하게 자고 맛있게 많이 먹는 것이 아닌, 좀 더 자연에 가깝게 되돌아가는 방향으로 문화가 정착되는 것이 합리적이라고 봅니다.

사실 캠핑가면 집에서보다 훨씬 더 먹는 경우가 많은데요. 젊은 세대에서 확산 중인 캠핑 문화의 부정적인 부분을 공우석 교수님이 지적하셨는데, 이에 대해 전범선 씨는 어떻게 생각하세요?

전　　사실 그런 문화가 자연의 일부가 되기보다는 단순히 재미있게 놀고 휴식하는 형태로 많이 자리 잡았죠. 그러면서 자연히 쓰레기도 많이 배출하게 되는데요.

제가 데이비드 소로*를 되게 좋아하는데 소로가 굉장히 자연인으로 알려져 있지만 시대에 예민하고 앞선 사상을 가진 사람이었잖아요. 그리고 잘 알려지지는 않았지만 채식주의자기도 하고요. 스스로 자연스럽게 살고 싶어서 채식주의자가 되었다기보다는 앞으로 인류 문명이 발전하면 발전할수록 옛날에 사람이 사람을 먹던 문화가 사라

> ● **헨리 데이비드 소로**
> **(Henry David Thoreau, 1817~1862)**
>
> 미국의 철학자이자 작가. 대표작으로 《월든-숲속의 생활》이 있으며 2년 2개월간 홀로 숲에서 생활한 경험을 기록한 책이다. 인간과 자연과의 관계를 주제로 한 작품을 다수 남겼다.

　　　　　　　　　　　　　　　　　　한국인을 읽는다

졌듯이 육식이 사라질 것이라는 생각을 했었죠. 그런 의미에서 최근 젊은 세대의 기후 위기 문제에 대한 인식과 채식 문화의 확대가 연결되어 있다는 걸 많이 느낍니다.

전범선 씨도 채식주의자죠?

전   저도 처음에는 윤리적인 이유로 시작했는데요. 최근 기후 위기와 축산업에서 나오는 탄소배출량 문제가 워낙 커지다 보니, 거기에도 공감하는 젊은층이 많아지면서 채식문화가 더 확대되는 거 같아요.

축산업이 탄소를 어마어마하게 배출한다고 하네요?

전   전 세계 탄소배출량의 약 20%가 축산업에서 나오고 있고, 나머지의 대부분은 전력을 만들 때 사용되는 석탄, 석유, 가스로 인해 발생하는데요. 하지만 그런 부분은 국가에서 관리하는 거고, 개인의 노력으로 조정할 수 있는 부분은 없으니까요. 최근 젊은 세대에서는 탄소배출량을 줄이기 위해 개인이 실천할 수 있는 방법에 대한 고민이 늘었고, 그런 과정에서 채식을 하는 것이 가장 효율적이면서 합리적이라는 생각이 공감대를 형성하고 있습니다.

앞서 얘기한 데이비드 소로가 남긴 말을 보면 "대부분의 사치품들과 우리 삶을 안락하게 해주는 것들은 꼭 필요한 것도 아니며 인류의 승격에 명백한 방해물일 뿐이다."라고 했습니다. 지금 육류 소비에 대한 이야기를 하고 있지만, 꼭 먹지 않아도 살 수는 있거든요. 더불어 사치품 같은 것들도 꼭 안 써도 되는 것이고요.

공　　콩 20kg 한 자루면 20명이 먹을 수 있습니다. 그런데 그걸 고기로 생산하면 1kg밖에 만들지 못해요. 기껏 한 사람 분량의 식량입니다. 그리고 육류를 생산하는 과정에서 어린 돼지나 소를 길러서 도살장으로 데려올 때까지 발생하는 메탄가스나 축산 폐수 같이 환경에 부담을 주는 부분을 생각해보면 육류는 굉장히 비효율적인 식재료인 것이죠. 우리가 그렇게 많은 곡물을 해외에서 수입해서 가축을 기를 때, 그 곡물을 수입하지 못한 개발도상국 등에서는 어린이와 여성들이 굶게 되거든요. 우리는 다 먹지 않고 버리는 음식을 처리하는 데 비용이 드는데, 반면 다른 어딘가에서는 먹지 못해 굶는 상황이 발생하는 거죠. 결국 크게 보면 한쪽의 잘못된 식문화가 다른 한쪽에 기아를 유발하는 원인이 될 수 있다는 생각을 갖는 것이 현대 지구촌의 시민으로서 가져야 할 책임의식이라 생각합니다.

최　　우리나라에도 《베른트 하인리히, 홀로 숲으로 가다》라는 책으로 많이 알려진 베른트 하인리히라는 사람이 있습니다. UCLA

의 교수였는데, 정교수가 된 뒤 얼마 있다가 돌연 교수직을 관두고 고향 메인 주로 돌아가 통나무집을 짓고 그야말로 자연인 생활을 시작했어요. 워낙 유명한 교수다 보니 근방의 학교에서 '집에 있어도 좋으니 자기 대학에 교수직으로 이름만 걸어달라'는 요청이 너무 많아서 버몬트 대학의 교수로 임용되었어요. 그래서 강의도 학생들이 교수의 집으로 직접 찾아가 2주 정도 같이 생활하면서 진행하고요.

그런 게 진짜 살아있는 강의죠.

최 이 사람이 사는 방식은 '자연이 지배하는 대로'인데요. 해가 지더라도 불을 켜지 않고, 해가 뜨면 일어나고 자연에서 나오는 것들을 활용해 그냥 살아요. 그런데 그런 것에서 끝나면 재미없겠죠. 저희처럼 도시에서 열심히 밤늦게까지 불 켜고 컴퓨터 켜고 연구하는 사람보다 더 훌륭한 논문을 내고 책을 쓰고 있어요. 통나무집에 기거하며 주변의 자연을 관찰하면서 남들이 보지 못하는 그런 것들을 발견하여 논문을 써내는데 정말 기막힙니다. 1년에 한두 권씩 새 책을 내고, 숲속에 들어가 살면서도 그 전의 삶 중에 포기한 것 하나 없이 좋은 삶을 영위하고 있는 거죠.

오히려 업적이 더 커지네요.

최　네. 그런 걸 보면 꼭 도심에서 서로 아웅다웅하며 사는 것만이 잘 사는 것은 아닌 거예요. 하인리히 교수처럼 지구에 피해를 주지 않으면서 자신의 업적을 차곡차곡 쌓아나갈 수도 있는 것이죠. 심지어 이 교수는 장년층 마라톤 세계 기록 보유자이기도 해요. 그런 식으로 살면서 건강도 계속 유지할 수 있는 거죠.

지혜로운 인간, 해로운 인간

최재천 교수님이 '호모 심비우스'•라는 말을 사용하셨는데, 어떤 뜻이죠?

최　'공생인'이라는 뜻으로 제가 만든 말입니다. 인간은 스스로 호모 사피엔스라고 부르잖아요. 사피엔스는 현명하다는 의미인데, 툭까놓고 얘기해서 우리가 현명한가요? 머리는 좋죠. 그런데 그 대단한 두뇌를 가지고 미세먼지 만들면

● 호모 심비우스
(Homo Symbious)

'공생인'이라는 뜻으로, 사람이 다른 사람뿐만 아니라 지구상의 모든 생물과 함께 밀접한 관계를 맺으며 살아가야 한다는 의미로 최재천 이화여대 교수가 제안한 개념이다.

서 콜록거리고 나무 베어서 온갖 것을 만들면서 다시 나무 심자고 하고…. 하여간 이상한 동물이에요 우리는. 그래서 저는 현명하다는

점에는 동의 못 합니다. 그것보다는 인간이 지구에 사는 다른 생명과 함께 가는 것이 중요하다는 의미에서 '호모 심비우스'라는 말을 만들었습니다.

지구 역사가 45억 년 정도 되었다고 하는데, 인류가 지구에 생겨난 것은 길게 잡아 20만 년 정도라고 이야기하잖아요.

공   현생 인류는 20~30만 년 전후에 시작되었다고 얘기를 하고, 우리 이전의 인류라 불리는 오스트랄로피테쿠스가 등장한 시기는 700만년 전이라 추정합니다. 그런데 실제로 오늘날과 비슷한 기후가 시작된 것은 지금으로부터 12,000

> **● 홀로세(Holocene)**
>
> 지질시대의 최후 시대로 충적세, 전신세, 완신세 또는 현세라고도 한다. 인류는 충적세 초기에 농경을 시작했으며, 그 후 급격히 문화를 발달시켜 나갔다.
>
> 출처: 두산백과

년 전쯤, 홀로세● 또는 신석기시대인 현세부터 시작되었고요. 이때부터 사람들이 자연에 간섭하고, 자연을 파괴하고 또 이용하면서 가축을 기르고 작물을 재배하기 시작하였죠.

농사를 하는 것 자체가 자연에 인위적인 변화를 주는 거죠.

최   그렇기 때문에 UCLA 제러드 다이아몬드 교수는 《총균

쇠》에서 "농업은 인류의 최대 실수였다."라고 대놓고 얘기하고 있죠.

제가 지구 역사의 인류탄생을 언급했던 이유가, 지구에 존재하는 다양한 생물들은 존재함으로써 지구에 끼치는 해가 크지 않잖아요. 그런데 인류는 그야말로 성장하고 변화할수록 지구에 해를 끼치는 것이 아닐까요?

공 자연을 계속 이용하면서 환경을 오염시켰고, 그 정도가 지나치다 보니 생태계에 큰 부담을 줘 코로나19 같은 인과응보를 낳았죠. 코로나19가 많은 목숨을 앗아가면서 인류의 재앙이 되었지만, 조금 다르게 생각해보면 우리에게 자연이 준 축복일 수도 있어요. 축복이라는 말이 이상하게 들릴지 모르겠지만, 우리는 이미 여러 차례 경고를 받았음에도 불구하고 그걸 심각하게 인식하지 않고 있다가 코로나로 지구의 모든 사람들이 동시에 위기를 느낀 거죠. 그래서 이 질병은 우리에게 그간의 삶의 방식에 대해 되돌아보고 반성하는 기회를 줌으로써 지금보다 더 나은 미래를 만들어갈 계기를 마련해줬다는 측면에서 축복이 될 수 있다고 생각합니다. 이 기회를 어떻게 이용하는가에 따라 우리의 미래, 다음 세대의 장래가 결정되기 때문에 지금 무언가를 바꾸지 않으면 더 처참한 나락으로 떨어질 수밖에 없겠죠.

한국인을 읽는다

공우석 교수님은 축복이라는 단어까지 사용하였는데, 제임스 후퍼 씨는 어떻게 생각하세요?

후퍼　확실한 건, 코로나 사태가 발생했기 때문에 어쩔 수 없이 사람들이 미래에 대해 다시 생각하게 된 것 같아요. 코로나가 이미 전 세계의 경제 시스템에 상당한 영향을 주었고, 재택 근무 등 노동의 형태도 많이 바뀌면서 우리는 다른 방식의 생활이 가능하다는 것을 충분히 인지하고 있잖아요. 그래서 코로나가 종식되더라도 기후 변화 등의 환경 문제를 중요하게 인식하고 또 개선하고자 노력하는 분위기가 지속될 거 같아요.

코로나로 불안해하고 위기의식을 느끼면서 앞으로는 자기 삶의 방식을 변화시켜야겠다는 결심으로 가야 우리가 뭔가 교훈을 얻는 건데, 하지만 대다수의 사람들은 코로나를 빨리 종식시키고 옛날로 돌아가면 좋겠다는 생각을 갖고 있는 거 아닌가요?

공　그렇죠. 스스로 바뀔 생각을 가지고 있지 않으면서 상대편 즉, 질병이 다시는 우리 근처에 얼씬거리지 않기를 바라는데 그건 정말 잘못된 생각이죠. 결국 우리 스스로가 바뀌어야 자연도 변화를 맞이할 텐데, 우리는 바뀌지 않은 채 여전히 배달음식을 먹으며 일회용품을 무분별하게 사용하고 쓰레기를 버리면서 코로나의 종식

만을 기다리면 전후가 잘못된 거죠.

최　　이 상황은 현실을 정말 그
대로 보면 됩니다. 딱 두 세기만 비
교하면 너무나 여실하게 드러나니
까요. 바로 지난 20세기에는 1918년
에 스페인 독감*이 있었고, 1968년
에는 홍콩 독감*이 있었어요. 그리
고 콜레라는 우리나라도 몇 번 겪
었고요. 황열병이 한두 차례 있었
고…. 대충 짚어보면 20~30여 년에
한 번씩 큰 유행병이 터졌어요. 그
런데 너무나 극적으로 21세기 들어
오면서부터 사태가 바뀌었죠. 2002
년 사스에서 출발해서 메르스, 에
볼라, 지카, 신종플루, 조류독감, 돼

> ● **스페인 독감**
>
> 1918년에 처음 발생해 2년 동안
> 전 세계에서 2,500만~5,000
> 만 명의 목숨을 앗아 간 독감을
> 말한다. 14세기 중기 페스트가
> 유럽 전역을 휩쓸었을 때보다
> 도 훨씬 많은 사망자가 발생해
> 지금까지도 인류 최대의 재앙
> 으로 불린다.
>
> 　　　　　　출처: 두산백과
>
> ● **홍콩 독감**
>
> 1968년 홍콩에서 시작된 인플
> 루엔자 바이러스 유행을 말한
> 다. 세계적으로 1백만 명 이상의
> 사상자가 발생했다.
>
> 　　　　　　출처: 위키백과

지독감, 콜레라, 황열병 다 따져보니까 2~3년에 한 번씩 큰 질병이 터
지고 있거든요. 주기가 엄청 짧아졌어요. 통계자료만 보더라도 '이
코로나19만 끝나면 괜찮겠지?'라는 생각은 틀렸다는 걸 알 수 있어
요. 2~3년 후면 무언가가 또 터질 가능성이 높아요. 우리가 변하지
않으면 그 주기가 2~3년에서 더 줄어들 가능성이 있는 거죠. 거의 매

년 무언가 터질 가능성도 있습니다. 물론 터졌다고 해서 모든 게 다 팬데믹이 되는 건 아니지만, 에피데믹으로 끝낼 수 있는 질병을 막지 못해 팬데믹을 초래하게 되는 거죠. 코로나로 400만 명이 죽어나가고 경제가 무너지고… 우리가 굉장히 힘든 일을 겪고 있잖아요. 이렇게 비싼 수업료를 내면서 우리가 지금 개선해나갈 기회를 얻고 있는 건데 이걸로도 못 배우면 참 섭섭한 거죠.

공우석, 최재천 교수님의 말씀에 따르면 우리가 염원처럼 외치는 '일상으로의 회복'이 사실상 불가능하다고 봐야 하네요.

공   우리가 일상으로의 회복을 기다리는 것보다 사고의 전환이 선행되어야 문제가 해결된다고 생각합니다. 바이러스에 의한 질병의 발생 주기가 짧아지고 있고 그 영향이 커지고 있는데 동시에 지구 온도 상승과 같은 일도 일어나고 있거든요. 20세기 들어와서 지구의 최고 온도 기록이 열 번 정도 경신되었어요. 이 주기가 갈수록 짧아지고 그 정도가 심해지고 있습니다. 과거에는 특정 지역에만 기상 재해와 기상 이변으로 나타났는데, 이게 이제 글로벌화 되어서 모든 지역에서 다 나타나고 있어요. 지구 전체에 확산되면서 지구의 자정능력을 벗어나게 되면 그야말로 재앙이 올 수 있습니다. 그 전에 사람들이 생각과 삶의 방식을 바꿔야 수습이 될 겁니다.

전　공우석 교수님의 말처럼 코로나를 전화위복 삼아야 한다
고 생각해요. 코로나 같은 인수공통 전염병도 그렇고 기후·생태 위
기가 인간이 자연과 맺는 관계, 인간이 동물과 맺는 관계가 잘못되
었기 때문에 일어난 것이고 이번 사태를 계기로 그런 관계를 재정립
하는 게 필요하지 않나 하는 생각이 듭니다. 인간이 엄연히 동물의
한 종이며 생태계의 일부라는 경각심을 갖고 생활 방식과 생산 방식
을 바꿔야 하는데, 지금 이 코로나 사태로 인해 그 연습을 좀 하는
것 같아요. 저희는 태어날 때부터 물질적인 풍요에 익숙했어요. 자연
을 착취하는 게 당연하고 익숙했는데요. 코로나로 인해서 그것을 조
금 멈추고 불편함을 감수하는 경험을 해봤으니까, 더 큰 불편을 감
수해야 할 기후 위기 문제 해결을 위해 우리 삶을 어떻게 바꿔야 할
지 다양한 방식으로 고민해봐야 하지 않나 싶습니다.

숲으로 낸 길은 파멸에 이른다

최재천 교수님의 책 《생태적 전환, 슬기로운 지구생활을 위하여》에
서 "숲으로 낸 길은 파멸에 이른다."라는 표현을 쓰셨잖아요. 어떤
의미인가요?

최　약간은 상징적인 표현인데요. 그간 우리의 경험으로 미루

어 봤을 때, 숲에 길을 내면 언젠가는 그 숲이 망하더라고요. 아프리카에서는 목재사들이 큰 나무를 베어서 가지고 나오기 위해 숲에 굉장히 넓은 길을 만듭니다. 그러면 인근 지역에 사냥을 하며 사는 사람들이 숲에 큰길을 뚫어놓으니 그 길을 통해 깊은 숲속까지 가서 또 동물들을 사냥하는 거죠. 길이 없었다면 닿을 수 없는 깊은 숲까지 가서 말이죠. 최근 아프리카에는 더 심각한 문제가 있는데 바로 야생동물 고기로 만든 음식을 먹는 체험이 생겼다는 거예요. 나이로비 같은 곳에 가면 그런 음식점이 여러 곳 있는데요.

예를 들면 어떤 야생동물 고기요?

최　　별의별 게 다 있습니다. 메뉴를 보면 소고기, 닭고기는 흔한 메뉴인데, 한쪽 코너에 특별 메뉴가 있어요. 악어, 박쥐, 코뿔소, 기린 등. 그러니까 유럽 남자들이 공항에 모여서 아프리카 여행 떠날 때 서로 낄낄거리며 "이번에 기린 어때? 기어코 기린은 먹어봐야겠는데?"라고 합니다. 그렇게 여행지에서 이런 음식을 즐겨 먹으니까 유럽 대도시에 분점들이 생겼어요. 파리나 베를린에 가면 그런 음식점들이 있습니다. 줄 서서 먹을 정도로 인기예요. 그런데 이게 말이 안 되는 게, 야생동물 고기가 안전할 수가 없거든요. 우리가 돼지, 소 같은 가축을 오랫동안 기르면서 그걸 안전한 먹거리로 만들려고 굉장히 애썼잖아요. 야생동물을 잠시 다루다 보면 제 팔로 진드기 같은 것들이 줄줄 건너와요. 그냥 야생동물은 기생충 덩어리라고 생각하면 됩니다. 야생에서 연구해본 사람으로서 자신 있게 얘기할 수 있습니다. 그걸 왜 먹는지 이해할 수가 없어요. 이제 아프리카에서는 남자들이 가족을 먹이기 위해 사냥하는 것이 아니라 식당에 납품하려고 사냥을 합니다. 그 과정에서 우리가 그 동물이 갖고 있던 바이러스나 세균 같은 것에 자꾸 감염이 되는 거죠. 이런 게 에볼라, 코로나 같은 질병이 되는 거고요.

코로나도 천산갑이라는 포유동물이 원인이라고 하죠?

최　네 지금으로서는 천산갑●이 가장 유력합니다. 중국에서는 그 동물을 먹기도 하고 이상하게 중국 한방의학에서 효험이 있다고 알려져서 갈아서 약재로도 쓴다고 해요.

● **천산갑**

유린목 천산갑과에 속하는 포유류의 총칭으로 노르스름한 갈색에서 올리브 갈색, 짙은 갈색의 비늘을 두르고 있는 것이 특징이다. 미국 의 한 연구팀은 "코로나 바이러스와 가장 가까운 것은 박쥐의 코로나 바이러스가 맞지만, 인체 침투 능력은 천산갑의 코로나 바이러스와 유전자 조각을 교환하면서 얻어진 것으로 추정된다."고 밝혔다.

출처: 두산백과/사이언스 어드밴스(Science Advances)

공우석 교수님의 책《생태: 지구와 공생하는 사람》에 보면, "우리 한국 사람들처럼 생태자원을 소비하려면 지구가 3.3개 있어야 한다."고 말씀하셨는데요.

공   네 그렇습니다. 그 책의 부제가 '호모 심바이오시스(Homo symbiosis)'예요. 심바이오시스가 결국 공생한다는 의미인데요. 그래서 지구와 공생하기 위해 인간이 살아갈 방향에 대해 이야기한 책이에요. 사실 제가 어렸을 때만 하더라도 정말 먹는 게 부족했었어요. 그런데 지금은 국민총소득이 3만 달러를 넘어서면서 인구 5천만 명 이상의 국가 중 3만 달러를 넘긴 일곱 번째 국가가 되었어요. 그러면서 한국인들의 소비력이 급격하게 상승했고 물질적인 욕심이 너무나 커진 거죠. 필요 이상으로 물자를 남용하고 아무 생각 없이 버리는 일들이 빈번해지는 걸 보면서 '아, 이건 선진국이 되어서 우리가 누릴 혜택이 아니고 가지 말아야 할 길이구나'라는 걸 느꼈어요. 흔히 우리가 잘사는 나라로 알고 있는 독일이나 네덜란드, 영국 같은 곳은 정말 자린고비 정신이 투철하거든요. 이런 나라일수록 돈 1달러 쓰는 거에 대해서 정말 신중하게 생각하는데 우리는 과소비가 심하죠. 결국 지구의 건강을 해치는 일에 우리가 제일 일선에 있지 않나, 하는 생각을 합니다. 식량을 너무나 과하게 먹고 버리는 행태뿐만 아니라 옷을 1년만 입고 버리는 '패스트 패션(Fast Fashion)' 같은 문화들이 결국은 비정상적인 지구 시스템의 단면을 보여주는 건데요.

그래서 지구가 3.3개가 필요하다는 얘기는 지금처럼 우리가 과소비를 계속하면 지구가 못 버틴다는 얘기랑 똑같은 거죠.

공   네. 더불어 중국처럼 큰 나라가 전 세계의 공장 역할을 하고 있기 때문에, 물자들이 쏟아지고 그만큼 소비도 늘어나고 있는 건데요. '나부터'라는 캠페인 슬로건처럼, 내가 먼저 현명한 소비자가 되어 행동하는 게 중요하다고 생각합니다.

전   두 분 말씀을 들으면서 머릿속에 그려지는 것이 있어요. 야생 다큐멘터리를 보면 초식동물은 항상 다수가 모여있고 육식동물은 한둘이 다니면서 초식동물을 사냥하는데요. 그게 자연의 법칙 같아요. 초식동물이 다수가 있을 때 육식동물 한둘이 살 수 있는 균형이 만들어지는 거죠. 그런데 인간은 잡식동물이잖아요. 초식동물처럼 살 수도 있고 육식동물처럼 살 수도 있는데, 지금은 거의 80억 인구가 육식동물처럼 살고 싶어 하는 것 같습니다. 그런데 너무 분명하게도 지구는 유한하기 때문에 80억의 육식동물 인간을 지탱할 수 없다는 게 전문가들의 의견이고, 지금부터 우리가 어떤 생활 방식을 취하는가가 미래를 결정할 거 같아요.

한국인을 읽는다

지구는 지금 먹거리와 전쟁 중

아무래도 탄소 배출, 공생 같은 것이 주제이다 보니 먹거리에 대한 이야기가 많이 나올 수밖에 없는 거 같습니다. 푸드 마일리지*라는 용어가 있는데 어떤 뜻인가요?

공　　푸드 마일리지라는 말은 1994년 영국의 소비자 운동가 팀 랭이 처음 사용했습니다. 쉽게 말하면 우리 식탁에 올라있는 재료들이 생산되고 운반되고 소비되는 과정에서 발생하는 탄소량을 수치화하고 계량화한 거죠. 따라서 푸드 마일리지가 높으면 높을수록 탄소 배출량이 많은 겁니다. 대표적으로

> **● 푸드 마일리지**
> **(Food Mileage)**
>
> 농축수산물이 생산된 이후 최종 소비자에게 도달할 때까지 이동한 거리로, 식품의 물량에 실제 이동거리를 곱한 값을 말한다. 1994년 영국의 환경운동가인 팀 랭(Tim Lang)이 처음으로 사용하였다.
>
> 출처: 두산백과

옥수수, 콩, 밀 이런 것들은 국내에서 생산하지 않고 95% 정도 해외에서 수입하는데요. 그만큼 장거리 수송 과정에서 화석연료를 사용하게 되고 그에 따라 탄소가 많이 발생하죠.

그것이 곧 지구 온난화를 가속화시키고요.

공   네, 맞습니다. 그래서 가능하면 원거리에서 생산되는 식재료를 소비하는 것보다 50km 이내에서 생산되는 로컬 푸드를 소비하는 것이 환경적인 측면에서 건강한 음식 소비라는 것이죠. 그리고 음식들은 운반 과정에서 변질되기 때문에 방부제 등 여러 가지를 첨가할 수밖에 없거든요. 그런 것보다는 근거리에서 나는 식재료를 사용하는 것이 탄소도 적게 만들어내고 또 안전하기도 합니다.

후퍼   더불어 음식을 먹을 때 생산지뿐만 아니라 그 음식을 언제 어디서 먹는지도 중요해요. 예를 들어 영국에 사는 사람이 겨울에 토마토가 먹고 싶어요. 그럼 두 가지 방법이 있어요. 남쪽 따뜻한 지방의 스페인에서 온 토마토를 먹던가, 아니면 영국의 비닐하우스에서 재배한 토마토를 먹는 방법이죠. 그런데 사실 로컬 푸드라도 비닐하우스에서 자란 건 탄소 배출량이 많을 수도 있어요. 연구결과를 보면, 영국에 난방시설을 갖춘 비닐하우스에서 재배한 토마토가 스페인에서 가져오는 것보다 탄소 배출량이 많다고 해요.

로컬푸드이면서 제철음식이 중요한 거네요. 푸드 마일리지라는 개념을 보니 생태발자국●이라는 개념과도 연결이 되네요.

최   생물이 지구에 존재하는 것 자체가 어느 정도는 생태계에 부담을 주잖아요. 어떤 생물이든요. 그래서 그 부담을 정량적으로 계산을 해본 건데요. 해보니까 당연히 우리 인간은 너무 큰 부담을 주고 사는 동물이고, 다른 동물들은 글쎄요…. 억지로 계산을 하면 동물 중에서도 제법 부담을 많이 주는 동물들이 있겠죠. 예를 들면 우리가 기르는 가축들이 방귀를

● 생태발자국

인간이 지구에서 삶을 영위하기 위해 필요한 의식주, 에너지, 시설 등의 생산, 폐기물의 발생과 처리에 들어가는 비용을 개인 단위와 국가 단위, 지구 단위로 나타내는 방식이다.

출처: 두산백과

뀌어대는데 그 안에 메탄가스가 굉장히 많아요. 그 양이 이산화탄소만큼 많지 않아서 그렇지, 사실 이산화탄소보다 메탄가스의 임팩트가 크거든요. 그래서 아르헨티나처럼 사람보다 소의 숫자가 대여섯 배 많다 보면 메탄가스 문제가 심각해지는 거죠. 그런 경우에는 아르헨티나 소의 생태발자국은 제법 큰 것이라고 볼 수 있는 거고요. 이렇게 환경에 부담을 주는 부분을 정량적으로 파악해서 줄여나가는 방향으로 노력하자는 취지에서 나온 개념입니다.

그 생태발자국의 예로 소의 방귀 얘기를 하셨는데요. 공우석 교수님의 《생태》에는 "인간이 만들어낸 인공 구조물이 30조 톤이고, 이건 1㎡당 50kg 남짓의 인공물로 지표면 전체를 뒤덮은 것과 같다."는 말이 나오는데요. 도로, 건물 이런 걸 전부 합한 것이라는 거잖아요. 이거 어마어마한 생태발자국인 거죠.

공　콘크리트, 아스팔트, 플라스틱 그리고 무게는 없지만 정말 치명적인 방사능 이런 것들은 인공 합성물이거든요. 이게 자연계에서 생분해되지 않고 정말 오랜 시간에 걸쳐서 남아있기 때문에 그만큼 부담이 많죠. 그래서 우리가 아무 생각 없이 배달음식 소비를 하면서 플라스틱 용기를 자주 배출하게 될수록, 우리가 마스크를 잘못 버리면 버릴수록 이런 것이 어디엔가는 쌓이게 되고, 그런 것들이 이제 분해되지 않은 채 남아 지구에 부담을 주고 결국은 생태계에 피해를 입히는 거죠. 이런 측면에서 사람이 만들어낸 인공 구조물도 불편하더라도 살아가는 데 필수적이지 않으면 적정한 수준으로 줄여나가야 합니다.

인공 구조물 얘기 나온 김에, 남태평양의 '이스터' 섬이 인공구조물을 만들다가 몰락한 곳인가요?

공　이스터 섬은 칠레에서 서쪽으로 3,600km 떨어진 남태평양의 조그만 섬입니다. 이 섬에 사람들이 살기 시작한 것은 서기 약 400년 전에 폴리네시아 사람들이 배를 타고 처음 들어갔을 때부터입니다. 잘 살다가 서기 1000년에서 1600년 사이에 어떤 문제가 생기기 시작해서 문명이 멸망했습니다. 그런데 이 문명이 멸망하면서 남긴 흔적들이 있는데 그중에 유명한 것이 거석인 '모아이 석상'입니다. 높이 10m 이상, 무게 50t 이상의 석상들을 남겼는데, 이 문명이 멸망한 원인에 대해서 여러 가지 학설이 있어요. 그중 하나가, 섬의 호수에 있는 퇴적층의 꽃가루를 분석해보니 어느 시점인가 되어서 나무가 줄어들기 시작했다는 거죠. 왜 나무가 줄어들었는지 분석해보니까 사람들이 나무를 잘라내고 그걸 활용해 돌을 운반해서 거석을 만들고 또 자기들끼리 싸워대고 이념이 다른 지역 간의 갈등이 커지면서 분쟁이 발생하게 된 거죠. 그것이 문명, 환경에 악영향을 주면서 점점 섬의 문화가 해체되었다는 얘기가 있습니다. 이게 이스터 섬의 사례인데요.

지구를 '마더 네이처'라고 하며 어머니 같다고도 말하는데, 사실 지구는 하나의 폐쇄된 시스템입니다. 섬이나 지구나 별반 다르지 않아서 지구 전체에 80억 가까이의 사람들이 부담을 주게 되면 어느 순간 지구가 견딜 수 있는 범위를 벗어나게 되고, 그 징후로 우리가 현재 겪고 있는 기후 위기라든지 코로나 같은 전염병이 창궐하는 거죠.

생태 발자국, 인공 구조물 또 그로 인해 문명이 몰락한 과거의 사례도 있다는 말이군요.

최 승효상 건축가는 늘 강의 첫마디가 "건축은 환경파괴 행위입니다."예요. 직업이 건축가인데 말이죠. 그런데 그렇게 말하는 이유가 건물을 지어놓고 다시 부수고 다시 새로 짓고 이러지 말자는 의도거든요. 지어진 걸 가능하면 고쳐서 쓰는 방식이 되어야 하는데 대한민국은 좀 심각하잖아요. 우리나라는 땅은 좁은데 콘크리트 사용량은 거의 세계 최고 수준이에요. 짓고 부수고 또 짓고 부수고 또 짓고 이런 일을 너무 쉽게 하는데, 기왕에 자연에 부담을 주면서 구조물을 만들었다면 더 이상 지구에 부담을 주지 않고 만들어둔 걸 잘 활용해서 쓰는 지혜를 모아야 합니다.

그 지구 온난화와 코로나와 같은 질병의 연관성에 대해서는 여러 학설이 있는데요. 최재천 교수님은 분명 연관성이 있다고 말씀하셨죠?

최　　사실 자연에서 일어나는 현상의 인과관계를 정확히 파악하는 게 쉬운 일이 아닌데요. 작년에 코로나가 터진 뒤에 굉장히 많은 사람이 저에게 "기후 변화 때문에 이런 일이 생겼냐?"라고 묻더라고요. 그런데 선뜻 "네, 그렇습니다." 하기에는 증거자료가 명확하지는 않아요. 그런데 또 포괄적으로 보면 분명히 맞는 얘기일 거예요. 기후 변화라든가 생물 다양성의 감소와 같은 전반적인 환경의 질이 망가지다 보니까 이런 팬데믹이 발생하는 건데요. 두루뭉술하게 설명하는 게 설득력이 없어 보여서 제가 나름대로 시나리오를 하나 만들어봤어요. 이럴 가능성이 있지 않을까 하는 건데요.

　　도대체 박쥐는 왜 우리에게 자꾸 바이러스를 옮기는 걸까. 도시에 사는 우리가 박쥐를 만날 일이 없으니까 직접 박쥐에게서 바이러스를 옮는 경우는 없을 거란 말이에요. 박쥐가 다른 야생동물에게 옮기고 우리가 그 야생동물을 건드리다가 옮는 건데요. 박쥐 연구를 하다 보니 약 1,400여 종을 발견하였어요. 그중 압도적으로 많은 종의 박쥐가 열대에 살고 있습니다. 그런데 최근 박쥐들의 분포가 온대로 넓혀지고 있어요. 온대 지방의 온도가 올라가니까 비자를 검사하는 것도 아니니 박쥐들이 '저기도 괜찮은 것 같은데?' 하면서 슬금슬금 옮겨가게 되고, 그런 현상이 늘어나며 지구에 박쥐의 분포 지역이 상당히 넓어지고 있는 거예요. 우리 인류는 주로 온대에 살고 있는데 이렇게 열대의 박쥐들이 온대로 서식지를 넓혀가면서 인간과의 거리가 점차 좁혀지는 거고, 그로 인해 이런 바이러스의 전염이 빈번하게 발생한다는 시나리오입니다. 흥미로운 건 이번 2021년 2월에 〈Science of the Total Environment〉라는 저널에 논문이 실렸는데 제가 읽으면서 "이거 뭐야?" 그랬어요. 캠브리지 대학 연구진이 지난 100년 동안 박쥐의 분포변화를 분석해보니 온대 지방이나 아열대 지방에 새로운 거점이 서너 군데 생겼다는 거예요. 그중에 가장 대표적인 것이 중국 남부고, 그쪽으로 지난 100년간 약 40종의 열대 박쥐가 유입되었다는 거죠. 박쥐 한 종마다 코로나 바이러스를 2.6종 정도 가지고 다니니까 약 100종 정도라는 계산이 나와요. 결과적으로 지난 100년 동안 중국 남부로 약 100종류의 새로운 코로나 바이러스가 들어갔다는 거지요. 그중에 한 종류가 이번에 우리를 공격하였다는 거죠. 이런 사실로 유추하면 충분히 기후 변화가 이번 코로나19의 배후에 있을 가능성이 크다고 볼 수 있는 거죠.

전　　박쥐의 분포 확산도 주요한 원인 중 하나이지만, 또 우한의 재래 시장에서 동물들이 밀집된 환경에 갇혀 스트레스를 받은 것도 이유인 거 같습니다. 여러 종류의 동물이 한꺼번에 바이러스 교차 변이가 생기면서 인간으로 뛸 수 있는 상황이 생긴 거죠. 동물권리 운동을 하며 개 농장에 가보면 상황이 별반 다르지 않습니다. 한국에서 개는 식품위생관리법 대상이 아니기 때문에 야생동물보다도 더 열악한 환경이 조성되어 있는데요. 개들이 서로 엄청나게 밀집된 상태로 모여있어요. 그런 환경 때문에 2006년에 한국에서 개 인플루엔자까지 생겼고요. 그 인플루엔자가 우리나라 개 농장에서 북미로 입양된 개를 통해 전파되면서 '코리안 도그 플루'라고 불리며 해외에 확산된 사례가 있는데요. 그것도 사실 전문가들에 의하면 언제 인수공통 감염병이 될지 모른다고 했었어요. 한국에서도 제2의 코로나가 발병될 수도 있는 상황이 되었죠. 우리가 야생으로 나아가면서 인간과 동물이 가까워지는 것도 위험하지만 또 인간이 가축을 기르는 방식도 위험합니다. 사실 조류독감이 2~3년마다 생기는 이유가 밀집된 환경에서 닭을 기르다 보니 그런 것이잖아요. 우리가 사회적 거리두기가 기본이듯 가축도 적절한 공간에서 길러야 하는데 그렇지 않다 보니 구제역이나 조류독감이 지속적으로 발생하는 거 같습니다.

결국 그런 질병도 인간들이 만든 거죠.

교육이 환경에 미치는 영향

제임스 후퍼 씨는 영국에서 초중고를 졸업하셨는데, 환경이나 생태 관련하여 제대로 교육받은 적 있나요? 생태 보호나 지구 온난화, 환경 보호의 중요성 같은 것들이 커리큘럼에 들어가 있어요?

후퍼　전문적으로 다루는 과목은 없는데 과학이나 지리학을 배울 때 환경에 대해 많이 배웁니다. 특히 지리학 시간에는 인간에 의해 세상이 어떻게 바뀌는지, 변화에 따라 어떻게 행동하는 것이 좋은지 배우기도 합니다.

제가 학교를 다닐 때는 지구 온난화 같은 위기가 크지 않았기 때문에 교육을 제대로 받은 적은 없었는데요. 현재 30세인 전범선 씨는 어떻게 배웠나요?

전　저도 체계적으로 배운 기억은 없고 어렴풋이 지구 온난화와 오존층 파괴 같은 문제들이 있다는 정도만 배운 거 같아요. 당시에 막연히 이런 문제들은 어른들이 잘 해결하겠지, 하며 생각한 기억이 있습니다.

우리 중고등학교 커리큘럼에 그런 부분이 확실히 딱 자리 잡고 있지
않았다는 거군요.

전　　　제가 공부를 제대로 안 한 것일 수도 있는데요. 하하.

최　　　김대중 정부 시절에 환경교사가 생겼어요. 최근 저는 그분
들을 멸종위기종이라고 부릅니다. 대부분은 다른 과목으로 바꿔 교
사생활을 계속하거나, 아예 교직을 떠나서 이제 20명 남짓 남아있습
니다. 교육과정에서 환경 과목이 그만큼 많이 줄었다는 건데요. 이
번에 코로나19를 겪으면서 제가 정부에 제안한 것이 있어요.

어떤 제안인가요?

최　　　'뭣이 중헌디'라고 쓰면서, 현재 이런 세계적인 대재앙을 겪
으면서도 국영수만 고집하는 게 말이 되지 않는다, 죽고 사는 문제
가 걸려 있는데 이런 문제를 학교에서 안 가르치면 도대체 무엇을 가
르치느냐, 차라리 국영수를 안 배우더라도 자연에 대한 최소한의 지
식을 가르치고 아이들이 몸소 체험할 수 있도록 해야 한다, 그래야
아이들이 자연과 함께 제대로 살아갈 것이라고요. 그리고 이는 입

시 과목으로는 만들면 안 된다는 제안도 곁들였습니다. 입시 과목이 되는 순간 외우고 끝날 테니까요. 실제로 환경교사가 아직 남아있는 곳이나 환경 교사가 아니더라도 이런 분야에 관심이 있는 소수의 선생님이 열심히 환경에 대한 중요성을 가르치는 학교들이 있고, 아주 잘 되고 있습니다. 그런데 그렇게 소수가 우리나라의 환경 교육을 끌어가는 데는 무리가 있으니 모든 초중등 학교에 환경 담당 교사를 한 명씩 지정해달라고 제안했습니다.

공　　　관련해서 한마디 덧붙이자면, 제가 환경과 관련된 고등학교 교재를 썼다가 실패한 경험이 있습니다. 그 이유가 환경 과목이 현재 선택과목으로 되어있는데 이를 채택하는 학교가 정말 드물어요. 전국에 10%가 안 되고 그나마 채택한 학교도 가르치는 선생님이 없거나 학생들이 중요하지 않게 생각해서 자율학습을 시킨다고 합니다. 그러니 학생들은 교과과정 상에 이 과목을 수강한 것으로 되어있어도 사실 제대로 환경 교육을 받은 적은 없는 거죠. 이러니 기후 위기라든가 전염병 문제, 환경오염 문제가 나오면 학생들이 어떻게 해야 할지 우왕좌왕하는 거죠. 그래서 이런 교육이 시스템상에 정규교육화되거나 언론 매체를 통한 대중교육이 시행되거나 해서 배울 수 있는 기회가 만들어져야 됩니다. 제가 어떤 강의를 진행하면 반 학기는 강의를 하고 반 학기는 학생들에게 일상에서 늘 하던 것 중 세 가지를 포기하라고 합니다. 그리고 그것을 포기하면서 얼마나 불편한지, 그로 인해 자신이 얼마나 바뀌는지, 그리고 그것이 사회 또는 인류, 넓게 보면 지구에 얼마나 도움이 되는지 생각해보고 발표하라고 합니다. 그런 과정을 거치면서 학생들은 많이 바뀐다고 말을 해요. 그리고 강의 말미에 이런 당부를 합니다. 사회에 진출해서도 그런 행동을 유지한다면 대부분의 사람들이 여러분을 우호적으로 보고 건강한 사람으로 인정해 줄 것이니 그렇게 당신의 가치를 높이는 행동을 유지하면서 생활하라고 말이죠.

최재천 교수님은 이화여대 석좌교수로 재직 중인데, '환경과 인간'이라는 과목으로 강의하면 큰 인기를 끌지 못한다고 들었습니다.

최   제 '환경과 인간' 강의가 신청 인원이 40명이 안 되면 폐강되는데, 매학기 폐강 위기를 겪으며 삽니다. 하하.

그만큼 환경과 인간이라는 분야에 대학생들이 관심을 안 갖는다는 거겠죠?

최   그렇게도 볼 수 있겠죠. 그런데 제가 이 수업 외에 'K-MOOC'라는 온라인 강의 플랫폼에 '인간은 왜 병에 걸리는가'라는 과목을 만들었는데요. 이전에는 단순히 인기 좋은 과목이었는데 코로나 사태 이후에는 완전 대박이 나서 학생들이 그 과목을 수강하려고 줄을 섭니다.

그만큼 코로나 이후에 환경 문제에 대한 관심이 높아졌다는 거겠죠.

공우석 교수님, 경희대학교 학생들은 어떤가요?

공　　저희는 학생들이 필수적으로 들어야 하는 '빅뱅에서 문명까지'라는 과학 과목이 있는데, 강의를 듣기 전에는 문과나 예체능 계열 학생들이 부담스러워합니다. 그런데 이공계 학문에 인문학이 중요하다고 강조하는 것처럼 문과 학생들도 자연과학에 대해 알게 되는 기회가 되기 때문에, 강의를 들은 학생들은 조화로운 강의였다는 평가를 하곤 합니다.

　　우리가 좀 더 나은 지구를 만들기 위해서는 삶의 방식을 조금씩 변화시켜야 할 텐데요. 사람에게 변화를 가져온다는 건 고통이 따르는 것이고 불편함이 수반될 텐데, 이런 문화를 만들기 위해서는 이해시키고 인식시키는 교육이 필요합니다. 바로 그런 교육이 우리 중고교 교육에서 부족하다는 것이고요.

자연은 순수를 혐오한다

여러분 모두 환경과 관련된 경험을 책으로 쓰셨는데요. 제임스 후퍼 씨는 《원 마일 클로저》를 쓰셨어요. 제목은 어떤 의미인가요?

후퍼　　고등학교 친구와 북극에서 남극까지 무동력으로 가는 도전을 했었어요. 그때 사람들에게 후원을 받으면서 1마일씩 이동을 했었는데 그 캠페인의 이름이었습니다.

무동력이라 하면 바다를 건너거나 육지에서 이동할 때 어떤 수단을 사용하나요?

후퍼　　바다를 건널 때는 바람을 이용해 배를 타고 움직이고, 육지를 다닐 때는 자전거를 사용하고, 북극에서는 스키 아니면 개썰매를 타고 움직였어요. 총 1396일이 걸렸습니다.

최재천 교수님은 《열대예찬》을 쓴 지 오래되었죠? 열대에서 어느 정도 계셨어요?

최　　그 책을 쓰기 전까지 열대에 왔다 갔다 한 게 10년 정도 되었어요.

열대 어떤 부분이 그렇게 좋으세요?

최　　그냥 좋아요. 제가 책에 쓴 대목 중에 어떤 분이 저에게 항의할 정도로 말이 안 된다고 한 부분이 있는데요. 에어컨이 빵빵하게 켜진 건물에서 문을 열고 밖에 나가면 후덥지근한 공기가 확 들어옵니다. 더러운 양말을 입에다가 콱 쳐넣는 듯한 느낌이 드는데요. 저는 열대지방에서 공항 건물을 빠져나갈 때 그 후덥지근한 공기가 퍽 들어오면 행복해요. 그리고 열대의 동식물들과 같이 있는 그 자체가 정말 좋아요.

그 책에 이런 대목도 있습니다. "내가 원숭이 가족을 올려다보고 있는 동안 무슨 까닭인지 주변이 점점 어두워졌다. 그러더니 천장이 무너져 내리듯 숲의 저 꼭대기가 열리며 묵직한 빗줄기들이 내리쏟기 시작했다. 마치 누군가가 저 위에서 나를 향해 양동이로 물을 끼얹듯 쭉쭉 쏟아졌다. 순식간에 속옷까지 쫄딱 젖었다. 나는 한참 동안 그곳에 그렇게 가만히 서서 쏟아지는 비를 맞이했다. 그러다가 두 손을 하늘로 치켜들고 나는 '행복하다, 나는 행복하다'를 외쳤다." 마치 〈쇼생크 탈출〉의 한 장면 같네요.

최   저는 서울에서 살면서 비 맞는 거 끔찍하게 싫어하거든요. 안경 렌즈에 물방울이 튀는 거를 되게 싫어합니다. 또 닦아야 하니까요. 반면 열대의 비는 너무 좋아해요. 그냥 줄줄 맞고 다니고요. 그날이 첫 경험이었는데요. 열대 숲은 나무들이 빽빽하게 들어차 있으니 비가 한참 올 때까지는 빗물이 아래로 안 쏟아져요. 그러다가 어느 순간 뻥 터지면서 쫙 쏟아지는데요. 그걸 그대로 맞는 거죠. 그

비가 처음 내리기 시작할 때 어떤 소리가 들리는데요. 머리 위에서 '우우우우웅'하는 소리가 나요. 비가 빼곡한 나무 숲을 뚫고 내려오지는 못하고 우거진 숲 위로 떨어지는 소리만 숲에 가득차는데, 마치 〈라이온 킹〉에서 동물들이 막 달려오기 시작할 때 나는 소리 같아요.

이런 건 한국에서는 경험하기 어렵죠?

최 경험하고 계십니다. 그 후에 제가 쓴 글이 있는데요. 그렇게 열대에서 비를 경험하고 왔는데요. 94년쯤이었어요. 방에 앉아있는데 갑자기 밖이 컴컴해지더라고요. 그러더니 비가 쏟아지는데 제가 어렸을 적에 보던 장맛비가 아니었어요. 원래는 그냥 주룩주룩 한참 몇 날 며칠을 와야 하는 거잖아요. 그런데 갑자기 많은 비가 한꺼번에 쏟아지는데요. 제가 파나마, 코스타리카에서 보던 그런 비가 쏟아졌어요. 그래서 제가 그때 한국이 아열대로 변하는 거 같다는 내용의 글을 신문에 썼다가, 바로 위층의 기상학과 교수님들에게 경거망동하지 말라며 야단 맞은 기억이 있습니다.

책에 또 이런 말이 있습니다. "우린 보통 자연하면 아주 순수함을 떠올리는데, 반대로 자연은 순수를 혐오한다."라고, 이건 무슨 말이에요?

최   제가 한 말은 아니고요. 다윈 이래 가장 위대한 생물학자라고 칭송받던 영국의 '윌리엄 해밀턴' 교수의 말인데요. 윌리엄 해밀턴 교수의 이론을 리처드 도킨스가 책으로 만든 것이 《이기적 유전자》입니다. 그 교수의 논문이 대개 수학 공식으로 되어있어 일반인은 못 읽으니까 도킨스가 많이 풀어준 셈이에요. 그런데 해밀턴 교수는 수학만 잘했던 게 아니라 되게 문학을 좋아했어요. 그래서 그 어려운 과학 논문의 문장을 읽어보면 문학적인 표현이 거침없이 나오죠. 그 글의 원문은 'nature abhors pure stands'입니다. 그걸 '자연은 순수를 혐오한다'라고 번역을 했는데 실제 뜻은 '자연은 절대 순수해지지 않는다'라는 거예요. 우리가 자연을 순수한 곳이라고 생각하지만 여기서 얘기하는 순수함이라는 건 다양성이 쏙 빠지고 한가지로 남는 것을 말합니다. 즉, 자연은 시간을 주면 끊임없이 다양화하지 절대로 다양성을 줄이는 일은 하지 않거든요. 코로나 바이러스가 알파, 베타 등 변이가 계속 생기는 거처럼 말이죠. 그런데 그 다양성을 줄이는 동물이 딱 하나 있어요. 인간이죠. 인간은 다양성을 못 참는 것 같아요. 말로는 다양한 목소리가 필요하다고 하지만, 삐딱한 소리 한마디만 하면 다 째려보잖아요. 우리는 반드시 한 목소리를 내야 하고 일사불란해야 마음이 편하죠.

순수를 혐오한다는 표현이 자연은 불순하다는 뜻이 아니고, 그 순수의 반대말은 종 다양성을 뜻하는 거군요.

인간이 바이러스가 된 지구

공우석 교수님, 식물의 종 다양성도 많이 줄어들고 있습니까? 어떻습니까?

공   여러 이유로 줄고 있습니다. 가장 큰 이유는 사람이죠. 사람의 인위적인 개발, 간섭, 그리고 남획 이런 것들 때문에 사라지고 있고, 사람이 직접적인 원인이 아니더라도 중간 개입되어 발생한 기후 변화에 따라서 식물들이 원래 서식지를 잃고 있어요. 그리고 사람들이 원래 그곳에 서식하지 않던 외래종들을 옮겨 오면서 원래 그곳에 있었던 자생종 그리고 그곳에만 나는 특산종들이 영향을 받고 사라지는 것이죠. 자연의 간섭, 교란 그리고 파괴 이런 것들이 지금도 끊임없이 일어나고 있는 거죠. 그리고 안타까운 것은 기후 변화나 코로나, 미세먼지 같은 것들은 우리한테 직접적으로 피해를 주기 때문에 사람들이 관심이 있습니다. 그런데 우리로 인해 피해를 받는 생태적 약자인 동물과 식물들에 대해서는 관심이 없거든요. 동물의 경우에도 우리 눈앞에 있는 반려 동물, 식물에는 관심이 있지만 문밖에 있는 동식물들에 대해서는 나하고 관계가 없다고 생각하죠. 그러면 그럴수록 지구 전체적으로 생물의 다양성이 떨어질 수밖에 없게 되고요. 그게 우리한테 부메랑이 되어서 재앙으로 돌아오는 거죠.

동물의 종은 이미 멸종이 어마어마하게 진행되고 있죠?

최 예. 걷잡을 수 없는 속도로 벌어지고 있습니다. 곤충의 경우에는 종 다양성이 사라지는 것도 문제지만 그냥 전체 숫자가 줄어드는 게 너무 큰 문제입니다. 제가 이런 예를 들면 다 고개를 끄덕이실 텐데요. 어렸을 때는 더운 여름밤에 우리가 길바닥에 나가 앉아서 부채질하며 쉬었잖아요. 그럴 때면 가로등에 곤충 부딪히는 소리를 듣곤 했어요. 그런데 지금은 서울 시내 가로등에 곤충 부딪히는 걸 거의 못 볼 거예요. 곤충은 종이 줄어드는 거와 동시에 그 개체수가 어마어마하게 줄어들고 있어요. 그런데 곤충이 줄어들면 그 곤충을 먹고 사는 작은 동물들이 한꺼번에 다 사라져가는 거예요. 식물이 제일 빠르게 종이 줄어들고 있지만 그 식물 바로 위에 있는 곤충이 지금 정말 무서운 속도로 사라지고 있어요. 이게 앞으로 짧은 시간 내에 어떤 결과로 나타날지 굉장히 두렵습니다.

지구상에는 몇 번의 대멸종이 있었는데요. 그리고 지금 인류세●라고 부르기도 하고, 여섯 번째 멸종이라고도 하죠?

최 맞습니다. 그런데 참 두려운 건 그 지난 다섯 번의 대멸종은 전부 천재지변으로 일어난 거예요. 그런데 지금은 천재지변도 없이 호모 사피엔스라는 한 종의 장난질 때문에 벌어지고 있는 거죠.

지금 이 규모로 벌어지면 역대 최
대가 될 거라는 겁니다. 같이 지구
를 공유하고 사는데 단 하나의 종
이 이렇게까지 지구를 망가트린다?
이건 어떤 기준으로 보든 용서받을
수 있는 일이 아닙니다.

● 인류세(Anthropocene)

1995년 노벨화학상 수상자인
폴 크뤼천이 2000년에 처음 제
안한 용어로서, 새로운 지질시
대 개념이다. 인류의 자연환경
파괴로 인해 지구의 환경체계는
급격하게 변하게 되었고, 그로
인해 지구환경과 맞서 싸우게
된 시대를 뜻한다.

출처: 두산백과

지금이라도 지구에 사죄하려면 뭔가 바꿔야 한다는 말이네요.
제임스 후퍼 씨, 지구 온난화와 코로나19 중 뭐가 더 무서워요?

후퍼　　저는 기후 변화가 더 무서워요. 사실 코로나는 변이종이 나
올 수 있지만, 백신으로 대처가 가능하잖아요. 그런데 기후 변화 문
제는 모든 사람들이 한꺼번에 합의하고 행동해야 풀 수 있는 문제라
더 어려운 거 같아요. 각국이 원하는 바가 다 다르고, 한 나라에서
도 국민들이 원하는 것은 다 다르니까 합의점을 찾기가 어려울 거고
요. 그래서 기후 위기가 더 큰 문제라고 봅니다.

제가 우스꽝스럽게 지구 온난화와 코로나19를 비교했는데요. 이런
질문을 한 이유는 최재천 교수님의 이 얘기 때문입니다. "바이러스

와 같은 이런 팬데믹은 지구의 인간을 멸종시킬 수 없다. 절대로. 사람도 모두 다 적응하고 변화하기 때문이다. 그러나 지구 온난화는 지구상에 한 명도 남지 않는 멸종을 가져올 수 있다."라고 하셨어요. 맞습니까?

최　　네. 전염병을 만드는 병원체는 충분히 죽이고 나면 저절로 사회적 거리가 생기니까, 더 못 죽여서 끝나거든요. 페스트*도 유럽 인구의 3분의 1밖에 못 죽였어요. 밖에라는 표현이 말이 안 되는 표현이긴 하지만 수치로 보면 그렇습니다. 지금도 코로나 백신이 참 운 좋게도 1년이 안 된 상황에서 만들어졌잖아요. 400만 명 정도의 사망자를 내고 코로나 사태가 마무리될지도 모르지만, 만약 백신이 10년 뒤에 만들어진다고 가정하면 세계

> ● **페스트(Plague, pest)**
>
> 야생 설치류의 돌림병이며 벼룩에 의하여 동물 간에 유행하는데, 사람에 대한 감염원이 되는 것은 보통 밭다람쥐·스텝마못 등으로부터 벼룩이 감염시킨 시궁쥐(집쥐)·곰쥐 등이다. 1347년 킵차크 부대에 의해 아시아 내륙의 페스트가 유럽에 전파된 이후, 유럽은 수 년에 걸쳐 대규모의 피해를 보게 된다. 일명 '흑사병'이라고도 불렸던 이 병으로 인해 당시의 유럽 인구가 1/3로 줄어들었으며, 백년전쟁이 중단되기도 했다.
>
> 출처: 두산백과

인구 80억 명 중에 20억 명 정도가 사라지고 코로나가 사라졌을지도 몰라요. 20억 명 정도가 죽으면 저절로 사람과 사람 사이에 거리가 생겨서 바이러스가 퍼져나갈 수 있는 환경이 안 되기 때문에 자

연스럽게 사라지는 거죠. 기후 변화는 다릅니다. 숨을 곳이 없습니다. 누구에게나 다 똑같이 벌어질 일이거든요. 그러니 훨씬 더 큰 재앙일 수밖에 없죠.

전   저는 기후 위기를 생각하면 더 무서운 게 코로나는 저희가 공격을 받는 느낌이지만, 기후 변화는 인간이 바이러스가 된 것 같다는 느낌이 들어요. 공생을 하지 않고 지구라는 숙주를 결국에는 인간이라는 바이러스가 죽이는 거죠. 사실 코로나도 우리를 죽이면 사라지지 않습니까. 그렇게 되는 것 같아서 훨씬 더 공포스럽게 느껴집니다.

전범선 씨의 《해방촌의 채식주의자》라는 책에 '원 헬스(One health)'●라는 개념이 나오는데요. 이 개념에 대해 말한 문장을 직접 소개해주세요.

전   "코로나를 겪으면서 확실히 알게 되었다. 인간과 동물과 생태계의 건강은 하나로 연결되어 있다. 인간이 자연, 특히 동물에게 가하는 착취와 폭력

> **● 원 헬스(One health)**
>
> 세계 보건 기구는 '공중보건의 향상을 위해 여러 부문이 서로 소통·협력하는 프로그램, 정책, 법률, 연구 등을 설계하고 구현하는 접근법'으로 정의하고 있으며, 구체적인 내용으로 식품 위생, 인수공통 감염병 관리, 항생제 내성 관리 등을 제시한다.
>
> 출처: 위키백과

한국인을 읽는다

이 부메랑처럼 돌아와 인간을 죽이고 억압하고 있다. 인간은 자연을 이길 수 없다. 당연한 진리다. 인간이 자연의 일부이기 때문이다. 근대 이전에는 누구나 알았다. 과학으로 자연을 정복했다는 오만 때문에 잠시 망각했다. 우리는 모두 동물이다. 잊어서는 안 된다. 생태계가 파괴되면 인간의 자유도 평화도 있을 수 없다."

'원 헬스'라는 개념이 원래 있었어요?

전　네. 저도 코로나 이후에 이 단어를 알게 되었는데요. 당연한 진리인데 요즘 들어서 체감하게 되는 것 같습니다.

원헬스라는 개념을 부연 설명해 주신다면?

공　결국은 이것조차도 사람을 중심에 놓고 세상을 보는 건데요. 우리의 건강에 중심을 두고 주변에 있는 것들을 종속 변수로 보고 얘기를 하는 거예요. 실은 이전의 지구는 땅, 공기, 물, 생명체 이런 것들이 서로 조화롭게 살고 있었거든요. 그런데 거기에 인간이 등장했고 인간이 이 구성요소 하나하나에 영향을 미치고, 영향을 받는 쪽에서 그것을 감당할 수 없는 상황이 되기 때문에 결국 균형이 무너지게 되고, 그게 코로나와 같은 전염병으로 전 세계를 공포로 몰아넣었죠.

최　　모두가 다 가톨릭 신자가 될 필요는 없지만, 그런 차원에서 저는 프란체스코 교황의 말에 귀를 기울였으면 좋겠다는 생각을 합니다. 2019년 11월에 교황이 'Ecological sin' 즉, 생태적 죄를 인간의 원죄에 포함시키겠다고 선언했어요. 기독교나 가톨릭에 따르면 이 세상 모든 걸 하느님이 다 창조하였으니까 이 세상 모든 건 하느님의 피조물이잖아요. 그와 같은 피조물 중 어느 한 종이 힘이 좀 세다고 ─그 종이 누군지는 가슴에 손 얹으시면 다 아는 거고─하느님이 만든 걸 그놈이 그냥 죽이고 유린하는 것이 원죄가 아니면 무엇이 원죄이겠냐는 거죠. 교황이 그 말을 하고 두 달이 안 되어서 코로나19가 터졌습니다. 교황의 회칙을 다 묶어놓은 《찬미 받으소서》라는 책이 있는데요. 거기에 보면 그야말로 '원 헬스' 개념을 누구보다도 명확하게 설명하고 있어요. "이 세상 모든 게 다 하나로 연결되어 있다. 그래서 자연계에서 벌어지는 일이 인간계로 영향을 미칠 수밖에 없고, 우리 인간계에서 일어나는 일이 자연계로 갈 수밖에 없다."는 내용이 쓰여있는데요. 이 회칙을 읽으면서 이 사람이 그냥 교황인가? 과학자도 이렇게 명확하게 설명하기 힘들 거 같다는 생각을 하였습니다. 교황의 말만 제대로 들어도 세상이 달라질 것 같아요.

생태적 죄는 인간의 원죄이다. 아까 전범선 씨는 인간이 바이러스가 된 것 같다고도 하였는데요. 스웨덴 소녀 '그레타 툰베리'●가 유엔에서 한 말이 화제가 됐었는데요.

　　　　　　　　　　　　　　　　　　한국인을 읽는다

전　　　　그레타 툰베리는 스웨덴의 10대 기후 정의 운동가인데요. 뉴욕에 있는 유엔본부에 가서 정말 쟁쟁한 세계지도자들 앞에서 직언을 했죠. "우리는 지금 집단 멸종의 기로에 서있는데, 여러분은 오직 돈과 영구적인 경제성장에 관한 동화 같은 이야기만 늘어놓고 있습니다. 어떻게 감히 그럴 수 있습니까?"라고요. 이 '어떻게 감히'가 많은 사람들의 간담을 서늘하게 했죠.

그리고 지속 불가능한 지구를 물려준 기성세대를 절대 용서하지 않겠다는 표현도 했죠?

전　　　　그렇죠. 다보스포럼에서 "절대 용서하지 않겠다. 우리는 제6차 대 멸종을 목도하고 있다."라고 똑똑히 말을 했습니다.

10대 소녀가 기성세대에게 너희들 잘못이라 얘기하는 것 아닙니까? 솔직히 환경 위기에 소녀의 잘못은 없죠?

전　　　누구의 잘못이 아니라고 말하기는 어렵겠지만, 상대적으로 잘못이 적겠죠.

제가 환경에 관심 많은 고등학생 몇 사람과 이야기를 나눈 적이 있어요. 그때 개인적으로 좀 섬뜩한 느낌을 받았어요. 그 여고생들이 저를 포함한 기성세대들에 대한 적개심이 있더라고요. 요즘 젊은 세대들이 그런 게 있나요?

공　　　저도 최근에 비슷한 경험을 했습니다. 구로에서 국제 어린이 영화제를 했는데 그레타 툰베리 다큐멘터리를 보고 토론하는 프로그램이었어요. 그때 '청소년 기후행동'*이라는 단체의 친구들의 얘기에서 기성세대와 사회의 책임을 강조하는 말을 들었습니다. 제가 환경 문제를 해결하기 위해서 우리 모두의 개인적인 실천이 먼저 필요하

> ● **청소년 기후행동**
>
> 기후위기의 당사자인 청소년, 청년의 목소리와 행동으로 기후 문제 해결을 위해 유의미한 변화를 만든다는 목표를 가진 기후 운동 단체. 1.5도 이내로 지구 평균 온도상승을 막기 위한 실질적인 정책과 정치 변화를 만들고자 우리나라 청소년, 청년이 주도하여 활동하고 있다.
>
> 출처: 청소년 기후행동 홈페이지

다고 했더니, 이 친구들은 강하게 '그게 아니고 사회 시스템과 체제를 바꿔야 한다'라고 얘기하더라고요.

또 이전에 기후 행동과 관련해 헌법소원하겠다는 청년들 모임이

있었거든요. 그곳에서 "우리는 과연 소송의 원고로서 적격한가, 여기에 소송을 제기하려는 사람들은 아무런 거리낌 없이 소송의 주체가 될 수 있느냐."라는 말을 했더니 그 친구들이 자기들은 아주 충격을 받았다고 하더라고요. 지금까지 모두가 자신들의 프로젝트를 도와주고 지원하기만 했는데 그 문제에 대해서 근원적인 의문을 제기하니 그걸 별로 달갑게 생각하지 않은 거죠. 사실 한편으로 젊은 세대도 환경 문제에 대해 반성해야 할 부분이 분명 있습니다. 청소년들도 기성세대처럼 의식주에서 환경에 부담을 주는 존재가 되어가고 있는 것은 아닌지 되돌아보아야 합니다. 이 문제에 대해 본인들이 받아들이지 않고 다른 세대의 문제만 얘기하는 것은 또 다른 문제의 시발점이 될 수 있어요.

최   저도 최근에 비슷한 경험을 했는데요. 제가 지금 몇 사람과 함께 우리 헌법 1조에 환경과 관련하여 하나의 조항을 추가하는 운동을 하고 있습니다. 공우석 교수님도 거기에 참여하고 있는 걸로 알고 있는데요. 프랑스 하원에서는 이미 '프랑스 정부는 기후 변화에 대항한다'라는 조항을 헌법에 넣겠다는 내용을 하원이 통과시켰어요. 프랑스의 경우에는 상원이 상당히 보수적이기 때문에 꼭 상원을 통과한다는 보장은 없지만요. 우리나라는 지금 환경을 걱정하는 사람들 30명 정도가 헌법 개정을 추진하기 위해 노력하고 있는데요. 제가 그 명문을 작성했는데 "대한민국 국민은 기후 및 생물 다양성

위기에 대응하고 후손들에게 지속가능한 환경을 물려줄 책임을 진다."라는 내용입니다. 이걸 헌법 제1조 3항에다가 넣자고 얘기하고 있어요. 처음에 이 제안을 받았을 때 기꺼이 찬성했고요. 충분히 할 만하다라는 생각이 들었어요.

이미 프랑스는 그런 시도를 하고 있군요.

최　　그런데 어쩌면 우리가 세계 최초로 할 수도 있을지도 모르겠다는 흥분도 있고, 만약에 헌법에 그런 문구가 하나 들어간다면 환경 위기에 대한 인식을 달리하는 분위기를 만들 수 있어요. 우리가 이 내용을 발표하는 날, 한 청년대표의 발언에 뒤통수가 정말 아프더라고요. "저희는 용서하지 않겠다. 기성 세대들의 잘못을 용서하지 않을 것이다. 그러나 이런 움직임에 적극적으로 저희도 참여하겠다."라고 하는데 그 표현이 무섭더라고요.

그래도 젊은 세대에서 이 문제의 심각성을 인지하고 각성하고 행동하는 사람이 많아진다는 건 굉장히 다행스럽고 환영할 만한 일이네요.

전　　저도 그런 표현을 가끔 쓰는데요. 다만 그런 것이 여기 계신 두 교수님이나 일부에 대해 분노를 표한다기보다, 체제적으로 바꿰지 않으면 이 기후·생태 위기라는 걸 해결할 수 없다는 건 너무 자명하기 때문에 그 결정권을 갖고 있는 세대 전체에 대한 비판의 목소리가 아닌가 싶습니다. 청년들 중에서 기후생태 위기를 걱정하는 사람들은 개인적으로 실천할 수 있는 건 이미 최대한 하고 있거든요.

최　　그런 점에서 헌법을 개정하면 시스템을 바꾸는 큰 초석이 될 것 같아요.

조금 불편한 삶이 만드는 살기 좋은 지구

그레타 툰베리가 "오직 돈과 영구적인 경제성장에 관한 동화 같은 이야기만 늘어놓는다."라고 얘기한 것처럼, 어찌 보면 대한민국이 고도 압축성장을 하면서 경제성장에 있어서는 어느 정도 성과를 내었지만, 유럽국가들에 비해 탄소 줄이기 등의 환경 관련 실천에서는 꼴찌 수준 아닌가 싶어요. 경제 시스템을 전혀 안 바꾸고 있잖아요.

공　　실은 2017년도에 뉴질랜드 의회가 자연의 권리를 인정하는 법 조항을 만들었어요. 자연물이 자기의 권리를 사람하고 똑같이 주장할 수 있는 법적인 인격, 법 인격을 갖는다는 걸 뉴질랜드 정부가 인정을 하고 그동안 잘못된 것에 대해서 경제적인 배상도 하는 등의 일들을 시작했는데요. 결국은 사람을 위한 제도를 구축하기 이전에 자연을 온전히 보존하는 이러한 생각이 먼저 선행이 되고 그 다음에 사람이 그 자연에 어우러져서 지구와 함께 공존하는 시스템으로 가야 합니다. 결국은 사람 이전에 자연에 대한 아주 진지한 반성이 있어야 된다고 생각합니다.

그러니까 반성적 인식을 우리 정부도 계속 표방은 해요. 그러나 경제 체제의 근본적인 생산 시스템의 변화를 시작해야 하는데 거기까지 못 가고 있는 것 아닙니까. 해야 한다고 말만 하고 있을 뿐, 실천을 못하고 있는 것 아닌가요?

최　　그래서 제가 '기후 얌체'라는 표현을 했는데요. 그 표현을 하게 된 동기가 있습니다. 제가 국제생물다양성협약(CBD)●의 의장을 2년 했거든요. 그런데 국제 회의를 주재하면서 두 번, 속된 표현으로 개망신을 당했어요. 왜냐하면 진행

> ● **국제생물다양성협약**
>
> 지구상의 생물종과 이 생물종들이 서식하는 생태계, 생물이 지닌 유전자를 포함한 지구상의 모든 생물종을 보호하기 위하여 마련된 국제협약이다.
>
> 출처: 시사상식사전, pmg 지식엔진연구소

중에 한국 정부가 그 협약 중 두 개의 조항을 이행하지 않았다는 것이 나타난 거죠. 두 번에 걸쳐서…. 그 문제 때문에 제가 회의를 주재

하면 안 된다는 거예요. 그래서 저는 포디움에서 걸어 내려오고 제가 지목한 인도 친구가 올라갔어요. 5분도 채 안 걸렸어요. 그러니까 세계 대표들이 전부 지켜보고 있는 가운데 한국은 약속을 지키지 않는 나라라는 걸 그대로 드러낸 거잖아요. 정말 가슴이 막 뭉개지더라고요. 너무 화가 나서…. 그래서 얌체라는 표현을 한 거죠. 우리나라가 생물 다양성 관련한 정책을 개발하고 발표하는 건 국제무대에서 누구보다도 잘합니다. 그런데 실천을 안 하죠.

이게 돈의 논리에 굴복하기 때문 아닐까 싶어요.

공   탄소 국경세가 유럽연합을 중심으로 본격적으로 제도화됐잖아요. 우리 기업, 우리 국가의 경쟁력을 지금처럼 유지할 수 있을지 없을지 그 기로에 있다고 생각하면 될 것 같아요. 이건 개인의 문제도 아니고 기업의 문제도 아니고 정부의 문제도 아닙니다. 개인, 기업, 정부가 같이 손을 잡고 나아가지 않으면 대한민국은 새로운 국제 질서에서 경쟁에 밀려 도태되어 지금 우리가 누리는 것들을 후손들에게 넘겨줄 수 없게 될 겁니다.

개인의 각성을 시작으로 정치권과 정부에 요구해야 하고 그래서 정부가 그 압력에 못 이겨서라도 각종 규제 등 강제할 수 있는 힘을 가져야 하고, 그렇게 되어야 기업이 변화하는 거겠죠.

후퍼　제가 보기에는 결국 이 모든 문제가 경제랑 관련된 이야기인 것 같습니다. 일단은 우리 경제는 계속 커져야 하는 시스템인데 물리적으로 생각하면 불가능하잖아요. 제한된 시스템 안에서 끝없이 경제가 커질 수만은 없기 때문에 그 개념부터 바꿔야 합니다. 지금은 GDP(국내총생산)를 기준으로 놓고 발전에만 집중하는데, 그것보다는 인간을 중심에 놓고 어떻게 살아야 할지 훗날 어떤 세상에서 살고 싶은지 먼저 생각해야 할 것 같아요.

전　코로나 때 불편함은 많이 감수해봤잖아요. 기후생태위기는 더 큰 불편함이 불가피하다는 걸 다 인정하고 노장청(노년, 장년, 청년) 모든 세대가 하나가 되어서 함께 어떻게 불편해하며 이 문제를 해결하고 나아갈지 고민해봤으면 좋겠습니다.

공　저는 개인이 현명한 소비자가 되면 좋겠다고 말씀드리고 싶습니다. 그래야만 생산자, 공급자도 바뀌고요. 개인이 현명한 유권자가 되면 정치가 바뀔 수 있듯이 이러한 것들이 남의 일이 아니고 내 일이라는 것, 그리고 미래를 위한 일이라는 생각을 가지고 생활하는 게 좋을 것 같습니다.

최　저는 환경 관련 강연을 할 때 제목을 종종 '아주 불편한 진실과 조금 불편한 삶'이라고 붙이곤 하거든요. 진실은 아주 불편하잖아요. 정말 불편한 상황이지만 어느 날 갑자기 기술이 확 해결해주거나 정부가 확 해결해주거나 국제사회가 한 번에 탁 해결할 수는 없거든요. 우리 한 사람 한 사람이 자신의 삶을 그저 조금만, 아주 조금만 불편하게 살면 조금씩 바뀔 겁니다.

2. 운명

결정된 운명인가?
결정하는 운명인가?

대담자
강헌, 박성준, 유인경 그리고 전범선

대담도서
강헌 《명리, 운명을 읽다》
박성준 《운의 힘》
론다 번 《시크릿》

강헌

자신의 운명이 궁금해져 명리학을 파고들었고, 이후 지금까지 사람들에게 명리학을 전파하는 명리학자.

서울대학교 국어국문학과를 졸업하고 동대학의 음악대학원을 졸업하였다. 대학원 졸업 후 영화계에 뛰어들어 몇 편의 독립영화를 제작하고 시나리오를 썼다. 이후 김현식에 대한 평론을 쓴 것이 계기가 되어 음악평론가로 오래 활동했다. 현재는 경기문화재단의 대표로 재직 중이다.

마흔세 살 되던 해 갑자기 의식을 잃고 쓰러진 뒤 깨어난 이후, 명리학에 몰두하게 되었고 현재 온오프라인을 망라하며 명리학을 가르치고 있다. 저서로 《명리, 운명을 읽다》, 《전복과 반전의 순간》 등이 있다.

박성준

생각이 아닌 행동이 운을 만든다고 믿는 풍수건축가.

홍익대 건축학과를 졸업했으며 집과 건물을 짓는 건축가이면서 사람과 땅의 기운을 함께 보는 풍수 컨설턴트이다. 또 인간의 사주팔자와 관상을 통해 삶을 읽어내는 역술가로 방송과 오프라인을 넘나들며 많은 사람들을 만나고 있다. 특히 풍수와 인테리어를 접목시킨 '풍수인테리어' 개념을 널리 알리고 있다.

인컨텍스트건축사무소 대표이며 박성준풍수연구소 소장이다. 저서로 《운의 힘》, 《운테리어》 등이 있다.

66

운명은 우리를 행복하게도
불행하게도 하지 않는다.

-미셸 드 몽테뉴-

99

운명은 정말 정해져 있을까?

전범선 씨는 지금 30대 초반이죠? 혹시 점 보러 간 적 있어요?

전범선(이하 '전')　　　　한 번도 없습니다. 어렸을 때부터 어머니가 점 보고 왔다고 하면 미신이라 생각하고 안 믿었거든요. 그런데 서른이 되면서 인생이 내 뜻대로 되지 않는 게 많은 것 같다는 것을 느껴요. 특히 요새 능력주의, 공정한 경쟁 이런 얘기가 많이 나오는데 그것보다 운이 중요한 것 같다는 생각이 들 때가 많아서 이런 부분에 관심이 많이 생겼습니다.

그러니까 좋은 운, 나쁜 운이라는 게 있고 그 운은 시시각각 변한다는 건 대부분 다 동의할 수 있는 것 같은데요. 중요한 건 사람이 태어난 날과 시간 등, 이런 사주*에 의해서 운명이 정해져 있느냐, 그렇지 않느냐에 대한 건 사람마다 믿음의 차이가 큰 것 같아요. 그래서 전범선 씨는 그것까지 믿어요?

● 사주팔자四柱八字

사람의 난 해[年]·달[月]·날[日]·시(時)를 간지(干支)로 계산하여 길흉화복을 점치는 법. 사람을 하나의 집으로 비유하고 생년·생월·생일·생시를 그 집의 네 기둥이라고 보아 붙여진 명칭이다.

출처: 한국민족문화대백과, 한국학중앙연구원

전　　　우선 첫 번째로 궁금한 건, 운명을 믿는다는 것이 곧 결정론자가 되는 것인가 하는 부분입니다. 저는 결정론자는 아니거든요. 물론 사람이 어떻게 할 수 없는 불확실한 요소들이 많은 건 확실해요. 온라인에서나 오프라인에서나 사람 간의 네트워크가 점차 많아지고, 또 어떤 네트워크에 속하냐에 따라 삶의 많은 부분이 결정되는 것 같은 느낌도 들어요. 그래서 좀 무력한 느낌이 들지만 그렇다고 해서 나의 평생 운명이 다 정해져 있다는 이론은 좀 의심스럽습니다.

강헌(이하 '강')　　　그런 건 있을 수 없습니다. 받아들일 수도 없고요. 어떻게 운명이 결정될 수가 있나요. 제가 보기에는 동양에서는 그걸로 한 번도 논쟁한 적이 없는데 서양에서는 논쟁을 한 천 년 했어요. 그런데 최근에 답이 나왔습니다. 결정이 안 되어 있는 걸로요.

누가 답을 낸 거예요?

강　수백 명이 달라붙어서 천 년 동안 왈가왈부했어요. 그런데 사실 우리나라의 명리학*에서는 운명이 결정되어 있는 듯 암시를 하는 경우가 많아요. 바로 영업상의 문제 때문이죠. 결정이 안 되어 있으면 뭐하러 물으러 가겠어요.

> **● 명리학**命理學
>
> 사람이 태어난 연(年)·월(月)·일(日)·시(時)의 네 간지(干支), 곧 사주(四柱)에 근거하여 사람의 길흉화복(吉凶禍福)을 알아보는 학문으로 사주학(四柱學)이라고도 한다. 개인의 생년·월·일·시를 분석해 나무·불·물·쇠·흙 등 5가지 기운의 상생(相生)·상극(相剋) 관계를 따져 길흉화복을 판단한다.
>
> 출처: 두산백과

결정되어 있는 척해야 영업이 잘 되기 때문이네요.

강　이건 세속적인 영업 마케팅상의 문제였지, 명리학의 본질적인 것을 안다면 운명이 이미 결정되어 있다는 식의 명제는 질문거리도 되지 않는다는 걸 알 수 있어요.

그 본질이 뭐예요?

강   본질이 뭐냐면요. 먼저 '운명運命'의 '운運'이라는 한자의 구성을 보면요. '군대軍隊'라고 할 때의 '군軍'자에다가 '달릴 주변辶'이 붙어있어요. 이 운이라는 말 자체가 군대가 이동하는 모습을 묘사한 거예요.

움직인다?

강   군대는 매복하기도 하고 앞으로 돌격하기도 하고 후퇴하기도 하며 여러 가지 형태로 움직이잖아요. 만약에 군대의 움직임이 예측되고 미리 간파되면 어떻게 되나요? 다 몰살되겠죠. 그래서 이미 운이라는 말, 운명이라는 말 자체에 예측불가하다는 뜻이 내포되어 있습니다. 그러니까 결정되어 있다는 것은 잘못된 말이라는 거죠.

　그리고 운명의 '명命'은 글자 그대로 태어날 때 우리가 우주에게 부여받은 기질, 개성 그리고 장점과 단점 같은 요인들입니다. 이것은 가지고 태어나죠. 그 기질이 그대로 다 발현되는 경우가 있고 그렇지 못한 채 엉뚱한 걸 하는 경우가 있겠죠. 이게 운에 따라서 결정된다고 보는 겁니다. 그래서 이 두 개가 합쳐져서 운명이 되는 거고, 운명이라는 건 결국 정해져 있는 것은 아니라는 뜻입니다. 음양오행의 핵

　　　　　　　　　　　　　　한국인을 읽는다

심은 우주는 변한다는 것이고, 영혼은 불멸하다거나 절대적으로 고정되어 있다는 건 없다는 전제에서 출발해요. 그러니 당연히 우주의 존재인 우리 인간의 삶도 결정되어 있는 것, 이미 결론이 나있는 것이 아니며 이런 믿음은 주로 세속적인 견지에서 마케팅에 현혹된 결과라고 말씀드리고 싶습니다.

유인경 기자님, 과거 점 보러 많이 다녔다고 하셨죠? 전부 마케팅에 속은 거 아니에요?

유인경(이하 '유')　　심지어 전 부적까지 사서 지갑에 넣어두고 다녔었는데요. 그게 플라시보 효과라고 하죠? 지니고 있으면 뭔가 나쁜 걸 막아주겠지? 하는 안심이 되더라고요. 사실 삶이 완벽히 결정되어 있다면 저희는 그냥 줄에 매달려 조종되는 인형 같은 존재와 마찬가지기 때문에, 운명은 계속 바뀌는 거라 생각합니다.

　유명한 명리학자를 인터뷰한 적이 있는데요. 그 학자에게 어떻게 하면 운이 좋아지냐고 물었더니 너무 간단하게 대답하더라고요. '밥을 적게 먹어라', '남에게 베풀라', '착한 일을 하라' 이 세 가지였어요. '약간 적게 먹고 갖고 있는 돈 나눠주고 착하게 살면 운이 좋아지나?'라는 의문을 갖긴 했어요. 사실 이런 것들은 하기 어렵거나 불가능한 일은 아니거든요.

그런데 많은 사람들이 '어떤 점쟁이가 나의 지나간 과거를 맞추더라, 어떤 용한 사람이 앞으로 생길 일을 예언했는데 그게 맞더라' 뭐 이런 얘기들 하기도 하잖아요.

강   저는 가급적 그런 일은 안 하려고 하는데요. 사실 그냥 맞히는 것은 어렵지 않습니다. 왜냐하면 인간 삶의 패턴이라는 게 우리가 생각하는 것만큼 다양하거나 복잡하지 않거든요. 대부분 50% 확률 안에서 움직이기 때문입니다.

그런가요?

강   그렇죠. 시험에 붙거나 떨어지거나, 결혼을 했거나 안 했거나 모두 반반의 확률이잖아요. 삶을 극단적으로 단순화시켜보면 말이죠. 사실은 그중에 한 세 개만 연속으로 맞혀도 '우와아' 하면서 내 삶을 마치 다 파악하고 있는 듯한 착각이 들어요. 그리고 고객의 심리상태에 따라 달려있다고 봐요. 뭔가 이 사람이 용하게 나에 대해 다 맞춰줬으면 좋겠다는 그런 기대를 가지고 시간과 비용을 들여서 가는 거잖아요. 그런 기대가 이미 있는 상태니까 자신에게 유리한 방향으로 해석을 하려고 합니다.

유   듣고 싶은 말만 듣고 싶게 되는 거 같아요.

한국인을 읽는다

열 마디 했는데 그중에 두 개만 비슷하게 맞아도 '어? 잘 맞히네?' 이렇게 된다는 거죠?

강　네 그런 경우가 많고요. 그리고 유인경 기자님이 말한 부적이나 굿 같은 얘기가 나오면 기본적으로 사기 행위라고 봅니다.

부적이며 굿으로 어떤 위기를 바꿀 순 없다?

강　그런 걸 '개운開運'한다고 말해요. '운을 연다, 바꾼다'는 의미인데, 저는 사기라고 생각합니다.

박성준(이하 '박')　그런데 저의 경우에는 무속인들이 영이 맑아서 미래에 대해서 어느 정도는 얘기할 수 있다 생각은 들어요. 다만 그것을 흉내내는 사람들이 상술로 활용하는 게 문제인 것 같고요. 운이라는 게 운명결정론적으로 보지는 않는데 다만 사람마다의 그릇은 있는 것 같아요. 밥그릇, 국그릇, 반찬그릇처럼 각기 용도가 있듯이요. 사람마다 자신의 천성과 기질이 있기 때문에 그걸 바탕으로 살아가며 일어나는 일에서 선택과 대응을 할 때 일관된 방향성은 생기는 것 같거든요. 그것을 통해 그 사람의 직업이나 삶의 방향이 정해지는 것 같고요. 그리고 인생에서 멈춰야 될 때와 나아가야 될 때라는 타이밍도 있습니다. 그러니까 포장도로일 때도 있고 비포장도로일 때도 있고 정체 구간이 있을 때도 있고 아니면 신호 때문에 멈춰야 될 때도 있는 것 같아요.

아까 강헌 평론가가 말한 운명의 '명'과 같이 타고나는 부분이 있다는 거죠? 천성, 기질, 그릇 이런 것이요. 그럼 생년월일시로 나누는 사주팔자에는 타고난 고정불변의 것이 있다고 하는데, 이런 것들은 어떻게 설명해야 하나요?

강　　그게 바로 명이죠.

그런데 그게 좋은 게 있고 나쁜 게 있는 거예요?

강　　보통 우주에 좋은 것과 나쁜 것이 없다고 하잖아요. 예를 들어 인간에게 간장종지가 꼭 요리접시보다 나쁘다고 할 수 있나요? 못하다고 할 수 있습니까? 간장이 있어야 될 때는 간장종지가 필요하죠. 만약에 스프접시에다 간장을 담는다면 어떻게 되겠어요? 간장을 제대로 먹기 어렵겠죠? 그래서 간장종지는 간장종지의 쓰임새가 있는 거고, 스프접시는 또 스프접시의 쓰임새가 있는 거예요. 명리학도 여러 분파가 있는데요. 예전의 격국론格局論 같은 경우는 사주를 귀격貴格과 천격賤格으로 나누기도 했어요. 그렇게 따지면 제 사주는 완전히 천격 중에서도 하下천격입니다. 그때는 봉건적인 신분

사회였고 태어날 때부터 의지와 상관없이 신분이 정해지는데, 공화국 시대에 와서 아직도 그런 소리 하고 있으면 시대착오적인 거죠. 명리학은 절대적 종교 교리가 아닙니다. 모든 학문이 그렇듯 끊임없이 시대와 함께 진화하고 발전해야 하는 개념인 거죠. 그래서 좋은 사주 나쁜 사주 이런 것은 존재하지 않는다는 겁니다.

그럼 생년월일시를 왜 보느냐? 와인을 한번 생각해봅시다. 매년 우리는 포도나무를 심고 그 포도나무의 열매로 와인을 만드는데 어떤 곳은 기후가 좋고 어떤 데는 기후가 나쁘고 또 어떤 곳은 굉장히 토양이 척박하고 또 어디는 토양의 질이 좋듯이 다 환경이 다르죠. 그런데 굉장히 유명한 와인, 흔히 말하는 비싼 와인들의 공통점은 다 척박한 토양에서 자란 포도로 만들어진다는 겁니다. 척박한 환경을 뚫고 자란 포도 열매의 강렬한 생명력을 응축하여 와인을 뽑아낼 때 정말 훌륭한 와인이 되거든요. 그러니까 환경을 탓하지 말라는 얘기입니다. 본래 타고난 것을 어떻게 접근하고 활용하느냐에 따라 다르다는 거죠. 또 좋은 기후라고 해서 언제나 좋은 와인이 만들어지지는 않아요. 좋은 조건과 환경이라도 와인을 만드는 사람에 따라서 수많은 종류의 와인이 나올 수 있거든요. 결국 사주팔자의 생년월일도 역시 어떤 시간에 어떤 기운을 갖고 태어나는가에 따라서 그 사람의 명, 기운이나 기질을 추론할 수 있다고 보는 거죠.

태어날 때 기운이라는 건 있긴 있다는 거죠? 명리학의 전제는?

강　　네. 그러나 그것이 좋다, 나쁘다로 나눌 수는 없고 그 기운이 모든 삶을 완전히 결정짓는 것도 아니라는 겁니다.

유　　그런데 음양오행陰陽五行으로 사람의 성정은 좀 정해지는 거 같아요.

성정이요?

유　　네, 음양오행 중에 화火(음양오행의 오행 -목木·화火·토土·금金·수水 - 중 하나)가 많은 사람이 있고 토土가 많은 사람이 있다는 식으로 말하잖아요. 그런데 토가 많다고 하는 친구를 보면 확실히 차분한 성격이 많아요. 뭔가 땅이 나무의 뿌리를 받아들여 키우는 것 같은 포용성이 있어요. 금金이 많으면 좀 독설을 잘한다든가 하는 경향도 있는 거 같아요. 가끔 고객으로 많은 명리학자를 만나고 점집을 가보기도 하는데요. 살펴본 바 그 성정이라는 것, 자기가 어떤 특성을 가진 사람인지를 알게 되면 조금은 겸손해지더라고요. 저 같은 경우에는 나무가 굉장히 많은 사주라고 하더라고요.

그럼 어떤 스타일이에요?

유   그냥 양명하지요. 나는 예쁜 꽃이 아니라 동네 어귀에 있
는 큰 나무라고 스스로 믿으면, 제가 막 꽃처럼 예쁜 척하지 않아도
되고요. 그리고 바람이 나무의 가지를 흔들기도 하고 찢기도 하잖아
요. 그것처럼 살면서 누군가 나를 흔들어 놓거나 훼방을 놓을 때가
있는데 나무와 바람의 관계라고 생각하면서 주제 파악을 하고 나면
제가 받는 스트레스가 크게 줄어요. 우주에 좋고 나쁜 게 없다고 하
셨듯이 나무의 좋은 기운만 제가 받아들이는 것. 그걸로 저는 굉장
히 위안을 받고 있어요.

그러니까 유인경 기자님 말은 이런 거네요. 우리의 삶이 다 결정된
건 아니기 때문에 굳이 사주를 알아야 되나, 하고 의심할 수 있는데
어느 정도 알면 그게 오히려 자신을 긍정적으로 변화시키는 데 도움
이 되더라는 거죠.

전   저는 여태까지 좀 비과학적이라 생각해서 관심이 없었는데
요. 사실 사회과학의 역할이 과거의 패턴을 분석해서 미래를 예측하
는 거잖아요. 요즘 유행하는 MBTI* 같이 정신을 분석하는 도구도
있는데요. 그렇게 자기 자신을 더 객관적으로 바라보고 확인하면서
운명을 바꿔볼 수 있다고 하니까 되게 익숙하게 다가오는 거 같아
요. 더 매력적으로 느껴지는 부분은 명리학이나 사주팔자는 인간을
자연의 일부로 보고 지구와 우주와 인간의 조화를 기본 전제로 말

한다는 것이에요. 그런 측면에
서 궁금한 것이, 최근 기후·생
태 위기가 오다 보니 환경이 예
전과 상당히 많이 바뀌었는데
요. 이렇게 조건이 바뀌는 상황
에서도 과거의 지혜가 여전히
유효한가요?

강　　실제로 기후생태가 바뀌면서 인간의 사주팔자도 바뀌고
있어요. 예를 들자면 명리학의 핵심은 음양오행인데 이게 골고루 조
화를 이루고 분포되어야 맞거든요. 그런데 요즘 제왕절개수술이 많
아지면서, 태어나는 시점이 인위적으로 결정되는 사례가 많아지는
거죠. 수술을 새벽 한 시에 하는 경우는 없잖아요. 보통 아침 열 시
에서 오후 세 시 사이에 하다 보니까 많은 아이들이 '화火'의 시간대
에 태어납니다. 태어나는 월일 분포는 예전과 비슷할지 몰라도, 시
간대는 '화'의 시간이 훨씬 많아지고 있어요. 제가 초등학교 한 반을
표본조사를 해봤는데 압도적으로 '화' 기운이 많더라고요. 게다가
1970년대에는 9시 뉴스에서 어린이들은 잠자리에 들 시간이라고 고
지를 해줬어요. 아이들은 일찍 자야 되거든요. 그런데 이 아이들이
밤 열한 시가 될 때까지 학원을 가고, 늦은 밤에 간식으로 '화' 기운

이 엄청 많은 후라이드 치킨을 먹죠. 그런데 기본적으로 '화' 기운을 많이 타고났어요. 그러니까 이제 집단적으로 분노조절장애 현상이 발생하는 거예요. 그래서 아주 사소한 걸로 싸우고 왕따를 만들고 폭력이 난무하는 현상이 나타나는 거예요. 오행 중에서도 특히 음과 양을 대변하는 기운의 조화가 많이 무너지는 거죠.

여전히 이런 학문은 비과학적이라고 생각해서 전혀 믿지 않는 사람들이 있을 거예요. 이런 사람들을 대변해서 제가 질문하겠습니다. 태어난 우주의 기운을 강조하는 건 눈에 보이지 않기 때문에 믿기 어렵지만, DNA라는 타고난 유전자적 특성은 분명히 존재하는 거잖아요. 더불어 태어난 환경 즉, 부유한 나라냐 가난한 나라냐, 도시냐 농촌이냐, 그리고 부모의 경제수준 같은 건 확연히 드러나는 거고요. 이렇게 눈에 보이는 것들을 바탕으로 접근하는 게 사주를 따지는 거보다 예측하고 추론하는 데 있어 더 나은 거 아니에요?

강　　사주가 바로 그런 것을 따지고 있는 겁니다.

그렇다면 같은 생년월일시에 태어났는데 누구는 아프리카의 농촌에서 태어나고 누구는 뉴욕의 맨해튼에서 태어나기도 하잖아요. 그러면 시작부터 다른 인생을 살게 되는 건데, 그럴 경우는 어떻게 설명할 수 있는 거예요?

강　　당연히 다르고요. 우리나라에서도 저하고 같은 시간에 태어난 사람이 100명쯤 됩니다. 그런데 100명이 다 같은 삶을 살고 있지는 않죠.

그렇죠. 그건 가정환경이 다르기 때문 아니에요?

강　　맞습니다. 그런데 그 100명은 나하고 같은 사주지만 그 부모의 사주까지 같을 확률은 제로에 가깝죠. 쉽게 생각해서 '사람 인 人'이라는 한자를 보면 딱 2획으로 구성되어 있잖아요. 서로 기대고 있죠. 어느 한쪽을 빼면 무너지죠. 그게 인간은 절대 혼자 설 수 없는 존재라는 뜻입니다. 인간은 포유류 중에서도 독립하는 데 가장 많은 양육의 시간이 필요한 종이에요. 그거 때문에 내가 부모를 선택해서 태어난 사람은 아무도 없지만 첫 번째 특수 관계에 있는 부모에게 굉장히 많은 영향을 받죠. 아까 말씀하신 그릇이라는 것도 만약에 그 그릇을 활성화시켜 줄 수 있는 부모를 만났는가 또는 그 그릇을 완전히 뒤집어서 깨버리는 부모를 만났는가에 따라서 결과는 완전히 달라질 겁니다. 그다음 배우자 혹은 선생님, 동료, 친구, 경쟁자 등 많은 관계에 의해서 이 그릇이 어떤 것을 담고, 어떻게 쓰이게 될지 추적하는 거죠. 결과적으로 내가 태어난 연월일에 의해 기운이나 기질이 어느 정도 정해지지만, 가장 영향을 많이 받게 되는 부모의 사주와 상호 영향을 미치면서 성장하는 거예요. 그렇기 때문에 같은 사주라도 성장하는 과정과 결과가 다 다른 겁니다.

박　　　그리고 동양철학에서 얘기하는 '천지인天地人'이라는 개념
이 있습니다. 시간은 '천'이거든요. 내가 시간을 어떻게 쓰는지, 멈춰
야 될 때와 나아가야 될 때의 타이밍을 아는 지도 중요하고요. 그리
고 '지'는 공간의 개념입니다. 내가 심리적으로 안정감을 느끼고 편
안함을 느끼는 공간에 사는가 하는 문제도 삶에 큰 영향을 미칩니
다. 그리고 '인'은 관계의 개념을 포함하는데요. 우리가 궁합을 보잖
아요? 누구를 만나는지에 따라 인생에 큰 영향을 받기 때문에 그것
도 자신의 운명을 바꾸는 요소가 되는 거 같아요.

인간 관계가 운명에 미치는 영향

전범선 씨는 민족사관고등학교를 졸업하고, 미국과 영국의 좋은 대
학에서 역사학을 공부하였잖아요. 그런데 속된 말로 다 때려치우고
지금 밴드를 하며 음악을 하고 있죠? 대학 동기들 대부분 변호사 등
의 전문직에 종사하거나 대기업에 가거나 했을 텐데, 본인의 이런 극
적 삶의 변화가 운명이라고 생각하세요?

전　　　운명이라기보다는 유전이라고 생각하는 편인데요. 제 어

머니가 책방을 하고 계시고 젊은 시절에 밴드를 하셨어요. 어머니도 "야, 너는 왜 그러냐?" 하시면서도 다 이유를 아시죠. 핏줄이 어디 가진 못 한다는 걸요. 그런데 잘 모르겠습니다. 저도 이 인생이 기구한 거 같은데 어디까지가 저의 운명인지는 잘 모르겠네요.

박   하고 싶어서 하시는 거잖아요.

전   그렇죠. 저는 스스로 결정해서 한 것인데, 사람들은 되게 용기 있게 결정했다고 하세요. 그런데 한편으로는 그저 어머니랑 똑같은 길을 가고 있는 게 아닌가? 내가 결정한 게 있긴 한 건가? 하는 생각이 들 때도 있어요.

그런 게 알게 모르게 대학동기들과는 전혀 다른 진로인 밴드를 선택하고 책방을 인수하는 데 뛰어든 배경 아닐까요?

강   분명 관련이 있습니다. 특히 저는 남자인 경우 엄마와의 관계, 여자인 경우는 아버지와의 관계를 중요하게 생각을 하는데요. 흔히 사주팔자에서 신강身强과 신약身弱을 따지는데 보통 신약한 사람이 좀 더 많아요. 사주의 기운을 볼 때 주체의 기운보다 주체 바깥 세계의 기운이 큰 쪽을 신약하다라고 하고, 주체 바깥의 기운보다 주체의 기운이 더 강한 걸 신강하다고 합니다. 신강이 좋은 것도 신약한 게 나쁜 것도 아니고 그냥 스타일인 거죠. 자기 주장을 강하게 내세우기보다는 자신의 행동이 다른 사람에게 어떻게 비칠까를 고민하는 유형에 주로 신약한 사람이 많고, 남들이 어찌 보든 말든 내가 하고 싶은 대로 살다 가겠다는 유형 가운데 주로 신강한 사람이 많습니다. 신약한 사람들은 어머니의 존재가 결정적인 경우가 많습니다. 신강한 사람은 아버지의 존재가 굉장히 큰 영향을 미치고요. 그래서 똑같은 성취를 위해 노력하는데, 어떤 시점부터 차이가 나는 사람들의 사주를 비교해보면 엄마와의 관계에서 의외로 실마리를 찾게 되는 경우가 있어요. 예를 들어, 한쪽은 여전히 엄마와 좋은 관계를 유지하고 있는데 한쪽은 본인의 의지와 상관없이 부모님이 이혼해서 아버지와 같이 자랐다든가 하는 거죠. 이 관계의 힘에 의해서 어떤 일의 성취 유무나 결과가 달라지는 경우가 많습니다. 전범선 씨 같은 경우도 남자이기 때문에 어머니로부터 영향을 많이 받았을 공산이 크죠.

유　　　한때 유영철을 비롯한 연쇄살인범이 자주 나왔던 적이 있는데요. 취재를 하다 보면 연쇄살인범의 특징이 부모와의 관계가 나쁘다는 거였어요. 경제적으로 좋고 나쁘고 유복하고 안 유복하고가 아니라, 관계 자체가 굉장히 안 좋았어요. 살인사건이 발생한 후 아들이 피의자로 지목되면 가족들이 연락을 받게 되는데요. 그런데 그렇게 유명한 살인범들의 부모들은 대부분 "내 아들 아니다."라고 부인하거나 매정하게 외면하는 경우가 많았습니다. 반면에 잘되는 사람들의 추억담에는 어머니의 얘기가 빠지지 않고 등장합니다. 외국의 위인전을 읽다 보면 꼭 친어머니가 아니라도 계모가 잘 보살펴주어 큰 인물이 된 경우가 많죠. 이걸 운명이라고 봐야 될지 모르겠지만 결국 부모와의 관계가 큰 영향을 미치는 거 같아요.

어려서는 가정환경이 중요하지만 나이를 먹어가면서 친구나 사회에서 형성되는 관계가 너무 많고 복잡하잖아요.

박　관계를 생각할 때 일단 자신의 기준을 만드는 게 중요합니다. 대자연의 관점에서 보면 우리는 아무것도 아닌 사람들이죠. 초목은 분류를 굉장히 세부적으로 하지만 사람은 그렇게 하지 않으니까요. 그런데 사람은 모두 기질과 성향이 다르기 때문에 나를 잘 알아야 어떤 선택을 하거나 대응을 할 때 기준이 생기고, 그럼으로써 다른 사람도 이해하고 용서하는 마음의 여유가 생기는 거 같아요. 요즘에는 온라인에서 타인을 욕하고 원망하고 비난하는 것을 즐기는 풍조가 있잖아요. 일반적으로 갑자기 내린 소나기에 비를 맞는다고 해서 우리는 소나기를 원망하지는 않거든요. 내가 우산을 챙기지 못한 것, 내가 미리 날씨를 확인하지 못한 것을 책망하죠. 그렇듯 어떤 문제가 발생하였을 때 다른 사람을 비난하고 욕하기보다는 그 모든 것들이 나로부터 기인한다는 생각, 나에게서 먼저 원인을 찾아보는 태도가 필요하고 그것의 시작은 자기 자신을 바로 아는 것이고 그것이 인생의 기준이 되어야 한다고 생각합니다.

강헌 평론가는 책 《명리》에서 "나와 나를 둘러싼 모든 관계를 조화롭게 만들어야 한다."고 썼는데, 우선 나를 제대로 알려면 어떻게 해야 될까요?

강　　명리학을 공부하면 됩니다. 농담이 아니라, 저는 돈 주고 사주보러 갈 시간에 차라리 공부하는 게 낫다고 생각합니다. 실제로 저는 상담보다는 교육을 주로 하기도 했고요. 한번은 오래된 제자들을 데리고 M.T.를 가서 명리학을 공부하기 전과 후의 삶에 대해 물어본 적이 있어요. 주로 많이 하는 얘기가 바로 가족에 대한 것이었는데요. 명리학을 공부한 이후 남편이나 아내, 형제 또는 자식과의 관계가 안 좋은 상황에 빠지면 왜 자신이 상대를 미워하는지 이유를 알게 되었다고 얘기하고, 저 사람이 나를 왜 이렇게 힘들게 하는지 알게 되었다고 합니다. 이유를 알게 되니 마음이 편해지는 거죠. 다만 용서해선 안 될 것까지 용서하는 부작용이 있기는 한데요. 그만큼 자기를 안다는 것은 정말 중요한 겁니다.

　이건 물러날 때와 나아갈 때를 아는 것과 관계가 있어요. 왜냐하면 우리가 평생을 100m 달리기하듯 빠른 속도로 뛰어가면서 살 수는 없거든요. 아마 1km도 채 가기 전에 심장이 터져서 죽을 겁니다.

어떨 때는 질주해야 되고 어떨 때는 관망하고 쉬어야 하는데 이런 게 잘 안되는 사람들이 있어요. '다 때가 있는 법이다'라는 말을 하잖아요. 공부해야 할 때는 놀고 남들 놀 때 공부하면서 타이밍을 잘 못 맞추는 사람들이 있는데 이러면 본인도 불편하고 그 주변도 굉장히 불편해집니다. 그런 대세운을 만드는 타이밍을 가늠할 수 있다는 것에 명리학의 경쟁력이 있습니다. 왜냐하면 운이 늘 동일하지 않거든요.

사람은 살아가면서 끊임없이 자기와 대화를 하잖아요. 자기를 돌아보기도 하고 또 인생이 10년, 20년 쌓이다 보면 자기 그릇이라는 걸 느끼기도 하고 동시에 주변을 살피잖아요. 지금 주변의 상황이 파도가 치는 거 같은데 올라타야 되나? 지금은 조금 더 참아야 되나? 이런 걸 끊임없이 자기와 대화하지 않나요?

강　　그렇죠. 그리고 사람이 가장 위험할 때가 성공을 거두었을 때입니다. 성공을 경험한 사람들은 그것을 자신의 능력이라고 생각해요. 주로 남자들이 그렇고 그 능력에 대해서 굉장히 과신하게 되죠.

그 다음은 오버하게 되고?

강　　그러면서 추락하게 되는 거죠.

　　　　　　　　　　　　　　한국인을 읽는다

박 그래서 자신의 기질을 알아야 변화할 수 있고 성숙해지고 달라질 수 있는 거 같아요. 자신의 기질을 알거나 주변을 살피거나 나의 그릇을 알아가는 과정이 성숙의 과정인 것 같거든요. 그리고 성숙하게 되면 자신의 기질을 넘어설 수 있기 때문에 운을 좀 달리 쓸 수 있는 거고요. 나이가 들면서 연륜이 쌓일수록 운을 조금 덜 타는 것은 30~50대에 멋모르고 자기 기질대로 달릴 때와 달리 더 성숙해졌기 때문이라는 생각이 들어요.

살피는 능력이 커진 거죠.

박 그렇죠. 그래서 보통 잘 안 되거나 어려운 분들을 가만히 보면, 멈춰야 될 때를 모르고 만회하기 위해서 더 많은 에너지를 쓰고 더 무모한 일들을 하는 경우가 많은데요. 그래서 현재 상황을 긍정적으로 받아들이지 않으면 더 밑에 바닥이 있다는 걸 모르는 상태로 지속하는 경우가 많습니다. 그런 경우들이 많이 안타까워요.

운과 타이밍

그러면 이제 박성준 씨와 강헌 평론가 두 분이 거듭해서 말하는 나아갈 때와 멈출 때, 방아쇠를 당길 때와 안 당길 때, 이런 거는 미리 정해져 있는 거예요?

박　　운의 환경은 어느 정도 있는 거 같습니다. 계절에 따라 날씨와 환경이 변하듯이 운도 좋을 때와 나쁠 때가 있어요. 10년마다 바뀌는 운의 환경을 대운大運이라고 하고, 1년마다 바뀌는 운의 환경을 세운歲運이라고 해요. 이 운에 따라서 내가 돈을 벌고 싶을 때가 있고 명예를 지키고 싶을 때도 있고 조금 보수적이 되고 싶을 때도 있고 뭔가 질러 보고 싶을 때도 있는 거라고 생각이 들어요. 이런 때를 파악하는 수단으로 명리학이 활용될 수 있는 거고요. 이걸 모른다고 하더라도 우리가 살다 보면 어떤 기미가 올 때가 있거든요. 해가 지기 전이 가장 밝듯이 너무 잘 될 때는 조금 조심해야 되는 면도 있는 거고요. 지금 고통스럽고 힘든 상황이라면 조금 더 버티면서 어두운 터널의 출구를 감지하는 통찰과 성찰이 수반될 필요도 있는 거 같아요.

어찌되었든 사주에 의해서 대운, 세운 이런 거는 이미 정해져 있더라는 말이군요. 다른 분들도 모두 동의하시나요?

전　　말씀을 잘 듣다 보니까 의외로 굉장히 현실적이고 과학적이라는 생각이 드는데요. 저는 어렸을 때부터 이 무한경쟁의 제도 안에서, 내가 노력하여 능력을 갈고닦으면 어떤 일이든 다 이겨내고 해결할 수 있을 거라고 믿었던 거 같아요. 그러니까 사실 현대 자본주의 사회의 많은 사람이 독립된 주체로 살아가기 위해서 발버둥을 치는데, 사실 생각해보면 사람 일이 그렇게 마음대로 되는 경우는 드문 거 같아요. 관계 속에서 발생하는 일들을 운명이라고 말할 수 있을진 모르겠지만 '때'라는 것, 분명히 나의 힘 밖에 있는 어떤 능력이나 노력과 상관없이 결정되는 것들이 있다고 생각하니까 그게 훨씬 더 현실적이기도 하고 저를 겸손하게 만들기도 해요. 또 힘들 때는 위로가 될 수 있을 것도 같고요.

유 저는 운이 바뀌어 간다는 걸 체험한 적이 있어요. 40대 중반쯤에는 대운이 안 좋았었나 봐요. 제가 방송에 나가서 말실수를 거의 안 하는데 어마어마하게 큰 실수를 한 적이 있어요. 마가 낀다고 그러나요. '어떻게 그런 말을 했지?'라는 생각이 드는 말이었어요. 평상시라면 그렇게 상식을 벗어나는 얘기를 안 했을 텐데 불쑥 나올 때가 있잖아요. 그때는 '세상이 나를 너무 싫어하는구나, 벽에 갇혀 있구나'라고 느끼던 시절이었어요. 그런데 그로부터 얼마 후에 갑자기 세상이 저한테 다정해지더라고요. 저한테 너무 관대해지기 시작한 거예요. 제가 뭐 성찰과 노력과 수양을 한 게 아니라 똑같이 매일을 살았을 뿐인데 말이죠. 그때 나는 이전에 먹구름의 흐름에 있었고 그것이 지나가고 햇살 쪽으로 나온 거라 생각했어요.

좋은 것과 나쁜 것의 경계

그럼 그 관계에서 좋은 관계와 나쁜 관계를 어떻게 알아챌 수 있을까요?

강   어릴 때부터 어머니들이 좋은 친구를 사귀라고 말씀하시잖아요. 그러면 저는 이렇게 얘기했어요. "그러면 나쁜 애들은 어떻게 친구를 사귀나요?"라고요. 제 동생이 고등학교 때 퇴학을 당했어요. 선생님을 때려서 피해갈 수도 동정받을 수도 없는 범죄를 저질렀던 거죠. 당시 저는 대학생이었는데, 그 와중에 우리 어머니는 우리 애가 그럴 애가 아닌데 친구를 잘못 사귀어서 그렇게 되었다는 거예요. 그래서 제가 너무 화가 나서 "엄마! 엄마의 그 아들이 사귀어서는 안 되는 나쁜 친구예요. 그런데 무슨 나쁜 친구를 만나서 그랬다고 해!"라고 말했어요. 그럼 좋은 친구를 사귀면 좋고 나쁜 친구를 사귀면 나쁘냐? 그런데 그 좋고 나쁨을 어떻게 나누죠? 논어에는 "선악善惡이 개오사皆吾師다."라는 말이 있습니다. 선과 악이 모두 나의 스승이라는 뜻입니다. 그런데 이것은 천사와 악마의 이원론을 말하는 기독교에서는 절대 용납될 수 없는 얘기죠. 천사는 언제나 악마와 싸워서 이겨야 되고 그렇게 해서 천사가 지배하는 아름다운 천국을 만들어야 된다는 것이 절대적 이원론인데 동양에서는 그렇게 생각하지 않았던 것 같습니다. 선과 악으로 나뉘지만 사실은 그 경계라는 것은 절대 고정되어 있지 않고 선이 악이 되고 악이 선이 될 수도 있으며, 선 속에 이미 악이 있고 악 속에도 선이 있다는 것이죠.

관계도 꼭 좋은 관계, 나쁜 관계가 따로 있는 건 아니다?

강　　관계도 좋은 관계, 나쁜 관계는 없고요. 운이나 관계를 바라보고 판단하고 행동하는 주체의 확신이 있어야 합니다. 만약에 굉장히 불우한 환경에 태어나서 교육의 기회도 갖지 못한 사람은 평생 부모와 자기 태어난 조국을 원망하면서 짧은 인생을 끝마칠 겁니까? 그건 아니잖아요. 그런 환경 속에서 또 자신의 처지를 개선하는 방법을 찾아내는 사람도 있고 아닌 사람도 있는 겁니다. 그리고 금수저, 다이아몬드 수저 이런 집에서 태어났지만 최악의 인간으로 전락하는 경우도 수없이 많은 거고요. 그렇기 때문에 좋고 나쁜 관계가 정해져 있는 것이 아니고 이 관계 속에서 내가 어떤 의미를 얻어서 성장을 이루어낼 것인가가 중요합니다.

박　　관계라는 것도 환경인 거 같아요. 그래서 우리가 얼마나 깨치고 느끼고 성숙하고 성장할 수 있는가 하는 관점에서 봤을 때는 사실 선악이라는 것은 없을 수 있어요. 그런데 운이 나쁠 때에는 나쁜 인연이 오는 것도 같아요. 나의 평판을 나쁘게 하고 손실을 끼친다거나 하는 나쁜 관계가 있을 수 있어요. 그래서 운이 나쁠 때 그 상황을 벗어나기 위해 발버둥 쳐서 조급하게 빠져나오려 하기보다는 그냥 가만히 있으면서 무기력한 순간을 좀 견디는 것도 필요하지 않나 생각이 듭니다.

강　저는 운도 나쁘고 좋은 게 없는 거 같아요. 우리가 흔히 안 좋은 때라고 얘기를 하는데, 그런 때는 아무리 노력해도 얻는 게 없을 때예요. 뭘 해도 잘 안 될 때. 하지만 그럴 때 얻는 게 아무리 작은 것이라 할지라도 오히려 오래가는 경우가 있어요.

쉽게 들어온 것에는 고마운 줄 모르죠.

강　고마운 줄 모르고 그러니까 쉽게 나가는 거예요. 그러니까 결국은 좋은 운, 나쁜 운이라는 것은 존재하지 않는 거고요.

박성준 씨가 본인의 책 《운의 힘》에서 "예의가 없는 자 운도 없다."라는 의미의 글을 썼어요.

박　이건 태도와 관련된 건데요. 내 삶에서 이루어지는 관계에 정성을 다하고 뭔가 열심히 해보려는 의식이 있는가 하는 것입니다. 사람에게 소위 '싸가지가 없다'는 표현을 쓰잖아요. 식당에 가거나 편의점에 가서 일하는 젊은 친구들을 보면 굳이 명리학적 관점으로 안 봐도 이 사람이 얼마나 일에 정성을 다하고 있는지 보이는데요. 그런 태도를 통해 앞으로 어떻게 살아갈지 대략적으로 느끼는 거죠. 그렇게 기본적인 예의를 지키고 자기 일에 정성을 다하는 태도들이 조금씩 쌓여가면서 결국 10년, 20년 후 자기 인생의 격을 만드는 것 같아요.

강 저는 이 부분에 동의하기 어렵습니다. 제가 영화계에서 좀 오래 머물다 왔었는데요. 영화계에는 '훌륭한 조감독은 절대 좋은 감독이 될 수 없다'라는 말이 있습니다. 그러니까 남을 잘 지원하고 태도가 좋은 자들은 조감독으로서는 최고죠. 감독에게도 너무너무 든든한 존재이고요. 이런 사람들은 직업 조감독을 해야 돼요. 그런데 또 감독으로 성공한 사람들을 보면 대체로 조감독 때 상태가 굉장히 불량하거나 안 좋거나 했던 사람들이 많아요.

박 그건 그릇의 문제가 아닌가 싶어요. 사람마다 그릇 안에 얼마나 많은 반찬과 국과 밥을 맛있게 담느냐는 태도와 성숙함, 노력으로 분명 달라질 수 있는 부분이 있지만, 지금 말씀하신 직업 안에서 그릇을 넘나들기는 좀 어렵지 않나 그런 생각이 듭니다.

전범선 씨는 가족을 제외하고 본인에게 큰 영향을 미치는 관계가 있나요?

전　　아무래도 같이 밴드를 하는 친구들인 거 같아요. 다섯 명이 같이 음악을 만들 때도 거기에 음양의 조화가 다 있더라고요. 최근에 저희 기타리스트가 합류했는데 한 명이 추가되니까 또 기존과는 완전히 다른 조화가 생기더라고요. 그래서 어떤 사람들과 어떤 관계를 맺는가에 따라 지금 내가 할 수 있는 것과 하게 되는 것이 많이 결정되는 거 같아요.

그렇게 따지면 지금 BTS 멤버 7명은 아주 기가 막히게 잘 만들어진 그룹이네요.

공간이 만드는 삶

그러면 공간에 대한 얘기를 나눠 보겠습니다. 풍수전문가에게 묻겠습니다. 풍수風水•가 뭐예요?

박　　풍수는 바람과 물이라는 자연 환경을 말합니다. 예전에는 음택풍수•라고 해서 조상 묘자리를 좋은 데 사서 발복發福하고자 하는 후손이 이런 쪽에 관심을 많이 가졌다면, 현대 풍수에서는 집이나 사무실, 사옥처럼 우리가 실제 지내는 공간의 에너지를 잘 받을 수 있도록 하는 '양택'에 조금 더 관심을 많이 갖는 거 같고요.

　　　　　　　　　　　　　한국인을 읽는다

음택은 죽은 뒤에 머무는 곳, 양택은 현재 살고 있는 곳이군요.

박　　그리고 우리가 주택을 좋은 곳에 지어서 살면 좋겠지만 시기적, 경제적으로 한계가 있잖아요. 그래서 집의 기본적인 형태는 그대로 두고 가구나 소품의 배치를 통해 집에 생기를 불어넣는 것을 '풍수인테리어'라고 합니다.

공간의 에너지와 기운이라는 것이 어떻게 꾸미느냐에 따라 달라질 수가 있다는 거군요.

박　그럼요. 가구 등의 배치 형태가 기운을 만들고 생성하는 선순환이 생기기 때문에 중요하고요. 가구나 소품의 배치 등 공간을 어떻게 구성하는가에 따라서 생기가 생길 수도 있고 흩어질 수도 있습니다.

풍수와 명리학의 관계는 뭘까요?

강　굉장히 밀접하죠. '천지인'이라는 동양의 삼재三才사상●에 있어서 동양의학, 명리학 다음에 풍수지리학은 분리된 학문이 아니고 사실은 같은 뿌리에서 성장한 학문이라고 할 수 있고요. 그야말로 명리학이 천기를 다룬다면 풍수학은

> **● 삼재三才사상**
>
> 우주와 인간 세계의 기본적인 구성요소이면서 그 변화의 동인(動因)으로 작용하는 천(天)·지(地)·인(人)을 일컫는 말이다.
>
> 출처: 한국민족문화대백과,
> 한국학중앙연구원

지기를 다루고 있고, 그 가운데 인간이 어떻게 살아갈 것인지에 대한 문제는 이 두 가지가 굉장히 중요하게 작용합니다. 특히 중국에서는 '펑슈이(fēng·shuǐ)'라고 하는데요. 풍수는 이미 미국이나 유럽에서 환경론과 더불어 주류 학문으로 받아들여지고 있습니다.

서양에서도요?

강　　네. 미국에서는 이미 풍수와 관련한 박사학위 논문이 300개 이상 나온 걸로 알고 있습니다. 그리고 독일 건축학계에서도 이미 풍수 이론에 기반한 설계와 인테리어 등이 크게 상업화되고 있고 오히려 우리나라가 이 부분에서 좀 뒤쳐지는 게 저는 의아할 정도입니다. 중국의 펑슈이는 한국의 풍수와 좀 다르긴 한데요. 왜냐하면 중국은 땅이 되게 넓어서 한 곳이 풍수지리학적으로 맞지 않으면 또 옆의 다른 곳에 가서 맞추면 되는데, 우리나라는 워낙 가용할 수 있는 토지가 얼마 안 되기 때문에 훨씬 더 절박하고 치열했습니다. 결국 인간은 땅에 발을 딛고 사는 존재다 보니 땅의 기운이 운에 영향을 미친다는 것은 너무 당연한 얘기고요. 제가 현대 사회에서 제일 미련하다고 생각하는 사람이 되는 일도 하나 없고 가족들 건강도 안 좋은데 3년 이상 한 집에 계속 사는 사람입니다.

그럴 때는 이사를 해야죠.

강　　어디로 가야 할지 모르고, 움직여서 더 나쁜 데로 갈 수도 있겠지만 일단 그 터는 뜨고 봐야 된다는 것이 제 지론입니다.

그럼 절대적으로 좋은 땅의 기운을 가진 곳이 있고 절대적으로 나쁜 땅의 기운을 가진 곳이 있어요?

박　　좋지 않은 에너지가 있는 입지도 있긴 합니다. 그래서 특정 장소로 들어가면 장사가 잘 안 된다거나 아니면 건강이 나빠진다거나 하는 거죠.

강헌 평론가가 얘기한 3년 동안 되는 일도 없고 가족의 건강도 다 안 좋은데 이사 안 가는 사람이 바보라 그랬잖아요. 그럼 그 집은 누가 들어가도 그런 거예요?

박　　일단은 운의 환경은 공간에 의해서 생기는 부분들도 있고, 사주팔자의 운에 의해서 생기는 부분도 있습니다. 절대적이라기보다는 공간과 인간이 서로 영향을 주고받으면서 기운이 정해질 수는 있겠죠. 하지만 뭔가 안 좋을 때는 변화를 통해서 새로운 것을 시도하는 게 필요하다는 생각이 들어요.

유　　한국에서는 수맥이 흐른다는 얘기 많이 하잖아요? 신문사에 근무할 때 부서를 옮긴 적이 있는데요. 전반적으로 부서들이 위치를 다 바꿨었어요. 그런데 제가 옮겼던 부서에서 직원들이 다 아픈 거예요. 머리가 아프다거나 소화가

> **● 지관地官**
>
> 지관은 풍수론에 기반하여 집 터와 묘터를 정하거나 길흉을 평가하는 사람이다. 중국과 한국에서 풍수지리가 오랫동안 성행하면서 고려시대부터 다수의 지관이 활동하였다.
>
> 출처: 한국민속대백과사전, 국립민속박물곤

안 된다거나 하면서요. 저만 멀쩡하더라고요. 의학 담당 기자가 지관地官*을 데리고 와서 확인했더니, 수맥이 흐른다는 거예요. 수맥을 방지하는 판을 팔기도 하더라고요. 그런데 저는 의심스러웠던 게 거기가 수맥이 흐르고 안 흐르고 문제를 떠나 다 아픈데 왜 나만 괜찮았을까 하는 거였어요. 연약한 척이라도 해야 하나 싶을 정도로요.

강　왜 그러냐면 기자님이 목의 기운이 강해서 그랬을지도 모릅니다. 그런데 수맥 이론은 사실 논쟁의 여지가 많아요. 허황된 이론이라는 입장을 가진 사람들이 요즘 많이 늘어나고 있고요.

그런데 아파트가 20층이 넘는데 수맥의 영향을 받는다는 게 말이 안 되는 거 아니에요?

강　저는 개인적으로 수맥은 인정하지 않는 편인데요. 절대적으로 나쁜 땅은 있을 수 있죠. 위에 고압선이 흐른다든가 늪지대라든가 푹 꺼진 땅이라든가 등…. 환경적으로 생명체가 들어가서 기거하기에는 부적합한 곳이 있을 수 있습니다. 풍수에서도 이기론理氣論이라고 해서 명리학을 적극적으로 수용하였는데요. 그 이론에서는 절대적으로 좋은 명당이란 없고 사람에 따라 장소와의 합이 다 다르다고 합니다. 사람마다 맞는 터와 땅의 기운이 있는 것도 사실입니다. 예를 들어서 저같이 '수水'의 기운이 많은 사주는 물가에 가면 힘을 못 써요. 실제로 물에 가서 두 번이나 빠져 죽을 뻔했고요. 실제로 제가 물가에 살 때 언제나 건강에 큰 문제나 사고가 생겼습니다. 그래서 저는 관악산이 보이는 신림동, 신대방동 이런 데를 굉장히 좋아합니다. '화' 기운이 강한 곳이요. 그럴 때 저는 너무너무 잘되고 건강도 좋았어요. 그래서 '수' 기운이 필요한 사람들은 그런 기운이 많은 곳에 살면 되는데 우리나라는 수 기운이 강한 땅은 다 비싼 땅이에요.

박　일반적으로 안 좋은 땅은 있는 것 같아요. 생기는 바람이 불면 흩어지고 물을 만나면 멈춘다고 했거든요. 그래서 바람 길이 있다거나 바람을 맞으면 풍파가 있다고 하죠. 이를테면 주상복합도 바람 길이 생겨서 집의 침실 쪽으로 바람이 세게 들어오면 좋지 않은 자리거든요. 그리고 이런 자리를 피하는 몇 가지 조건들을 바탕으로 집을 옮긴다고 한다면 그것이 일반적인 풍수인 거고요. 사주명리학에 따라 맞는 지역이 있어요. 만약 '수'의 기운이 부족하다면 예전에 압구정이라는 정자가 있던 압구정이라든지 물을 담는다는 의미의 청담동이 좋죠. 그리고 잠실과 같이 수기水氣를 보완하는 동네들이 있으니까 그런 쪽으로 풍수가 괜찮은 데를 찾아 볼 수도 있겠죠.

장사할 때의 터는 주로 상권분석이죠? 유동인구가 얼마나 되는지 그리고 건물의 위치, 대중교통 편의성 등 이런 거 아니에요?

박　　　그런데 같은 장사라고 하더라도 이런 경우가 있어요. 어떤 식당이 다 쓰러져가는 집인데 장사가 너무 잘 되고 줄 서서 먹는 집이었어요. 그런데 환경을 개선하기 위해 집을 부수고 다시 지었더니, 같은 맛이지만 갑자기 장사가 안 되는 거죠. 그건 같은 위치라 하더라도 주변과 어떤 형태로 관계 맺고 있느냐에 따라 달라지는 부분이 있기 때문이에요. 그래서 지금 잘 되고 있다면 공간을 바꾸거나 하는 등의 다른 움직임을 하지 않는 게 좋고, 조금 안 좋다면 변화를 통해서 새로운 것을 시도하는 것이 좋다고 봅니다. 약간 극단적인 예시인데, 어떤 분이 고깃집을 열었어요. 전 전 주인도 망하고 전 주인도 망한 상태에서 살인 사건이 일어나서 가족이 죽었어요. 그런데 그 사람은 자신이 돈을 굉장히 많이 벌었기 때문에 여기 들어가서 살릴 수 있다고 생각했어요. 그래서 권리금 없이 들어갔는데 10년 동안 140억 원을 날렸어요. 장소에는 그런 기운이 있다는 거죠. 어떤 에너지가 있다는 거고 좋지 않게 형성된 에너지는 나에게 영향을 미칠 수 있기 때문에 이것이 눈에 보인다거나 과학적으로 설명이 되지 않는다고 하더라도 생각해볼 여지는 있는 겁니다. 특히 이사할 때 그 집의 예전 거주자가 잘 되었는지, 또는 건강하지 않은 사람이 있는지, 알아보고 이사를 안 가는 사람도 있어요. 그런 것처럼 내가 살 곳의 환경을 잘 살펴보는 것은 풍수가 아니라고 하더라도 중요한 거 같아요.

유   얼굴에 관상觀相이 있듯이 집에도 가상家相이라는 게 있잖아요. 취재하다 보면 재벌이나 고위 관직자들의 집을 방문하기도 하는데 별로 아늑한 집은 없어요. 뭔가 불안한 느낌? 사실 그런 사람들은 풍파가 많을 수밖에 없잖아요. 두 분에게 궁금한 게, 운이라는 건 움직이는 거잖아요. 그러면 그 땅의 운, 지운地運도 바뀌는지 아니면 그게 고정되어서 천 년, 만 년 그 운이 유지되는 건지 궁금해요.

강   말씀 중에 답이 있는데요. 땅은 그대로지만 그 땅의 쓰임이 시간에 따라 끊임없이 변합니다. 들판이었을 때는 굉장히 훌륭한 땅이었는데 거기를 가로질러서 철도가 놓이면 이미 다 변하잖아요. 그러면 운도 당연히 바뀌죠.

전   바로 이 지적 때문에 최근에 서양에서도 건축할 때 생태학적인 관점으로 풍수를 고려한다고 하는데요. 사실 우리가 사는 대부분의 건축물은 최소한의 순환도 고려하지 않은 경우가 많잖아요.

유   풍수의 기본은 순환이잖아요.

전   맞아요. 가장 기본적인 거고 아주 상식적으로 들려요. 그런 부분을 선조들은 무조건 고려했던 거 같아요. 아파트에서 태어나 자라서 오피스텔에 살아본 입장에서 순환이라는 부분이 굉장히 중요하다고 생각하거든요.

풍수 건축가한테 물어보면 모든 건축행위는 자연에 대한 파괴 아니에요?

박　　　그렇게도 볼 수 있지만 결국 사람이 살기 위해 안정적인 공간을 만드는 거니까요. 그래서 풍수에서의 기본은 채광, 환기, 통풍이 잘 되는 환경을 만들고 유지하는 것입니다. 그리고 쓰지 않는 물건을 버려서 공간에 생기가 돌 수 있도록 여력을 확보하고, 쓰지 않는 물건을 버리는 것도 중요합니다.

그거 안 되는 사람이 정말 많아요.

박　　　그리고 공간의 안정감과 편안함, 질서와 위계가 있는 것이 중요하기 때문에, 어떤 건물을 봤을 때 정문의 정체성이 불분명하다거나 정문을 찾기 어려운 건물도 좋지 않은 건물입니다. 사선 제한이나 도로의 제한 때문에 요철이 많은 건물도 형태적으로는 좋지 않고요.

그런 부분도 상당히 상식적인 얘기네요.

박　　그게 에너지가 일어나는 거니까요. 그런 부분이 풍수의 논리라고 볼 수 있을 거 같아요. 그래서 미국 전 대통령인 트럼프도 풍수를 많이 활용했어요.

강　　아무래도 건축업자니까요.

박　　데이비드 베컴의 딸 하퍼의 방도 풍수사가 디자인한 걸로 알려져 있고요. 빌 클린턴 전 대통령의 집무실도 풍수적으로 꾸민 것으로 알려져 있어요.

강　　마이크로소프트 사장인 빌 게이츠도 자기 집을 풍수적으로 설계했다고 하죠.

박　　그래서 풍수가 적극적으로 건물을 짓는다거나 내부 공간의 생기를 불어넣는 도구로 많이 활용되고 있습니다.

지금까지의 얘기를 종합하면 결국 상식과 풍수지리라는 게 같은 맥락이라는 걸 알 수 있는데요. 특별히 땅의 흐름을 읽는 눈이 있는 사람만 설계할 수 있는 게 아니고, 주변 환경과 잘 조화하면서 사람이

다니고 거주하고 업무 보기에 쾌적하고 편안한 설계, 결국 이게 맞는 거네요.

유　　그런 맥락에서 서양 건축가 프랭크 로이드 라이트는 단순히 건물만 보는 게 아니라 그 건물이 들어설 주변 지역을 전부 감안해 여유분도 남겨두고 설계한다고 합니다.

박　　그런 게 바로 맥락이거든요. 주변과의 맥락을 고려하고 그에 맞춰서 움직이는 것이 상당히 중요합니다.

청소만 잘 해도 운이 들어온다

박성준 씨의 《운의 힘》이라는 책에 "맥락과 생기의 흐름이 중요하다."라는 문장이 있는데요. 맥락은 주변 환경이고 생기는 어떤 것인가요?

박　　생기가 없다는 건 어떤 공간에 너무 물건이 많아서 꽉 차있거나 아니면 각 공간이 기능을 못 하고 방치되어 있다거나 하는 것입니다. 이런 건 좋지 않은 거니까 사람의 손이 미치지 않는 공간은 없애고 모든 공간에 기능과 역할을 줄 때 생기가 산다고 볼 수 있을 것 같습니다.

그러니까 청소만 잘해도 운이 들어오네요.

강　　그건 정말 중요한데요. 공간은 구입하는 데 비용이 엄청나게 발생하고 내가 원하는 곳에 살 수가 없잖아요. 그런데 전통적인 풍수의 지혜에서 제일 중요한 것 중 하나가 절대 사람의 수에 비해 너무 넓은 집에 살지 말라는 것입니다. 식구는 세 명뿐인데 100평짜리 빌라에 살지 말라는 건데요.

박　　'대택소인大宅少人'이 좋지 않다는 얘기인데요. 《황제택경》*에도 나온 얘기입니다.

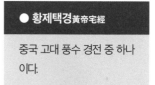

● 황제택경黃帝宅經

중국 고대 풍수 경전 중 하나이다.

세계적인 부호들은 그럼 다 안 좋은 데 사는 거 아니에요?

강　　그러니까 행복한 사람들보다 불행한 사람이 더 많은 거예요. 그런데 실제로 미국의 많은 스타들의 경우 혼자 사는데도 침실이 16개씩이나 있는 대저택에 사니 우울증에 걸리기도 하죠. 그러니까 사람이 살기 위해 지은 집인데 거꾸로 집이 주인이 되고, 결국 그 집에 인간의 온기가 사라지게 되면 인간의 기운에 나쁜 영향을 미치게 된다는 겁니다. 그래서 우리 식구가 살기에는 조금 빠듯하다는 느낌에 사는 집이 훨씬 좋은 집이라는 게 풍수가 가르쳐주는 삶의 지혜이고요. 사실은 청소만 잘해도 좋은 기운이 온다는 말이 굉장히 중요한데, 쓰지 않는 것들은 꼭 버려야 됩니다. 이걸 미련하게 못 버리고 쌓아두는 사람들이 많은데 그건 쓸모없는 기운들을 집에 채워놓고 사는 거랑 똑같은 거예요.

요즘 버리는 기술에 대한 책도 어마어마하게 많아요.

강   네. 그리고 제일 중요하게 여기는 공간이 현관입니다. 집이 크든 작든, 남루하든 누추하든 현관이 중요합니다. 왜냐하면 현관은 내가 쉬는 공간과 바깥 세상 사이의 관문이거든요. 그렇기 때문에 이 현관으로 모든 나쁜 기운과 좋은 기운이 유입됩니다. 집에 들어가면 현관문 앞에 신발이 늘 4~5개씩 널브러진 집이 있죠? 그러면 상태가 안 좋은 겁니다. 왜냐하면 신발은 바깥에 신고 나갔다 들어오는 것이기 때문에 온갖 것들이 묻어서 집 안으로 들어오는 거예요. 집에 들어오면 바로 신발장 안에 넣어야 합니다. 매일 씻을 수는 없으니까요. 그래서 언제나 현관에 신발이 없는 것이 제일 좋습니다.

서양에서는 신발 신고 집에 들어오잖아요.

강   그렇죠. 그리고 현관이 밝고 깨끗하면 집에 들어갔을 때 기분이 좋아집니다. 손님도 집주인도 마찬가지예요. 특히 원룸이나 오피스텔 같은 경우는 현관이 바로 방이잖아요. 그렇기에 이런 곳일수록 현관을 정갈하고 단정하게 하는 것이 중요합니다.

박　　현관은 관상학적으로 봤을 때도 눈썹과 눈썹 사이의 명궁命宮과 같다는 생각이 들 만큼 좋은 기운을 받는 자리기 때문에 가장 밝고 깨끗하게 해야 한다고 생각합니다. 그리고 꼭 신발뿐만 아니라 쓰지 않는 우산이나 골프채, 유모차 같은 걸로 막아두지 않는 것이 중요합니다.

현관의 수납장에 넣으면 괜찮은 거죠?

박　　네. 수납하여 깨끗하게 정리하는 게 좋고요. 저는 인테리어를 할 때도 현관에 예산을 조금 더 할애해서 더 고급스러운 자재를 쓸 수 있게끔 제안을 많이 합니다. 그리고 명리학에서 얘기하는 사주팔자의 운과 마찬가지로, 공간도 배가 부르면 운이 안 좋은 거 같아요. 과하면 운이 안 좋은 거죠.

유　　저는 중국에 출장 갔을 때 굉장히 놀랐던 것이, 좋은 운을 가져다주는 물건들을 어마무시하게 많이 배치해놨더라고요. 입은 열려있는데 뒤는 막혀있어서 돈이 들어오면 절대 안 빠져나가게 해준다는 두꺼비 같은 것들… 그런 오만 가지 물건들이 많아서 저도 하나 사긴 했어요.

부적과 비슷한 거 아니에요?

박　풍수라는 게 단지 어떤 특정 공간에 특정 물건을 놓아서 운이 생긴다는 논리라기보다는 전체적인 균형과 조화를 이루는 것이 가장 중요합니다.

전　현관문 말씀하시니까 궁금한 게 우리가 일상적으로 '기가 막히다' 이런 말 많이 쓰잖아요. 현관에 물건들을 두어서 막으면 안 된다는 것이 결국 이 기가 막히지 않게 한다는 말인 건가요?

강　네. 아까 말한 통풍과 환기 같은 건데요. 집에서 아무나 실험해 볼 수 있습니다. 집안 곳곳에 밥을 조금씩 놓아두면 부패하는 속도가 공간에 따라서 다 다릅니다. 그래서 환경이 좋은 집들은 부패가 늦게 진행되죠. 그런데 보통 완벽하게 모든 공간이 전부 다 잘 소통되는 기운을 가진 집을 짓기가 쉬운 일은 아니거든요. 그래서 이것을 보완하는 것이 일종의 풍수지리 기술이라고 할 수 있습니다.

역시 또 상식적 수준에서 보자면, 남의 집에 들어갈 때 현관에 신발이 널브러져 있고 뒤집어져 있으면 인상이 찌푸려지잖아요. 대신에 두세 켤레라고 하더라도 신발이 가지런히 놓이거나 바로 신고 나갈 수 있게 놓여있으면 좋은 인상을 받게 되죠. 한옥에도 섬돌에다가 신발을 꼭 뒤집어서 정갈하게 정리하는 걸 권장했잖아요. 그런 거와 같은 맥락인 거 같네요.

유　　　비슷한 맥락에서, 제가 요즘 건강보조제를 챙겨 먹는데요. 가끔 먹었는지 안 먹었는지 기억이 안 나서 항상 식탁 위에다가 건강보조식품들을 둬요. 그런데 어떤 사람이 그러면 절대 안 된다고 하더라고요. 식탁에 그런 게 놓여있으면 늘 약을 먹을 건강이 된다고 해서 그래서 서랍 속으로 위치를 바꿔놨거든요. 그런데 그 얘기는 꼭 좋고 나쁨을 떠나서 어떤 공간이든 좀 깨끗하면 기분이 좋아지는 거 같아요. 사실 항상 식탁 위의 약을 보면서 찝찝했었거든요.

나에게 좋은 공간을 찾는 법

박성준 씨는 자기 집뿐만 아니라 자신이 좋아하는 공간이나 장소를 찾고 자주 방문하면 그것만으로도 좋은 에너지를 올릴 수 있다고 하셨어요.

유   외부에 있는 장소도 포함되나요?

박   주변에 카페를 가더라도 특정 장소가 좋고 생기가 느껴질 때가 있는데요. 그런 곳들을 자주 이용하면서 나에게 좋은 영향을 줄 수 있죠. 우리는 늘 사람하고 같이 있지는 않지만 어떤 공간 안에 있거든요. 그래서 공간과 사람 사이에서는 선순환이건 악순환이건 기를 주고받는 것 같습니다.

그러니까 풍광 좋은 곳 찾아서 여행 떠나는 게 다 그런 거 아닙니까?

강   네 그렇습니다. 그게 사실 사람 사는 집도 마찬가지라고 생각해요. 많은 사람이 물어봅니다. 그러면 도대체 나한테 맞는 집을 어떻게 구하냐? 지관을 부를 수도, 지관을 온전히 믿을 수도 없고 말이죠. 음택풍수가 중요했던 시절, 묘자리를 고르는 게 중요했던 시절에는 어떤 지관보다 효자가 명당을 차지한다는 말이 있었습니다. 풍수를 모르는 효자들이 어떻게 명당을 찾냐면, 아버지의 유골을 메고 몇 년을 여러 장소를 다니며 며칠씩 머물러 보는 겁니다. 지내면서 편하고 좋은 기운이 돌고 아버지를 모셔도 좋겠다는 생각이 드는 곳이 바로 명당이라는 거죠. 우리는 자신이 살 집을 너무 쉽게 선택하는 거 같아요. 그래서 만약 이사 갈 동네를 정했으면 몇몇 후

보 집을 정해 어떻게든 양해를 구해서 30분 정도 가만히 머물러보는 겁니다. 그러면 굉장히 마음이 편한 집이 있고 빨리 나가고 싶은 집이 있어요.

그런데 누군가는 그게 배부른 소리라고 하며, 결국은 돈에 맞춰 다녀야 하는 거 아닌가, 하는 의견도 있을 텐데요.

강　　돈에 맞추더라도 한 번이라도 더 발품을 팔라는 거죠. 선택할 수 있는 곳은 언제나 몇 군데 있습니다.

유　　같은 동네에 같은 가격대라고 해도 집을 방문하다 보면 기분이 편안해지는 집이 있고 가슴이 답답해지는 곳도 있더라고요.

강　　이전에 어떤 사람이 살았냐도 굉장히 중요하죠. 우리가 중고차 살 때 전 주인이 누구냐에 따라서 천국과 지옥을 오가는 거거든요. 집도 똑같습니다. 그런데 앞에 누가 살았는지 알 길이 없잖아요. 그러니까 한번 가서 그 기운을 느껴보는 게 중요한 겁니다.

또 옛날에 있었던 얘기 중에, 어떤 특정 방향으로는 절대 이사 가면 안 된다는 얘기가 있잖아요. 그건 뭐예요?

　　　　　　　　　　　　　한국인을 읽는다

박　　흔히들 얘기하는 '삼살방三煞方'●이라고 해서 매년 바뀌는, 움직이면 안 되는 방향을 얘기해요.

● **삼살방三煞方**

세살(歲煞), 겁살(劫煞), 재살(災煞)이 낀 불길한 방향을 말한다. '살'은 명리학에서 사람을 해치는 독하고 모진 기운을 말하며, '세살'은 독한 음기를 뿜는 살, '겁살'은 가장 흉한 살로 자신의 의사와는 상관없이 빼앗길 명운의 살이며, '재살'은 천재지변, 사고, 단명 같은 살을 의미한다.

출처: 두산백과

그리고 뭔가 변화를 주고자 할 때는 내부 배치, 물건의 배치 이런 걸 바꿔주면 분명히 달라지더라는 건데, 그런 걸 경험해보신 적 있어요?

박　　실제로 저는 집 컨설팅을 하면서 이사도 돕는 작업을 하고 있는데요. 어떤 고객은 이사 가기 전에 아내의 코가 부러지고 집에서 다리가 부러지고 딸도 팔이 부러지는 등의 일이 있었고, 일에 있어서도 안 좋은 상황이 계속되었는데요. 이사를 간 후에 좀 평안해졌다고 얼마 전에 전화를 받은 적이 있어요. 공간에서 안 좋은 일이 생기면 그것들이 계속 묻어나면서 자꾸만 악순환이 되는 경우도 종종 있어요.

혹시 유인경 기자님도 이런 경험 있어요?

유　현재 살고 있는 집이 18년 전에 이사 온 집인데요. 그런데 이 집이 구조가 좋다거나 이런 건 아니지만, 집에 있을 때 기분이 좀 편안해지는 거 같았어요. 그 집에 살면서 무사히 신문기자 정년퇴직도 했고 딸 공부 다 마치고 결혼시키고 손자도 생기고 하는 걸 보면서, 이 집이 좋은 집이라고 의미를 부여한 거죠. 제가 집에 감사하고 기운에 감사하니까 집도 저한테 잘 해주는 듯한 느낌이 들어서 여기서 살 수밖에 없는 거 같아요.

바로 그런 의미에서 공간에 감사하는 마음을 갖는 것도 중요하다고 박성준 씨가 그랬죠?

박　사람과의 관계에서도 감사하는 마음을 갖고 공간에도 감사하는 마음을 갖는 것이 중요한 거 같아요. 어쨌거나 지금 살고 있는 집이나 사무실은 나와 내 가족과 내 처지를 수용하고 안아주는 공간이기 때문이죠.

역시 상식에 기초해 정리해보자면 환기, 통풍, 채광이 잘 되고 균형과 조화가 있는 잘 정리 정돈된 그런 공간을 만들어가라는 것. 그리고 뭔가 변화를 주고 싶을 때는 공간 배치도 적극적으로 바꿔보는 것이 필요하다는 거네요.

어떻게 살아야 하는가?

그럼 결국, 어떻게 사는 게 잘 사는 겁니까?

강   참 어려운 질문인데요. 저는 명리학을 공부하면서 익숙하지 않은 단어들을 자주 말하게 되는데요. '행복한 삶'이라는 명제입니다. 그런데 우리가 흔히 말하는 인간의 3대 본능이라는 식욕, 성욕, 안전욕이 충족되면 행복한 존재가 될 수 있는 거 같아요. 하지만 생각하면 생각할수록 행복하다는 것은 굉장히 복잡한 개념인데요. 제가 10여 년 전에 술집을 한 적이 있어요. 명사들이나 돈 많은 부자들이 손님으로 많이 왔었는데요. 저로서는 근처에도 갈 수 없는 어마어마한 재력을 가진 사람이 우리 집에 오기만 하면 "나는 세상에서 니가 제일 부럽다."고 하는 거예요. 그래서 제가 "바꿀까요? 저는 회장님이 부러운데…"라고 말하곤 했습니다. 왜 그 사람은 저만 보면 부럽다고 했을까 궁금했는데, 나중에야 그 이유를 알게 되었어요. 그 사람은 부를 지키기 위해 자기가 정말 살고자 하는 삶을 살지 못 했던 거예요. 그것이 60세가 넘고 70세가 넘으니까 한이 되는 거죠. 다시 되돌릴 수는 없고요. 공자의 말 중에 '애지욕기생愛之欲其生

오지욕기사惡之欲其死'라는 말이 있습니다. '누군가를 사랑한다는 것은 그 사람이 살기를 바라는 것이고 누군가를 증오한다는 것은 그 사람이 죽기를 바라는 거다'라는 뜻인데 이걸 좀 더 깊이 있게 해석하자면 '누군가를 사랑한다는 것은 그 사람이 욕망하는 바를 충족시키는 것이고, 누군가를 증오한다는 것은 그 사람이 하고 싶은 걸 절대 못하게 하는 거다'라고요. 욕망하는 바를 막는 것이 증오라고 말할 수 있는데요. 하고자 하는 대로 자기가 꿈꾸는 삶을 사는 사람은 결과적으로 실패하더라도 절대 억울해하질 않습니다.

자기가 선택한 거니까요. 자기가 좋아서 한 거고.

강   일단 자신이 원하는 게 무엇인지를 알고, 시작하고 그다음에 노력을 해야겠죠. 원하는 걸 하기 위해서는 노력을 해야 될 겁니다. 'Could'가 필요하다는 얘기죠. 그런데 그 일이 마땅히 모두에게도 모든 다른 타인에게도 해가 안 되어야죠. 해가 안 되고 공익적인 결과를 불러온다면 가장 좋고요. 'Could, should, would'가 완비된 삶이 저는 가장 행복한 삶이 아닐까 합니다. 이 힘이 인류가 멸종당하지 않고 그나마 지구를 괴롭히면서도 아직 우리가 살아남은 원동력이 아닐까 생각합니다.

마지막 공익적인 부분이 굉장히 중요하네요. 자기가 원하는 것인데

남에게 해가 되는 일을 하는 사람도 있잖아요. 하지만 거기에 사회적 관점도 꼭 넣는 게 중요하다는 거죠.

박　　현재를 낙관하거나 비관하는 것이 아니라 있는 그대로 받아들이고, 자신의 타고난 기질을 잘 조절하고 통제하며 살아가는 것, 많이 경험하고 느끼고 읽고 성장하고 성숙하는 게 결국 중요하지 않나 생각합니다.

좀 더 풀어서 설명해주신다면요?

박　　일단은 내가 살아가는 기준을 갖는 것이 제일 중요합니다. 초등학교 아침 조회 시간에 기준을 정하고 줄을 서잖아요. 그런데 우리는 삶의 기준이 별로 없는 경우가 많아요. 삶의 기준이라는 것은 사회적인 행복의 잣대 이런 것이 아니라 내가 진짜 원하는 것이에요. 누군가는 명예를 선택할 수 있고 누군가는 돈을 선택할 수도 있죠. 아니면 어떤 분야에서 전문가가 되는 것을 선택할 수도 있고요. 또 성취보다는 현재의 안정감에서 편안함을 느끼는 사람도 있을 겁니다. 그렇기 때문에 자신의 타고난 기질과 성향이 어느 방향으로 향하는지 이해하고, 나는 무엇을 기준 삼아 살아갈 것인지 정확하게 아는 것이 굉장히 중요합니다.

강헌 평론가가 말한 것과 같은 맥락이네요.

박   자신이 원하는 것은 결국 자신의 기질과 성향이 원하는 것이기 때문에, 그것에 맞는 일을 선택하고 그것에 맞는 관계를 맺고 배우자를 선택하고 노년을 준비하는 게 결국 행복으로 가는 길이라 생각해요.

전   저도 진로를 결정하려고 했을 때 학교 동기들이나 선배들한테 많이 물어봤어요. 그런데 어떻게 살 것인지를 고민하면서 결국에는 다들 내로라하는 변호사 아니면 유명 외국계 기업에 가서 어마어마한 연봉을 받는 삶을 선택하더라고요. 그런데 40세쯤 되면 퇴사하는 것이 목표라고 해요. 30대 중반부터 퇴사가 꿈이고, 그 전에 월급을 최대한 부동산으로 바꿔서 그때부터 내 삶을 다시 살아보겠다는 게 일관된 생각이더라고요. 그런데 어차피 퇴사가 꿈이면 지금 퇴사를 해도 되는 거 아닌가? 그때 가면 젊었을 때 할 수 있는 걸 다 못할 텐데… 라는 생각이 들었어요.

하지만 바로 퇴사를 하면 경제적 문제가 해결이 안 되잖아요.

전   그렇죠. 그래서 저도 고민을 많이 했어요. 그런데 저는 그런 삶을 살면 좀 불행할 것 같더라고요. 결국 '불행'이냐 '불안'이냐를 두고 고민했죠. 인생의 중요한 결정을 내릴 때 최선을 선택하는 게 아닌, 차악을 선택하게 되는 경우가 있잖아요? 저는 불행한 것보다는 불안한 게 낫다는 마음으로 이렇게 살기를 선택했습니다. 사실 굉장히 불안하기는 합니다. 하하.

강   저는 전범선 씨의 선택이 정말 훌륭하다고 생각하는데요. 전범선 씨 친구들의 15년 이후 모습이 된 사람들을 많이 알아요. 유명 법무법인 출신의 변호사나 이런 사람들이요. 그런데 그 사람들 절대 은퇴해서 자기 삶을 살 수 없습니다. 때가 지난 것도 있고, 그때부터는 자기가 그나마 이루어 놓은 것을 지켜야 하니까요. 그래서 말은 다 은퇴하고 자기가 살고 싶은 삶을 살 거라고 하지만, 그거는 그냥 치열한 돈벌이 경쟁을 그만둔다는 의미지 진정한 자기 삶을 사는 것은 아닙니다. 오히려 그 속에서 공허한 박탈감을 느끼고 정신적으로 문제가 생기는 경우를 굉장히 많이 봤고요. 그냥 차라리 계속 액티브하게 살면서, 올해 10억 원 벌었으면 내년에 100억 원 벌 생각을 하고, 100억 원 벌었으면 또 1000억 원 벌 계획을 세우면서 사는 게 차라리 나을지도 모를 경우를 너무 많이 봤어요. 이른바 자본주의 시대니까 모두 물적 욕망을 갖고 있잖아요.

유   저는 남들이 생각하는 사교생활에 필요한 거라던가, 술 담배도 전혀 안 하고 비싼 오디오나 카메라 같은 취미도 없고 심지어

운전면허도 없어요.

그런 것에 전혀 관심이 없군요.

유   그런데 제 나름대로 소소한 일상의 재미를 굉장히 많이 느끼거든요.

예를 들면?

유   저는 매일 커피 한 잔을 마셔도 굉장히 맛있고 또 기쁘고 고마운 마음이 들어요. 그리고 앞에 놓여있는 음료수도 너무 마음에 들어요. 고급스러운 이 음료 한 병에도 '어머, 이런 귀한 걸 주시다니' 하는 생각이 들고요. 이런 소소한 것들이 매일매일 이어지는 거죠. 그래서 제가 30대, 40대에 비해 살도 찌고 늙고 주름도 있지만 표정은 훨씬 평화로워졌어요.

큰 행복, 큰 성공이 아니라 소확행이네요.

유   왜냐하면 기뻐해야 마땅한 걸 그동안 너무 많이 놓치거나 당연하게 여겼었어요. 제 기사나 유튜브 강의 영상을 보면 댓글이 달리는데, 예전에는 악플만 보였어요. 예를 들어 '저 여자 왜 저래?'

라던가, '얼굴이 칙칙한데'라던가 액세서리를 지적하는 말들도 있었고요. 그런데 최근에는 좋은 말이 눈에 들어와요. '이 강의 좋았어요'라던가 하는 칭찬이 있으면 인증샷도 찍어놓고 그래요. 가끔 제가 딸과 사위에게 잘해주면 두 사람이 저에게 감사의 메시지를 보내요. 당연한 거는 아니지만 어쨌건 저는 꼭 저장해두죠. 우울할 때 봐요. 그래서 제가 운이 좋다고 느껴지는 건 좋은 기운을 스스로 불러들일 수 있는 능력이 생겼다는 거예요.

아까 박성준 씨가 얘기한 현실을 긍정하라는 게 이런 거죠.

박　네, 맞습니다. 비관하는 것도 아니고 낙관하는 것도 아니고 현재를 있는 그대로 받아들이는 것이죠. 긍정해야 달라지고 변화하고 조금씩 나아질 수 있는 거 같아요.

자기한테 맞는 것을 찾고, 현실을 긍정하면서 행복을 찾는 것에 대해 이야기하고 있는데요. 유인경 기자님이 추천한 책《시크릿》에 끌어당김의 법칙이라는 게 있잖아요. 그게 뭐죠?

유　'론다 번'이라는 영화 제작자 겸 저널리스트가 쓴 책인데요. 자기 자신을 감싸는 많은 기운 가운데 좋은 기운을 끌어당겨서 제 것으로 만드는 노력이 필요하다는 거고, 저도 조금씩 연습을 해봤어요. 꼭 좋은 기운을 가지고 오는 건 아니더라도 같은 상황을 어떻게 좋게 해석하느냐의 차이가 있는 거죠. 달라이 라마가 한 말 중에 인상 깊었던 것이 있어요. 어떤 사람이 '어머니를 잃었습니다'라고 했더니 어머니를 잃은 게 아니라 어머니가 저승에 가서 당신의 수호신이 되었다고 생각해보라고 말하는데요. 저도 하늘에 있는 우리 어머니한테 '엄마, 나 좀 도와줘, 힘들어', 나 지금 굉장히 기분이 좋아, 엄마도 같이 기뻐해줘'라고 마음속으로 되뇌면 어머니를 잃은 게 아니라 또 다른 제 응원군을 얻었다는 느낌이 들기도 하더라고요.

그게 끌어당김의 법칙이다?

유   남을 질투하고 저주하며 낙담만 하는 삶을 살 것이냐, 아니면 작은 일에도 기뻐하고 작게나마 선행하고 조금 덜 먹고, 덜 채우며 살 것이냐. 이 선택에 따라 좋고 나쁜 기운이 나뉘는 거 같아요.

좋은 것만 끌어당기고, 현실을 있는 그대로 긍정하며 받아들이고, 자신의 기질과 성향에 맞는 행복을 추구하는 것. 그런 말씀을 하시는 것 같은데 사실은 다 어려운 얘기예요. 그렇지 않습니까?

전   처음에는 솔직히 운, 명리, 풍수 같은 것들을 좀 비과학적이라고 생각해서 조금 삐딱하게 앉아있었는데요. 강헌 평론가님 말씀처럼 서양에서 선과 악이 분리되어 있고, 선이 악을 정복해야 되고 빛이 어둠을 정복해야 되고 이렇게 분리된 생각을 하다 보니까 여기에서 빚어진 근대 과학 문명이 지금 이런 환경 문제를 낳고 있는 거잖아요. 그런데 명리학이나 풍수에서 얘기하는 것도 결국 조화와 순환, 균형이 중요하다는 지극히 상식적인 개념과 일맥상통하는 것 같아요. 어떻게 보면 비과학적으로 들릴 수도 있지만 다르게 보면 과학의 한계를 극복하는 핵심인 것 같다는 생각이 듭니다. 그래서 앞으로 살아가면서 자신을 타인 그리고 환경과 분리하여 철저한 개인으로 사는 게 아니라 항상 무슨 결정을 하더라도 자신이 어떤 거대한 그물망의 일부로서 환경이나 다른 사람들과의 관계 속에서 생각하고 고민하는 자세가 필요한 거 같고, 그게 진짜 과학적이라는 생각이 듭니다.

그런데 대부분의 보통 사람들은 자신이 기질과 성향이라는 면에서 어떤 인간인지를 들여다볼 시간도 없이, 기회도 갖지 못한 채 다람쥐 쳇바퀴 돌듯이 살아가잖아요. 그래서 자기 자식은 똑같은 삶을 살게 하지 않게 하려고 억지로 자식의 기질과 성향에 맞지 않는 무언가를 시키려고 하는 사람도 많고요. 너무 안타깝기도 한데요.

강　　　특히 핵가족 사회에서 제일 중요한 관계가 부모와 자식 간의 관계입니다. 그래서 상처받는 부모와 상처받는 자식이 생기게 되는데요. 부모님들이 생각을 바꾸어야 할 게 있어요. 그건 '내 자식은 내가 제일 잘 안다'라는 헛된 생각입니다. '우리 애는 그런 애가 아닙니다'라는 헛된 신화와 망상에서 먼저 벗어나서 부모의 욕망과 사랑하는 자녀의 욕망을 최대한 객관적으로, 제3의 관점에서 바라보는 훈련부터 시작해야 할 필요가 있다는 겁니다.

저는 그런 경험이 있어요. 이전에 상담을 할 땐데요. 부모가 잘난 변호사예요. 어머니 쪽은 돈은 좀 못 벌지만 공익적인 일을 하는 사람이고, 남편은 집안 자체가 다 법조인 집안이고 큰 로펌에서 일하고 있었어요. 고등학생 아들이 하나 있는데 반에서 꼴찌인 거예요. 같이 상담을 받으러 와서는 어떻게 이런 일이 일어날 수가 있냐며 얘기를 하더라고요. 사실 당연히 그럴 수도 있잖아요.

당연히 그럴 수 있죠.

강   1등이 있으면 꼴찌가 있는 건데 아이를 앞에 놓고 두 사람이 싸워요. 아버지가 어머니한테 "내가 뭐라 했냐, 너 돈 얼마나 번다고 고등학교 갈 때부터 애 좀 보라고 하지 않았냐?"라고 하니까 어머니는 가만히 있겠습니까. "왜 나만 봐야 돼, 넌 보면 안 되냐?"고 대답을 해요. 그런데 정작 아이는 아무렇지도 않아요. 그냥 눈빛이 너무 살아있었어요. 제가 둘이 싸우거나 말거나 그 친구한테 너는 커서 뭐가 되고 싶냐고 물으니, 자기는 가구를 만드는 목수가 되고 싶대요. 그러면서 "저는 대학을 갈 필요가 없어요, 고등학교를 마치면 바로 일본에 있는 목수 장인에게 기술 배우러 갈 거예요."라고 말하더라고요. 그래서 제가 너무너무 훌륭하다는 생각을 했습니다. 그걸 듣더니 갑자기 둘이서 싸우다가 저한테 지금 뭐하는 거냐고 따지더라고요. 그래서 제가 그랬어요. "목수가 어때서요? 예수의 아버지도 목수였는데요. 그리고 저기 논현동 이런 데 가보면 요즘은 가구가 얼마나 비싼지 잘 아시잖아요?"라고 말했죠.

그리고 꼭 돈을 잘 버는 목수여야 하는 것도 아니잖아요.

강　　　그러니까 사실 제일 나쁜 건 꿈이 없는 거예요. 너무 많은 억압을 받게 되면 내가 뭘 하고 싶은지 뭐가 되고 싶은지조차 모르게 됩니다. 이건 심각한 상태죠.

부모가 억압해서?

강　　　네 억압할수록 그렇게 됩니다. 말을 못 하니까요. 그런데 그렇게 말할 수 있게 해 주는 것, 그리고 그가 욕망하는 바를 살게 해 주는 것이 진정한 사랑이라 생각합니다.

그게 진짜 운명에 맞춰 또 운명을 개척하며 사는 거죠.

박 　네. 부모들이 자기의 욕망대로 자식의 욕망에 간섭하고 통제하는 경우가 많고요. 또 상담을 하다 보면 아이의 기질을 잘 모르는 부모들이 상당히 많아요. 어렸을 때는 굉장히 착하고 말을 잘 들었는데 20세가 넘어간 후부터는 반항하고 자기 마음대로 하려 한다고 얘기하는 부모도 있는데, 그건 사실 아이에 대해 잘 몰랐던 거거든요. 만약에 사주에 편관偏官이라는 것이 강하게 들어있고 식상食傷이 없다면 자신의 감정 표현은 안 하면서 억눌리고 배려하려는 성향이 강하기 때문에 처음에는 착해 보이지만 그게 분노가 돼서 뒤늦게 터지는 경우도 있어요. 그러니까 양육하면서 아이의 기질이나 성향을 제대로 파악하고, 후에 아이가 추구하는 행복을 성취할 수 있도록 도와주고 지지해주는 게 중요합니다.

유 　그런데 부모 본인도 자기의 성격을 완벽히 잘 모르는데 낳았다 하더라도 수시로 변하며 성장하는 아이를 완전히 파악하는 건 정말 어려운 것 같습니다. 그리고 100세를 사는 삶이 되었는데 고작 10~20년 공부한 걸로 나머지 80년을 어떻게 우려먹고 살겠어요. 그러니까 한 가지 직업이나 직장을 고집해서 '너는 뭐가 돼라, 이렇게 돼라' 하는 건 아닌 거 같아요. 저는 저희 부모님께 땅이나 재산을 물려받지는 않았지만, 어머니께 감사한 건 "이런 애가 돼라."가 아니라 "인경아, 넌 잘 될 거야. 나중에 네가 원하는 걸 할 수 있을 거니까 너무 걱정하지 마."라고 말씀해주신 거예요.

먹고 사느라 다람쥐 쳇바퀴 돌듯이 하루하루가 지나는 가운데 자기가 뭘 좋아하는지도 모른 채 살아가면서, 내 자식은 이렇게 살면 안 된다며 뭔가 강압하고 강요하시는 그런 분들이 많다고 말씀드렸잖아요. 그런데 사실 그런 사람들이 본인부터 행복하게 사는 게 자식한테 제일 좋은 부모 아닌가요?

유   그렇죠. 저는 제 운이 나빴다고 생각했을 때가 스스로 학대하던 때였어요. 지나치게 일을 많이 하고 과욕을 부리고 좋은 일이 있어도 그게 좋은 일이라고 받아들이지 않았죠. 반면에 운이 좋았다고 생각했던 시절은 뭐냐면 그 상태에 만족했던 때였어요. 그러니 부모님이 좀 모자란 아이라 하더라도 칭찬해주는 게 중요해요. 예를 들면 '목수가 된다고? 그럼 나중에 엄마 침대 만들어줄 거야?' 하며 현재 아이의 모습을 긍정적으로 받아들이는 태도가 서로의 행복을 가져다줄 수 있을 거 같아요.

3. 생사

잘 살고 잘 죽기 위해
죽음과 마주하기

대담자
유성호, 정상훈, 강유정 그리고 전범선

대담도서
유성호 《나는 매주 시체를 보러 간다》
정상훈 《어느 날, 죽음이 만나자고 했다》
강유정 《죽음은 예술이 된다》

유성호

20여 년 동안 1500여 건의 부검을 담당하면서 죽은 자에게 삶을 배우는 법의학자.

서울대학교 의학과를 졸업했으며, 동대학에서 법의학 박사 학위를 받았다. 현재 서울대학교 의과대학 법의학교실 교수로 재직 중이며, 국립과학수사연구원 촉탁 법의관을 겸임하고 있다. 세월호 등 주요 사건 및 범죄 관련 부검의로도 잘 알려져 있다.

매일 죽음과 마주하며 개인의 죽음뿐 아니라 사회가 죽음에 미치는 영향, 죽음에 관한 인식 등 죽음을 둘러싼 다양한 문제를 연구한다.

책《나는 매주 시체를 보러 간다》를 썼다.

정상훈

국경없는의사회를 통해 긴급구호활동을 펼치며 세계의 가장 밑바닥에 있는 삶과 죽음을 껴안는 한국인 최초 에볼라 의사.

서울대학교 의과대학을 졸업하고 서울대병원 의료관리학교실 전공의로 재직했다. 돈 잘 버는 의사보다 세상을 고치는 의사가 되고자 의료인 단체 '행동하는의사회'를 창립해 남다른 의사의 길을 걸었다. 2년간 우울증을 앓다 회복 후, 삶의 의미를 찾기 위해 '국경없는의사회' 해외 구호활동가가 되어 지구 곳곳을 누볐다.

현재는 자신을 필요로 하는 의료 현장에서 동네 의사로 일하고 있으며, 저서로 《어느 날, 죽음이 만나자고 했다》, 《동네 의사와 기본소득》이 있다.

잘 보낸 하루가 편안한 잠을 주듯이
잘 쓰인 일생은 평안한 죽음을 준다.

-레오나르도 다빈치-

"

죽음 이전의 삶. 인간은 왜 사는가?

강유정 교수님은 《죽음은 예술이 된다》라는 책을 썼는데요. 문학이나 영화 이런 예술 작품에서 죽음을 다룬 작품이 정말 많죠?

강유정(이하 '강') 네. 그냥 자연사해서 세상을 떠나는 이야기도 많지만 어떨 때는 의도적으로 죽음을 향해 걸어가는 사람들이 문학이나 영화에 많이 등장하죠. 그리고 지금은 좀 창피한 고백처럼 느껴지는데, 어렸을 때 문학소녀 시절에는 어느 정도 요절한 천재작가들에 대한 로망이 있었어요. 김소월, 이상, 랭보 같은 작가들 있죠? 그런 죽음에 대한 막연한 동경심이 있었는데, 조금씩 생물학적으로

요절할 나이가 지나버리더라고요. 죽어도 요절이 아닌 나이가 되면서 다시 한번 죽음에 대해 되돌아보게 되었어요. 정상훈 선생님이 에볼라바이러스가 창궐했을 때 시에라리온에 다녀오셨잖아요. 그런데 갑자기 궁금해지는 거예요. 왜 거길 가셨을까? 서머싯 몸의 소설 《페인티드 베일》을 보면 남자 주인공도 의사고 아내는 그냥 평범한 여자인데요. 아내의 불륜을 발견하고 그것을 인지했지만 표 내지 않는 차원에서 약간 스스로 벌주듯이 콜레라가 창궐한 메이탄푸라는 가상의 장소로 자원해서 가는 장면이 나와요. 정상훈 선생님도 뭔가 계기가 있지 않을까 하는 궁금증이 들기도 했습니다.

91년생 전범선 씨는 죽음에 대해 생각해본 적 있나요?

전범선(이하 '전')　　　　비교적 적을 수밖에 없지 않을까 하는데요. 강유정 교수님이 말씀하신 것처럼 예술가들 사이에서는 사실 그들의 평판을 완성시키는 게 죽음인 경우가 많잖아요. 로큰롤 가수 중에서는 '27클럽'이라고 해서 27살에 죽은 예술가들이 전설로 남는 경우가 많습니다. 지미 헨드릭스나 짐 모리슨을 비롯해서 에이미 와인하우스도 그렇고, 제가 만으로 28살이 되었을 때 '아 나는 글렀구나, 전설이 되기는 힘들구나'라는 생각을 한 적도 있어요.

유성호 교수님의 책 《나는 매주 시체를 보러 간다》는 '삶의 품격을 높이는 죽음 공부'라는 부제를 달았잖아요. 죽음을 공부하면 삶의 품격이 높아질까요?

유성호(이하 '유')　　품격이라는 단어를 요즘에는 안 좋게 생각하는 사람들이 많습니다. 저는 좋은 품격, 품위라는 말이 굉장히 중요한 단어라고 생각하고요. 아인슈타인이 "매일 똑같은 것을 반복하면서 다른 것을 기대하는 것은 미친 짓이다."라는 말을 했는데요. 우리가 다른 것을 생각해보지 않고 매일 똑같은 삶을 산다면 우리가 추구하는 삶이 품격이나 품위와는 거리가 멀게 될 것이라 생각해서, 한 번쯤 우리가 죽음에 대해 깊게 생각해보자는 의미로 부제를 달았습니다.

죽음을 미리 생각해보면 살아가는 데 품격을 더할 수 있다는 거군요.

유　　그렇습니다. 우리가 끝이 있다고 생각하면 확실히 달라져요. 공부도 벼락치기가 있듯이, 마지막이 있다는 걸 알고 하는 행동과 마지막이 없는 것처럼 사는 건 현격한 차이가 있을 거라고 생각합니다.

정상훈 선생님은 의대 나와서 돈 잘 버는 의사는 관심이 없고, 소위 운동권 의사를 하신 것 아니에요. '행동하는의사회'를 만드시고요. 그러다가 갑자기 우울증이 왔다고요?

정상훈(이하 '정')　　네. 저는 처음에는 알아채질 못했어요. 지금도 친구들은 만나면 놀랍니다. 제가 그때 굉장히 폭력적인 언행을 했대요. 저는 그런 기억이 전혀 없는데 말이죠. 우울증에는 여러 가지 증상이 있는데, 기억력이 떨어지는 것도 그중 하나에요. '블랙아웃 (blackout)'이라고 하죠. 술 취하면 필름 끊기는 현상 같은 거요.

그런데 책에서 우울증 앓으면서 죽음을 마주했다고 썼어요.

정　　네. 길을 가다가 눈물이 줄줄 흐르는 거예요. 인파 속에서 말이죠. 그제야 '아, 내가 슬픈가 보다' 하고 제 감정 상태를 느꼈습니다. 아무 일도 아닌데 동료들과 막 싸워요. 그러면 '아, 내가 화가 났나 보다' 알아챘어요. 하지만 제가 우울증이라는 것은 인정할 수가 없었어요. 심지어 제가 의사인데도 우울증을 부끄럽게 느꼈던 모양입니다. 그러던 어느 날 길을 가다가 구체적으로 자살하는 방법을 떠올리는 저를 발견했어요. '자살 사고'●는 굉장히 위험한 우울증 신호거든요. 더

> ● **자살 사고**
>
> 자살에 대해 심사숙고하거나 자신을 죽음으로 이끄는 사고 유형이다.
>
> 출처: 사회복지학사전, BlueFish

는 부정할 수가 없더군요. '나는 아프고 치료가 필요하구나'라고 느꼈어요. 그리고 바로 정신의학과 의사인 친구를 찾아가 치료를 받았습니다.

그러다가 국경없는의사회* 활동을 하면서 죽음이 도사리는 그런 곳으로 가게 된 것도 연관이 있는 거예요?

정　　　그런 것 같아요. 2년 정도 우울증약을 복용하고 나니 정신의학과 의사가 약을 끊어도 좋다고 하더라고요. 저 역시 좋아졌다는 것을 느낄 수 있었어요. 자살 사고도 사라졌습니다. 그 시절 가족과 더없이 행복한 시간을 보내기도 했죠. 그런데요. 한 가지 질문이 저를 계속 괴롭히는 겁니다. '나는 왜 살아야 하는가?' 이건 자살 사고와는 달랐어요. 자살 사고는 '그냥 확 죽어버릴까?' 같은 충동이라면, 이것은 철학적 질문에 가깝죠. '내가 사는 이유는 뭘까? 삶의 의미는 무엇일까?' 이런 질문이 저를 괴롭혔습니다. 그때 저는 답을 찾을 수 없었는데요. 그러다가 '죽음이 있는 곳에 가면 답을 찾을 수 있지 않을까?' 하는 생각이 문득 들었어요. 왜 그런 생각이 떠올랐는지 이유는 알 수 없었는데, 어쨌든 저는 의사였고 영어로 말할 수 있었습니다. 우울증으로 쉬는 동안 시간을 보내기 위해 영어 회화 공부를 했거든요. 그렇게 무척 충동적이고 우연히 국경없는의사회 활동가가 되었습니다.

극심한 우울증까지는 안 가더라도 많은 사람들이 '왜 사는가?'라는 질문을 문득 하는데요. 거기에 뚜렷한 답을 찾지 못한 채 살아가는 게 또 인생이란 말이죠. 그런데 수없이 많은 사람이 그렇게 국경없는 의사회 활동을 하거나, 아르메니아로 가는 건 아닌데요. 강유정 교수님은 왜 살아요? 또 그런 질문이 들 때 어떻게 해요?

강　'왜 사는가'라는 질문이 들면 상당히 힘들죠. 그 질문을 하는 순간 힘들어진다는 생각에 동의하는데, 그런 질문을 던지는 게 삶의 에너지랑 오히려 연동이 되는 듯해요. 내 몸에 에너지가 많았을 때 그런 질문을 훨씬 더 자주 던졌던 기억이 나고요. 점차 나이를 먹으면서 성경에서 '범사에 감사하자'라고 하는 것처럼 매일의 루틴에 감사하는 게 삶의 지혜라는 생각이 들어요. 프랑스 학자인 레지스 드브레가 쓴《이미지의 삶과 죽음》이라는 책의 제일 첫 장이 되게 인상적이었는데요. "모든 예술의 시작은 죽음에서부터 기원했다."는 말이었어요. 아마 인류가 최초로 죽음을 경험했을 때 너무나무 충격적이었을 거예요. 사람의 냄새가 변하고 색깔이 변하고 체온이 변하는 이런 엄청난 상태를 목격하면서 겪은 정신적 충격을 아마 예술로 만들기 시작했을 거예요. 그래서 예술의 기원은 죽음에서부터 기록되었고, 기쁜 일도 많지만 죽음이 훨씬 더 예술의 기원에 가깝다는 건 상당히 동의하는 편입니다. '왜 사는가?'라는 질문을 던지며 살지만 막상 누구나 내 앞에 죽음은 사고로 닥칠 거라는 생각이 든다는 거죠. 심지어 나 자신의 죽음조차 극단적 선택을 기획했다고 할지언정, 막상 경험하는 주변 사람들에게는 그냥 사고일 것 같거든요. 죽음이라는 사고.

죽음은 아무리 예견되어 있었던 것일지라도 모두에게 우연, 사고가 된다고 할 수 있을까요?

강   그러니까 영원히 살 거라 생각하는 사람은 아무도 없지만, 언젠가 죽을 거라는 것도 다 알지만, 만약에 나 자신을 비롯한 주변에 죽음이라는 것이 일어나면 너무 황망하다는 거죠. 그래서 결국 그 황망함을 어떻게든 대응하는 방식 속에서 예술이 생기는 거고요. 유성호 교수님 말씀에 굉장히 동의하는 게 이탈로 칼비노라는 작가가 이런 얘기를 했어요. "이 세상의 법칙은 딱 하나다. 죽음의 필연성과 삶의 일회성. 한 번 살고 누구나 다 죽는다." 이걸 기억하고 사는 사람은 많지 않은 듯해요.

가끔이라도 떠올리는 거죠.

강   가끔 떠올리면 그건 내가 왜 사는가에 대한 해답도 되겠지만 이것만 잊지 않아도 허투루 살지는 않을 거라 생각합니다.

평등한 죽음에도 격차가 있다

유성호 교수님은 어떠세요? 매주 시체 부검하시다 보면 '왜 사는가'라는 질문이 저절로 떠오르나요?

유   그렇게까지 수준 높은 철학적 사고를 하는 건 아니지만, 아무래도 직업상 죽음을 주기적으로 볼 수밖에 없는데요. 볼 때마다 굉장히 여러 가지를 생각하게 돼요. 죽음을 맞이한 사람을 보면 여러 가지 감정이 들죠. 제가 최근에 관심 있는 건데, 특히 우리나라에는 죽음의 격차라는 게 분명히 있습니다.

죽음의 격차? 부익부 빈익빈처럼?

유   그것과 연관될 수 있는데요. 분명히 계층 간의 격차는 존재하기 때문에 죽음에도 격차가 생길 수 밖에 없어요. 그런 걸 보면서

'이런 삶 속에서 어떻게 살아야 될까?' 하는 개인적인 고민으로 치환이 될 때도 있고요. '어떻게 살아야 하는가?' 하는 문제에 대해서는 빅터 프랭클이라는 유명한 정신과 의사가 《죽음의 수용소에서》라는 책에서 이렇게 얘기했죠. "평생 삶의 의미를 찾으면서 사는 거고, 지금 당장 우리가 석가모니나 예수님처럼 뭔가를 깨닫는 게 아니고 평생을 찾는 것이다."라고요. 그 말이 아마 정답이 아닐까 싶어요. 그래서 저한테는 주기적으로 그런 걸 보고 생각한다는 게 중요한 의례이기도 합니다.

삶의 의미를 평생 찾아가면서 사는 게 인생이다.

전　　제가 예술가의 삶을 결심했던 때가 저희 아버지가 돌아가셨던 그 시기 즈음이었어요. 약 3년 전이네요. 아버지께서는 정말 건강하게 사셨거든요. 저한테 한 번도 화를 내신 적 없고 정말 모범적이면서 술, 담배도 안 하셨어요. 그러다가 굉장히 희귀한 암에 걸리셨어요. 아직도 원인을 모르고요. 어떻게 보면 벼락을 맞아서 돌아가신 것처럼 느껴졌어요. 당시 죽음이 너무 무자비하게 느껴지면서도, 한편으로는 앞으로 내가 어떻게 살아가야 하나 고민했었어요. 그리고 오히려 죽음이 나에게 닥칠지도 모른다는 생각이 들었습니다. 그래서 그때 결정을 했어요. 예술을 하겠다고요. 그리고 당장 '하루하루를 마지막 날인 것처럼 행복하게 살아야 죽기 전에도 만족스럽지 않을까?' 그런 생각을 했던 기억이 납니다.

정상훈 선생님 책에 "나를 위험한 구호 현장으로 잡아 끈 것은 바로 죽음이었다."는 말은 무슨 뜻이에요? 그 위험한 현장에서 한 명이라도 더 살려야겠다는 마음 아니었나요?

정   물론 당시 저에게 인도주의 정신이 전혀 없었다고 말할 수는 없겠죠. 《모비딕》의 에이해브 선장이 불타는 복수심 때문에 끝까지 모비딕을 쫓아가잖아요. 결국은 자신이 죽게 되는데 말이죠. '죽음과 끝장을 보고 싶다' 아마 그런 감정에 더 가까웠던 것 같습니다. 어쩌면 그것이 당시 제 삶의 에너지였을지도 모르겠습니다.

유   개인적인 궁금함이 전 세계적으로는 도움이 되었네요? 처음에는 개인적인 의도로 갔는데, 공익적인 목적을 달성하게 된 거잖아요.

개인적인 차원에서는 죽음과 맞닥뜨리겠다는 의미로 갔는데, 가서 결국 살려낸 사람도 있지만, 손도 써보지 못하고 수없이 많은 죽음을 목도하기도 했을 거란 말이에요. 그런 상황에서 새로운 생의 의미가 다가왔나요?

정   제가 위험한 구호 현장에서 목격한 것은 '갈라진 세계'였어요. 가난한 자와 부자, 낙인을 찍는 자와 차별당하는 자, 그리고 정치적·종교적으로 분열된 세계였어요. 질문에 답을 찾으러 갔다가 벽처럼 높고 단단한 또 다른 질문에 부딪힌 것이죠. '세계는 왜 갈라져 있는가?' 그리고 '나는 무엇을 할 수 있는가?'

강   프리모 레비*라는 사람이 쓴 《가라앉은 자와 구조된 자》라는 책에 "수용소에서는 아무도 자살을 생각하지 않는다."는 말이 나오는데요.

> ● 프리모 레비
> **(Primo Levi, 1919~1987)**
>
> 세계적인 작가이자 화학자이다. 1943 아우슈비츠 강제수용소로 끌려갔다. 1945년 10월, 평균 생존 기간이 3개월인 아우슈비츠에서 기적적으로 살아남은 그는 집으로 돌아와 자신의 처절한 경험과 사유를 시와 소설, 성찰록 등 다양한 형식으로 기록하기 시작했다. 몇 권의 책을 남기고 1987년 4월 11일, 투신자살하였다.
>
> 출처: 해외저자사전, 교보문고

어떤 수용소를 말하는 건가요?

강   유태인 수용소를 말하는데요. 그 안에서는 아무도 자살을 생각하지 않았다는 겁니다. 그런데 이 프리모 레비라는 작가가 극단적 선택으로 세상을 떠나거든요. 모든 것이 끝나 아우슈비츠에서 생존하고 난 이후에, 책을 남기고 얼마 되지 않아서 세상을 떠났어요. 저한테는 그게 굉장한 질문 중 하나였어요. 왜 그곳에서 동물과 같은 상태일 때는 죽음을 생각하지 않다가, 막상 죽음의 위협에서 벗어나고 자기의 과거를 모두 술회하고 난 이후에 극단적 선택을 하였을까? 이 질문이 저한테 숙제처럼 남아있습니다. 어쩌면 거기에 '죽음을 대하는 인간의 고유성이 있지 않을까?' 라는 생각이 들기도 했었습니다.

〈무브 투 헤븐〉이라는 드라마가 있는데요. 유품 정리사가 나옵니다. 꼭 죽음의 격차가 빈부격차의 문제만은 아니라고 하셨지만, 죽음의 격차라고 얘기했을 때 그 드라마에서 유품을 처리해야 하는 대상들은 대부분 고독사를 하거나 유해 정리가 잘 되지 않은 사람들이에요. 그 유성호 교수님이 말씀하신 것처럼 죽음의 격차라는 게 너무 눈에 보이는 거죠. 죽은 사람의 물건들을 통해서 며칠간의 삶이 복기가 되거든요. 컵라면이라든가 이런 게 나오는데, '죽음은 평등'하다고 하지만 들여다보면 그런 건 아닌 거 같다는 생각이 들긴 합니다.

두 말이 다 맞네요. '누구나 죽는다'라는 말에서 죽음은 평등하지만 그 죽음에는 격차 또한 존재한다는 거죠. 프리모 레비라는 작가가 극단적인 선택을 한 이유를 논리적으로 추론해보건대, 당시 수용소 안에서는 집단적으로 죽음의 공포를 느끼잖아요. 그 속에서 사람은

한국인을 읽는다

스스로 목숨을 끊을 생각을 하는 것 자체가 어려웠던 것 아닐까요? 그 극단적인 집단 공포 속에서는 자살을 꿈꿀 여유조차도 없는 것 아닐까, 그런 생각이 드네요. 그러다가 그걸 모두 기록한 뒤 끝내고 나니 그제야 오히려 삶의 의미가 없어진 것 아닐까.

전   저도 어느 정도 공감하는 게, 제가 얼마 전 복날을 앞두고 채식과 동물권리 운동을 하는 친구들과 함께 여주에 있는 불법 개 도살장을 습격했어요. 아까 수용소에서 인간이 동물과 같은 상태에 있었다는 이야기도 했었는데, 그런데 그 동물들이 그 도살장에서는 개들이었죠. 개들뿐만 아니라 소, 돼지, 닭도 마찬가지고 농장에서 도축장으로 가는 과정을 보면 인간과 똑같이 죽음 앞에서 두려워하고 불안해하고 고통스러워 해요. 그런 걸 보면 모든 생명이 평등하다는 걸 저절로 느끼게 되는 것 같아요. 그런데 또 너무 죽음에 매몰되다 보면 극한의 우울감에 빠지게 되더라고요. 그래서 우리 주변에 만연한 죽음에 대해서 거리를 유지하면서도 또 그 고통을 같이 겪는 게 얼마나 중요한지 다시 한번 생각을 하게 되었습니다.

죽음의 민낯과 마주하기

유   의사들에게는 'Neglect therapy'라는 게 있습니다. 옛날 의

사들은 좀 차갑다고 느끼는 분들이 많을 거예요. 생명을 다루는 의사일수록 냉철하지 못하면 오히려 자신의 일을 제대로 하지 못하기 때문에 제대로 일하기 위해서 자신에게 가면을 씌운다고 할까요. 철갑을 두른다고 할까요? 그런 게 있었거든요. 혹시 정상훈 선생님도 일부러 차갑게 철갑을 두른 적이 있어요?

정   저는 그러지 못했어요. 첫 근무지였던 아르메니아에 갈 때 두려운 마음이 들더라고요. 우울증을 겪으면서 삶을 내려놓을 결심도 했기 때문에, 사실 저의 죽음은 두렵지 않았어요. 하지만 제가 책임지는 환자의 죽음을 목격할까 봐 무척 두렵더라고요. 그래서였을까요? 아르메니아에서 환자들이 죽었을 때 무척 많이 울었어요. 환자들에게 감정이입을 많이 한 모양입니다. 국경없는의사회는 제한된 예산으로 제한된 활동을 하거든요. 아르메니아에서는 결핵 치료비만 지원했어요. 하지만 환자들이 요구하는 것은 더 많거든요. 결핵과 암을 함께 앓고 있는 환자는 암 치료도 도와달라고 했어요. 그 환자들을 위해 발버둥 치느라 일종의 사고도 많이 쳤죠. 도와주려고 발버둥 치다가 환자가 죽으면 울기도 하고요. 그것이 저의 첫 활동이었어요.

그런 일이 반복되면 조금 무뎌집니까?

정　　세 번째 활동하고 나서 되돌아보니까, 조금은 무뎌진 것 같더라고요. 어쩌면 지혜로워졌다고 할까요? 감정이입을 배제하고 어느 정도 냉정해지지 않으면 오히려 환자에게 해가 될 수도 있다는 것을 깨닫게 되었습니다.

유성호 교수님의 책에 "직업이 법의학자다보니 죽음을 바라볼 때 보통 사람들과 달리 사뭇 담담하게 과학적으로 그것을 직시하는 시선을 가지고 있다고 생각한다."라는 문장이 있는데요. 아까 스스로 표현한 일종의 철갑을 두르는 것이 그런 거 같네요. 그런데 "그럼에도 매번 한 사람 한 사람 각자의 죽음을 마주할 때마다 늘 다르게 가슴속을 울리는 다양한 감정들을 느끼고는 한다."고 썼어요.

유　　아마 타인의 죽음에 대해서 인간이라면 가질 수 있는 여러 가지 감정이 있을 겁니다. 예컨대 너무나 안타까운 죽음이 국내에도 많잖아요. 사회의 잘못된 시스템 때문에 죽음을 맞이하는 걸 보게 되는 경우가 있는데 정말 다양한 감정을 갖게 됩니다. 처음에 의사 초년병시절부터 법의학을 시작할 때는 두려움이 큽니다. 왜냐하면 20대에는 타인의 죽음을 바라보면서 내가 혹시 저렇게 되지 않을까? 하는 감정을 느껴요. 그런데 조금 더 진행하다 보면 '인생이란 정말 허망하구나, 이래도 죽고 저래도 죽고'라는 허망함을 느끼게 되요. 그리고 그걸 넘어서서 조금 경험이 쌓여 제 나이 또래쯤 되고, 50이 가까워지고 또 넘어가게 되면 조금 다르게 삶과 죽음을 바라보게 돼요. 그리고 타인의 죽음에 대해서도 조금 더 공감하게 되고 이를 안타깝게 여기는 마음이 더 커지고요.

처음에는 공포, 그러다가 허망함과 덧없음을 느끼고, 그러다가 삶을 조금 더 의미 있게 바라보게 되는 거죠.

유   네. 지금 사는 삶이 얼마나 좋은가를 느끼면서 타인의 죽음에 대한 안타까움은 더 커지게 되는 거죠.

이런 내용으로 죽음을 소재로 하는 학교 강의를 만들었어요?

유   솔직히 말씀드리면 당시 학장님이 관악캠퍼스에서 의과대학 교수들이 너무 교양강의를 안 한다는 생각을 하신 거예요. 그래서 '아무래도 한 명이 해야 할 거 같은데…'라고 생각하시는 순간에 제가 지나가다가 딱 걸린 겁니다. 그래서 법의학이 너무 재밌으니까 법의학으로 학생들에게 교양강의를 하라고 하시는 거예요. 제가 막 고민하다가 '죽음의 과학적 이해'라고 강의명을 써서 신청서를 냈는데요. 사실은 1~2년 정도 하면 인기가 없어질 거라고 생각하며 냈어요.

그런데 인기 폭발이라면서요? 의대생만 대상은 아닌 거죠?

유   교양강의니까 예체능계부터 인문계 다 포함된 거죠. 그런
데 인기가 많아서 어쩔 수 없이 계속하다 보니 10년 가까이 강의를
진행하게 되었어요.

죽음에 익숙해지는 몇 가지 방법

유성호 교수의 책《나는 매주 시체를 보러 간다》에서 "법의학자로
서 우리 사회의 죽음을 숙고하는 분위기를 만들고 싶다는 작은 소
망을 가져본다."라는 말이 있는데요. 죽음을 숙고하는 분위기를 만
든다는 게 무슨 말이죠?

유   요즘 젊은 친구들한테 인기 있는 말 있죠? '이생망'이라고,
'이번 생은 망했어'의 줄임말인데요. 우리가 삶을 너무 쉽게 생각하
는 것 같아요. 숙고한다는 이 말은 두 가지 의미인데요. 의사로서는
이런 의미가 있습니다. 대한민국 사람들은 아마 굉장히 오래 살 거
예요. 왜냐하면 굉장히 잘 갖춰진 시스템 때문에 점점 평균 기대수
명이 늘어나고 있고요. 기대수명이 늘어남에 따라 마지막에 어떻게
죽음을 맞이할까 생각하지 않으면 죽음이란 게 완전히 비극적인 이

벤트로 끝날 가능성이 매우 높아요. 이렇게 열심히 살아온 삶을 마지막도 잘 마무리하기 위해서 죽음을 숙고해보자는 것도 있고요. 두 번째는 죽음을 숙고함으로써 얼마나 삶이 소중한지를 한 번 더 생각해보자는 의미입니다. 개인적으로는 주변 사람들과의 소통이 예전보다 많이 줄어들면서 너무 경쟁적으로 상대보다 앞서나가기 위해서만 사는 게 아닌가 해요. 우리 삶이 얼마나 소중한지 알게 되면 결국 옆에 있는 사람이 얼마나 소중한지도 알 수 있거든요. 그래서 조금 더 따뜻한 사회를 만들자는 의미도 있었습니다.

개인적 차원에서 죽음을 숙고한다는 것은 자기 삶을 돌아보는 것이고, 사회적 차원에서 죽음을 숙고한다는 것은 우리 사회의 현주소를 같이 돌아보자는 그런 의미인 거 같네요.

정상훈 선생님의 책에는 "아르메니아가 허락하는 만큼 우리는 삶에 집착했고 살기 위해 발버둥 쳤다."라는 문장이 있어요. 여기서 '아르메니아가 허락하는 만큼'이 중요한 것 같아요. 한국이 허락하는 것과 아르메니아가 허락하는 게 다르죠?

정　　너무 다릅니다. 아르메니아에서 다제내성 결핵 환자를 돌봤는데요. 다제내성이란 여러 가지 항생제에 내성이 있다는 뜻입니다. 그래서 2년 동안 꾸준히 약을 먹어야 합니다. 아르메니아라는 나라는 가난한데 실업률이 무척 높았습니다. 당시 18%였는데요. 우리나라 실업률이 3~4% 정도니까, 얼마나 높은지 짐작이 될 겁니다. 아르메니아인들은 일자리를 찾아 러시아로 가요. 그리고 그곳에서 다제내성 결핵에 걸립니다. 러시아에서는 치료를 못 받으니까 아르메니아로 돌아올 수밖에 없어요. 다행히 국경없는의사회에서 무료로 약을 주었죠. 그런데 노부모와 처, 아이 둘을 부양해야 하는 30대 남성이 있었습니다. 몇 개월 정도 결핵약을 먹고 조금 건강해지자 바로 치료를 중단하고 다시 러시아로 떠났습니다. 가족이 굶지 않게 하려면 돈을 벌어야 하니까요. 저희가 여러 번 설득했지만 결국 실패했습니다.

약을 1년 반 분량을 한꺼번에 줘서 보낼 수 없나요?

정　　그럴 수가 없었습니다. 다제내성 결핵은 일반 결핵 환자가 약을 제대로 먹지 않아서 생긴 결핵이거든요. 만약 다제내성 결핵에서 내성이 더 생기면 '슈퍼 결핵'이 됩니다. 더는 손쓸 수 없는 병이 되는 것이죠. 그래서 하루에 두 번 의료진이 보는 앞에서 약을 삼키는 까다로운 규칙이 생겼습니다. 이러지도 저러지도 못하는 상황이었죠. 치료를 중단하고 떠나는 환자들을 볼 때마다, 무력감에 무척 고통스러웠던 기억이 납니다.

그게 아르메니아가 허락하는 만큼이군요.

정   그렇죠. 그런 환자들을 계속 봐야 한다는 게 힘들더라고요. 그럼 도대체 어떻게 해야 할까요? 러시아에서 다제내성 환자가 더는 생기지 않도록 철저한 조처를 하거나, 아니면 러시아에서 국적에 상관없이 모든 결핵 환자들을 치료하든가, 그도 아니면 아르메니아의 실업률을 낮춰야죠. 아니면 아르메니아 정부에서 모든 다제내성 환자가 생계 걱정 없이 치료받을 수 있도록 지원하든가요. 그런데 이 모든 일이 너무나 어렵잖아요? 정말 깊은 무력감을 느꼈습니다.

그래서 '때로는 목숨이 가난보다 가볍다' 그런 제목의 글을 쓰신 거네요.

정   그렇습니다. 치료를 중단하고 러시아로 떠나는 그 노동자는 자신이 죽을 수도 있다는 것을 잘 알았겠죠. 저희가 여러 번 말했으니까요.

그러나 목숨이 가난보다 가볍기 때문에 떠난 거로군요.

정   빠르면 몇 달, 길어봐야 몇 년 후에 자신이 죽을 것을 알지만, 당장 눈앞에서 오늘내일 가족이 굶으니까요. 먹고 사는 공포가 몇 년 후에 올 불확실한 죽음의 공포보다 더 강한 것이죠.

그나마 우리나라는 굉장히 좋은 환경인 거네요. 그런 다제내성 결핵 환자들은 약값도 거의 안 받잖아요. 정부가 다 지원하고…. 그나마 '한국이 허락하는만큼'은 훨씬 나은 거네요. 그게 죽음의 격차하고도 연결되는 거죠?

유　　그렇습니다. 한 가지 아이러니를 말씀드리면 아르메니아가 전 세계적으로 자살률이 가장 낮은 국가에 해당됩니다. 그러니까 아까 삶이 굉장히 척박하면 오히려 그 삶을 치열하게 산다고 하는데요. 반대로 우리나라는 굉장히 좋은 나라인데 자살률이 OECD 국가 중 1위죠. 그러니까 아르메니아는 10만 명당 두세 명 정도 되는데, 우리나라는 그 10배가 넘거든요.

어려울수록 삶의 의지는 더 커지나요?

강　　오죽하면 베이비 부머•라는 말이 전쟁 시기랑 붙어있겠습니까? 오히려 더 열심히 낳고 더 열심히 키우려고 하고 영아 생존율이 낮

> ● 베이비 부머(Baby boomer)
> 전쟁 후 태어난 사람들을 일컫는 말이다. 미국의 경우는 제2차 세계대전, 우리나라의 경우는 6.25전쟁이 끝난 후에 출생한 사람들을 말한다.
>
> 출처: 해외저자사전, 교보문고

을수록 더 많이 낳고 그러는데요. 유성호 교수님 말씀처럼 최근 정말 살기 좋은 세상이지만 아이는 더 안 낳고 못 낳겠다고 하는 분위기도 이와 연관되지 않을까 싶은데요.

우리가 '○○해서 죽겠다'는 말 자주 하잖아요. 그런데 이런 말들을 가만히 듣다 보면 '죽겠다'에 붙는 말들이 '배고파 죽겠다, 힘들어 죽겠다'처럼 주로 생체반응이 확실할 때 되려 죽겠다라는 표현을 많이 쓴다는 생각이 드는 거예요.

반대로 '배불러 죽겠다'라는 표현도 많이 쓰잖아요.

강　　　가장 신체적으로 내가 살아있다는 느낌이 강렬하게 들 때, 되게 힘들 때, 운동해서 몸이 너무 살아있다는 반응을 보내면 '힘들어 죽겠다' 이렇게 표현을 하는 걸 보면, 오히려 죽음이라는 것을 길들이는 방법 중에 하나가 죽음을 그냥 입에 달고 사는 게 아닌가 하는 생각이 들어요. 제가 대학교 다닐 때 어학 수업 중에 굉장히 충격을 받은 말이 있는데, 의학 용어로 사망을 'expire'라고 한다는 거예요. '폐기 처분'이라는 의미로 사용하는 거죠. 그런 단어 사용도 의사가 냉정해지기 위해 죽음에 대한 감정적 거리를 두기 위한 장치 중에 하나가 아닌가 해요. 한국 사람들이 어쩌면 죽음에 둔감해지기 위해서, 되려 살아있다는 느낌을 가장 강렬하게 느낄 때 '죽겠다'라는 표현을 쓰고 있는 것은 아닌가 생각해보았습니다.

강유정 교수 책에 보면 역사 속의 왕에 대한 얘기가 있는데 소개해 주시죠.

강   미트리다테스 6세*
는 실제 역사 속에 등장했었
던 왕이래요. 그 왕에 대한
여러 확인되지 않은 얘기들
이 많은데요. 그 설화 중에
하나가 혹시나 자신이 독살
을 당할까 봐 두려워서 조금
씩 매일 독약을 먹어서 스스
로 독에 대한 면역을 키우려

> ● **미트리다테스 6세**
> **(B.C. 135년~B.C. 63년)**
>
> 아나톨리아 북부의 폰투스 왕국의 왕이
> 다. 로마 공화정 말기 세 명의 유명한 로
> 마 장군(술라, 루쿨루스, 폼페이우스)과
> 차례로 대적한 것으로 유명하다. 독살
> 에 대한 두려움 때문에 미리 독에 대한
> 면역을 높이기 위해, 평소 많은 종류의
> 독을 자신에게 조금씩 투여하였다는 설
> 이 있다.
>
> 출처: 위키백과

했대요. 최근 코로나 백신처럼요. 이게 라이오넬 트릴링이라는 비평
가가 문학의 효능을 설명하면서 가져온 얘기입니다. 우선 문학뿐만
아니라 영화도 마찬가지로, 이렇게 잔인한 얘기, 사람 죽는 얘기, 아
이들이 학대당하는 얘기 같은 것들을 도대체 왜 읽고 봐야 할까 하
는 질문을 던지는데요. 이 학자는 백신을 맞아서 질병에 대한 면역
을 키우듯이 문학작품을 읽으면서 자꾸 죽음에 대한 면역을 키우는
것이라고 얘기합니다. 그런데 라이오넬 트릴링이 이처럼 멋진 말을
하기 이전에도 사람들은 이미 '죽음'을 자꾸 가볍게 입에 올림으로
써 그 무게를 덜어내며 언젠가 맞이할 죽음에 대해 스스로 면역을

하고 있는 것 아닌가 싶습니다.

'아이고 죽겠다, 아이고 죽겠다' 하면서 스스로 죽음에 대한 면역력을 키우는 것. 그런 죽음을 다룬 작품을 보는 것 또한 면역력을 키우는 것이네요. 이런 작품들이 나오는 것도 어떻게 보면 사회적으로 죽음에 대해서 숙고하는 분위기를 만드는 하나의 방법일 수 있는 거죠.

강　　맞아요. 뭐든지 너무 어둡고, 힘든 부분을 가리는 것만이 능사는 아니니까요.

전　　제 나이 또래의 2030세대한테는 우울증이나 ADHD(주의력결핍 과잉행동장애), 공황장애 같은 것들이 감기처럼 흔한 질병인 것 같아요. 제 주변에도 극단적 선택을 한 친구들도 있고요. 그런 병을 앓는 친구들이 한두 명씩은 있는 것 같아요. 저도 문학이나 예술을 통해 죽음에 대한 고민을 많이 했는데, 최근에는 자연 다큐를 보는 것도 도움이 되더라고요. 얼마 전에 버섯에 대한 다큐를 봤는데 동물이 죽으면 균이 분해를 하잖아요. 결국 죽음이라는 것이 땅으로, 자연으로 돌아가는 게 아닌가 싶어요. 어떻게 보면 나름 종교적인 해답이 되겠죠. 각자가 그런 걸 찾고 있는 게 아닌가 하는 생각이 드네요.

하나의 죽음이 빚어낸 삶의 가치

유성호 교수의 책에 "어떤 죽음은 그 죽음으로서 사회적 시스템을 바꾸고, 사회 문화적 가치를 새롭게 만들어내기도 한다." 그리고 "살인 사건에서의 죽음 또한 우리 사회에 여러 모습을 드러내면서 삶의 가치를 새롭게 질문하는 역할을 맡기도 한다." 이런 표현이 있는데요. 구체적으로 어떤 예를 들 수 있을까요?

유　　　어떤 한 사람의 죽음이 사회에 끼치는 영향이 엄청났던 예로는 아마 전태일 열사*부터 시작해서, 박종철 열사*, 이한열 열사* 같은 분들이 대표적인데요. 또 군대 내 총기 난사 살인사건 같은 건 군대 문화의 모순점을 보여주고 시스템을 바꾸게 하죠. 우리는 굉장한 압축 성장을 해왔기 때문에 그동안 생각하지 못했던 것들이 많

● 전태일(1948~1970)

한국의 노동운동을 상징하는 인물로 봉제노동자로 일하면서 열악한 노동조건 개선을 위해 노력하다가 1970년 11월 노동자는 기계가 아니라고 외치며 분신하였다.

출처: 두산백과

● 박종철(1965~1987)

학생 운동가로 1987년 1월 치안본부 대공분실 수사관에 의해 연행되어, 남영동의 치안본부 대공 분실에서 전기 고문과 물 고문을 받다가 죽음에 이르렀다.

출처: 한국향토문화전자대전,
한국학중앙연구원

습니다. 예를 들면 정인이 사건*이라고 굉장히 많은 사람들이 분노

했던 사건도 있었죠. 개인적으로도 굉장히 안타깝고 비극적인 일입니다. 그래서 긍정척인 측면을 논하는 것이 좋지 않지만, 개인의 죽음이 사회에 엄청난 영향을 끼친다는 측면에서 이런 사건을 통해서 사회의 시스템이 변화하고 나아가는 것을 보면 분명 시사하는 바가 있습니다.

저도 머릿속에 떠오르는 게 많네요. 세모녀 사건*이 있었잖아요. 그게 우리 복지의 사각지대를 드러내는 계기가 되었죠. 또 정인이 사건 같은 아동학대 사건은 최근에도 계속 잇달아 벌어지고 있는데요.

● 이한열(1966~1987)

학생운동가로 1987년 6월 9일 전두환 정권의 독재 타도와 5·18 진상 규명 등을 외치는 시위에 참여했다 전경이 쏜 최루탄을 맞아 사경을 헤매다가 세상을 떠났다.

출처: 시사상식사전, pmg 지식엔진연구소

● 정인이 사건

2020년 서울특별시 양천구에서 발생한 아동 학대 살인 사건이다. 입양한 8개월의 여자 아이를 입양부모가 장기간 심하게 학대하여 16개월이 되었을 때 죽음에 이르게 한 혐의를 받고 있다.

출처: 두산백과

● 세모녀 사건

2014년 서울 송파구 석촌동의 단독주택 지하 1층에 살던 박 모 씨와 두 딸이 생활고로 고생하다 결국 스스로 목숨을 끊은 사건이다.

출처: 시사상식사전, pmg 지식엔진연구소

한국인을 읽는다

유   코로나 바이러스 감염증 때문에 더 많이 일어나고 있죠. 닫힌 공간에 같이 있는 시간이 길어지면서 가정의 약한 고리가 계속 자극을 받게 되고 결국 노인학대, 아동학대 같은 일이 빈번해지고 있어요.

정   그런데 죽음은 사회를 긍정적으로 바꾸는 데에도 이바지하지만 부정적으로 바꿀 수도 있습니다. 제 두 번째 활동지가 레바논이었는데, 수니파와 시아파의 종파 분쟁이 시리아 내전의 영향까지 받아서 무척 격렬했습니다. 트리폴리라는 도시에서는 도로 하나를 사이에 두고 한 달에 한 번꼴로 총격전이 벌어졌어요. 거의 내전이었죠. 그렇지만 총격전이나 모스크 폭탄 테러가 벌어져도 저는 이상하게 위험하다는 느낌은 들지 않았어요. '트리폴리에서는 생과 사가 마치 확률 게임 같구나'라고 생각만 했었죠. 국경없는의사회에서는 형평성을 위해 도로 양쪽에 있는 두 종파 구역에 각각 진료소를 설치했어요. 그곳이 트리폴리에서 제일 가난한 곳이었거든요. 총격전이 벌어지면 진료소는 문을 닫아야 했죠. 일주일쯤 지나 총격전이 끝나면 저는 다시 진료소를 방문했습니다. 그리고 무척 충격을 받았어요. 거리 곳곳에 웬 청년들의 사진이 걸려 있더라고요. 바로 총격전 기간에 죽은 청년들이었습니다. 그제야 트리폴리에서 끝없이 이어지는 죽음이 현실처럼 느껴졌어요. 저는 두 구역을 모두 방문해봤잖아요. 죽은 청년들은 제가 진료소에서 그리고 거리에서 만난 사람들의 아들, 형, 오빠였겠죠. 그들은 흔히 생각하듯이 테러리스트나 극단주의자가 아니거든요. 참으로 평범한 사람들이었어요. 그런 사람들이 총을 들고 도로 건너 이웃에게 총을 쏘는 겁니다. 사진과 함께 내걸린 그 죽음이 그 구역 사람들을 하나로 묶는 공동체 의식, 그리고 길 건너 사람들을 향한 적개심까지 형성하더군요. 바로 그 죽음이 그렇게 천 년 이상 이어온 종파 분쟁의 악순환을 재생산한 것이죠.

전쟁과 보복의 악순환. 거기에 죽음이 이용당하는 거죠.

유   저도 생각나는 게 하나 있는데요. 죽음에 대해 현재 대한민국에서 가장 조심해야 할 것은 자살의 노출이라고 생각해요. 실제로 연예인이나 정치인같이 유명한 사람들의 자살이 의외로 우리나라에 강력한 영향을 끼치고 있어서요. 우리나라가 이렇게까지 자살률이 높은 이유가 개인의 문제는 개인이 해결해야 한다는 인식이 퍼지면서인데요. 개인의 죽음이 사회 전반에 부정적인 영향을 끼칠 수 있다는 점에서 우리나라에서는 자살이라는 걸 반드시 경계해야 할 필요가 있습니다.

그래서 그 자살 관련 보도 준칙도 점점 엄격해지고 있잖아요. 그런데 자살 모방효과가 특히 젊은 층에 많이 퍼진다고 해요. 전범선 씨 어떻게 생각해요?

전   유명 연예인이 명을 달리할 때마다 그 분위기가 느껴져요. 이젠 주로 온라인으로 소식을 접하고, 온라인으로 애도하고 슬퍼하는데도 사회적으로 공기가 무거워지는 게 느껴져요. 죽음을 접한 뒤로 한동안은 주변의 친구들도 다같이 무거워지는 느낌을 겪은 적이 많아서 말씀하신 것처럼 굉장히 큰 영향을 미친다는 것에 동의하고 또 중요한 사회적 문제라고 생각합니다.

그러니까 예를 들어 우리 사회의 민낯을 보여주는 어떤 안타까운 죽음 이후에는 그것을 계기로 사회를 고치고 개선하려는 노력이 이루어지기도 하는데, 또 한편에서는 어떤 죽음이 또 다른 죽음을 불러일으킬 수 있으니 이런 부분은 극도로 경계해야 한다는 거군요.

강   오이디푸스 신화에서 오이디푸스가 받는 최종적인 벌은 스스로 자기 눈을 멀게 하는 것인데요. 그런데 그리스에서는 눈이 머는 건 사회적 사형을 의미했다고 합니다. 그러니까 상징적으로 그는 죽었지만 실제로 죽지는 않은 거죠. 우리나라에서도 어떤 사건으로 인해 명예를 실추하면 일종의 사회적인 죽음이 될 수 있는 건데요. 그러나 그런 걸로 해결되지 않아 오히려 진짜 죽음이라는 극단적 선택을 하는 분들이 있는데 확실히 많은 영향을 미치는 건 사실이고요. 그와 유사한 의미로 조선시대에는 팽형이라는 게 있어요. 사람을 끓여 죽이는 형벌인데, 실제로는 짚을 깔고 큰 솥에 사람이 들어갔다 나오면 그 사람은 모든 신분을 빼앗기고 유령이 되는 겁니다. 진짜로 끓여 죽이는 게 아니고요. 사실 문명은 진짜 죽음의 값을 받는 게 아니라 상징화하는 과정으로 발전해왔음에도 불구하고, 자기의 목숨을 지키는 것에 대해서는 상징이 아닌 물리적인 방향으로 가고 있다는 건 크게 문제가 있습니다. 그래서 최근에는 저는 약간 조마조마해요. 사실 미디어에서 자살이라는 용어 자체를 쓰지 않도록 권고하고 있고 동반자살이라는 용어도 법적으로 바뀌었다고 하더라고요.

그것은 우선 말이 안 되는 용어에요. '살해 후 자살'이죠.

강 맞습니다. 그게 맞는데 저희가 너무 이것을 쉽게 썼기 때문에 그 감각이 무뎌진 것은 아닌가, 하는 생각도 듭니다.

정상훈 선생님의 책에 이런 표현이 있어요. "나는 죽음이 두려워졌다. 그전까지 나는 죽음을 홀로 마주한 적이 없었다. 그런데 황량한 아르메니아 북부는 상황이 달랐다. 나는 직감했다. 이곳에서 죽음이 장식을 벗고 민얼굴을 드러내리라. 그것이 나는 두려웠다." 아르메니아 북부 황량한 상황, 죽음이 장식을 벗고 민얼굴을 드러낸다?

어떤 의미입니까?

정　　　얼마 전에 코로나19 백신 접종률을 살펴봤어요. 우리나라
가 100명당 접종 회분이 42회 정도에요. 미국은 100회분이 넘었으
니까, 벌써 3억 회분 이상 접종을 한 것이죠. 하지만 아르메니아는
5.5회분에 불과합니다. 아프리카 대륙은 거의 0회분에 가깝습니다.
코로나19는 아직 마땅한 치료제가 없으니 백신이 유일한 해결책이
죠. 이런 상황에서 아르메니아에 가서 코로나19 환자를 진료하라고
한다면 그 의사는 어떤 심정일까요? 우리나라는 굉장히 수준 높은
의료시스템을 갖추고 있고, 제 뒤에는 언제나 뛰어난 의사들이 버티
고 있었어요. 그런데 이 모든 뒷받침이 없이 그야말로 맨손으로 환
자를 진료해야 하는 상황이었어요. 그래서 두려움을 느꼈습니다.

장식을 벗은 죽음의 민얼굴. 속수무책으로 당할 수밖에 없었네요.

정　　　죽음이 갖고 있는 사회적 맥락이 그대로 드러날 것이고,
'그것을 내가 감당할 수 있을까? 그 무력감과 절망을 감당할 수 있
을까?' 하는 의미였습니다.

죽음을 받아들이는 5단계 과정

유성호 교수님, '엘리자베스 퀴블러 로스'라는 유명한 죽음 학자의
사망의 5단계를 설명해주시겠어요?

유   이 사람은 정신과 의사인데요. 삶의 말기에 있는 분들을 인
터뷰하고 연구한 자료를 엮은 《죽음과 죽어감》이라는 책에 사망의
5단계가 나옵니다. 죽음을 맞이하는 사람들의 감정변화 5단계 중
첫 번째는 부정이죠. 그럴 리 없다며 부정하는 거고요. 이 시기를 지
나게 되면 분노가 옵니다. '왜 나에게 이런 일이 생겼을까? 착하게
살아왔는데'라며 화가 생길 수 있고요. 또 그게 지나면 타협을 하게
됩니다. 자신과의 타협 또는 의사와의 타협일 수도 있지요. 이번 한
번만 살려달라는 식으로 말이죠. 침체와 절망을 4단계로 보고요. 이
걸 넘어가게 되면 수용이라고 해서 받아들이는 거죠. 이를 죽음의 5
단계라고 하는데요. 이건 순서대로 모든 사람한테 오는 건 아니고
요. 1, 2단계에서 멈추는 사람도 있고, 3단계에서 멈추는 사람도 있
고 단계를 뛰어넘는 사람도 있습니다. 미국 암학회에서는 이를 좀 더
세분화해서 7단계로 나누기도 하는데요. 맥락은 비슷합니다.

그냥 상식적으로 추론해봐도 대체로 이렇게 될 것 같아요. '나한테
무슨 암? 내가 6개월밖에 못 산다고? 오진이야' 이러다가 '아니야

나한테 왜 이런 일이 닥쳐' 이러다가 '살려주세요' 하면서 좌절하고 결국은 받아들이고요.

유　　받아들이는 단계까지 가면 그래도 좋은 건데, 대부분 분노에서 끝나는 경우도 많아요. 절망에서 멈추는 사람도 많고요. 마지막을 준비하고 늘 죽음을 숙고하자는 얘기가 마지막 종말을 자신만의 종말로 만들어야 한다는 거죠.

그런데 이런 연구할 때는 '그레이 존'이라는 게 없었다는데요. 그레이 존이 뭔가요?

유　　21세기에서 가장 발달한 의학이 뭐냐고 물어보면, 중환자의학이라고 대답하는 사람이 많습니다. 예전 같으면 죽음을 맞이할 사람들인데, 중환자실에서 살려요. 그리고 힘을 내 회복될 때까지 기다리는 건데요. 회복되면 좋은데, 회복하지 못하고 그냥 중환자실에 있다가 사망하는 경우가 아주 많죠. 과거에는 천천히 죽음을 받아들이면서 5단계, 7단계 과정을 거치는데, 이런 걸 전혀 겪지 못하고 지내다가 사망하는 사람이 많아요. 그걸 죽은 것도 아니고 말은 조금 하지만 그렇다고 해서 산 것도 아닌 그레이 존 또는 회색지대라고 얘기합니다.

그래서 연명치료 거부선언을 미리 하시는 분들 많잖아요. 5단계 부정, 분노, 타협, 침체와 절망, 그리고 수용. 전범선 씨나 강유정 교수님은 어느 단계까지 갈 것 같아요?

전　　이 단계는 자신의 죽음을 받아들이는 방법이 잖아요. 자신의 죽음을 승화시키는 건데 그만큼 중요한 것이 그 죽음을 사회나 공동체가 어떻게 받아들이느냐, 하는 것이라고 봐요. 그게 대

> ● **MZ세대**
>
> 1980년대 초~2000년대 초 출생한 밀레니얼 세대와 1990년대 중반~2000년대 초반 출생한 Z세대를 통칭하는 말이다. 디지털 환경에 익숙하고, 최신 트렌드와 남과 다른 이색적인 경험을 추구하는 특징을 보인다.
>
> 출처: 시사상식사전, pmg 지식엔진연구소

부분의 경우에는 애도하며 함께 슬픔을 나누는 건데 그게 저희 같은 MZ세대●는 주로 온라인상에서 이뤄지게 되고 특히 코로나 시대에는 장례식도 제대로 못 치르잖아요. 그리고 절하고, 돈 주고, 술 먹고 그런 전통적인 장례방식에 대해서 반감을 갖는 경우가 많은데 그걸 또 대체할 수 있는 어떤 또 새로운 문화가 자리 잡지 못한 것 같아요. 그래서 우리 사회가 특히 젊은 세대가 공적인 죽음을 맞이했을 때 충분히 애도하고 승화하는 과정을 못 거치는 게 아닌가 싶어요. 그래서 죽음이 어떤 분노로 이어지거나 원망으로 이어지는 경우가 많지 않나 생각합니다.

개인적 차원의 5단계가 아니라 사회적 차원의 5단계도 생각해봐야 한다.

정　　사회적 차원의 5단계를 얘기하시니까 좀 덧붙이겠습니다. 치료를 포기하고 러시아로 돌아간 다제내성 결핵 환자도 결국은 이런 단계를 거쳐 수용했을 거예요. 가족을 위해서 자기 죽음을 받아들이고 러시아로 떠난 것이죠. 하지만 우리가 그의 선택을 긍정할 수는 없지 않습니까? 결국, 그의 가족과 사회에 더 큰 피해를 주게 되니까요. 우리가 죽음의 격차를 이야기했는데요. 이런 안타까운 수용이 생기지 않도록 우리 사회의 변화가 필요합니다.

죽음과 예술

본인이 읽은 책이나 영화 중에 죽음을 생각하게 했거나 떠올리게 한 인상 깊은 작품이 있나요?

유　　네. 많이 있는데요. 지금까지 읽었던 책들 중에 마지막이 죽음으로 가는 경우도 꽤 많았어요. 영화도 그렇고요. 저는 〈미 비포 유〉라는 영화가 생각나는데요. 이 영화는 우리가 막연하게 알고 있는 안락사에 대해 이야기하는데, 실질적으로 죽음 앞에 섰을 때

과연 우리가 어떤 상태로 맞이할 수 있을까 고민해볼 수 있는 영화입니다. 간략하게 줄거리를 말하자면 건실하고 잘생긴 젊은 사업가가 사고로 사지 마비가 됩니다. 그러면서 굉장히 낙심하고 의학적으로도 더 이상 고칠 수도 없고 극복할 수도 없을 거라고 스스로 판단해서 스위스 병원에 안락사를 신청합니다. 그런데 그걸 기다리는 중에 간병하던 여성과 사랑에 빠지게 됩니다. 그런데 스위스 병원에서 연락이 온 거예요. 죽으러 오라고.

스위스는 적극적 안락사가 합법화된 나라이니까 그런 설정이 가능하군요. 전범선 씨는 어떤 작품이 떠올라요?

전　　저는 사실 자연 다큐멘터리가 떠오르는데요. 자연 다큐를 보면 삶과 죽음이 계속 나오잖아요. 계속 먹고 먹히는 관계가 비춰지는데, 사실 이런 현상은 저와 별개로 생각했었어요. 그런데 최근에 내가 죽어서 시체가 되면, 그것이 다 분해되어서 땅으로 돌아가겠죠. 그러면 지금은 제가 버섯을 먹고 있지만 조금 더 있으면 버섯이 저를 먹을 거잖아요. 그 생각을 하니까 오히려 마음이 편해지는 기분이 들더라고요. 사실 가장 아름다운 예술작품이라고 하면 언제나 자연이 아닌가 하는 생각도 드는데요.

유　　그래서 나이드신 분들은 〈신비한 동물의 세계〉 같은 프로

　　　　　　　　　　　한국인을 읽는다

그림을 그렇게 좋아하시잖아요.

그리고 그런 자연 생태 다큐멘터리를 보면 저절로 어떤 본성이나 본능을 확인하게 되고 치장 같은 격식이 사라지죠. 단순해지고요.

정   저는 〈파이란〉이라는 우리나라 영화를 펑펑 울면서 봤어요. 여주인공 파이란은 중국에서 온 이주 노동자예요. 그런데 덜컥 결핵에 걸리고 맙니다. 제가 아르메니아에서 결핵 환자들을 많이 봤기 때문인지 그런 파이란이 더 안타깝게 느껴졌습니다. 더구나 이 영화는 기본적으로 사랑 이야기인데, 남녀 주인공이 한 번도 만나질 않아요. 그래서 더 비극적이었습니다. 남자 주인공 강재는 조직 폭력배인데 두목의 살인죄를 뒤집어쓰기로 합니다. 대신 출소 후 자신의 소망이었던 고깃배를 받기로 하죠. 그런데 어느 날, 위장 결혼한 아내 파이란이 죽었다는 연락을 받아요. 기억조차 못 하고 있었지만, 법적으로는 남편이니 수습하러 갑니다. 그리고 파이란이 강재에게 남긴 편지를 받아요. '자신과 결혼해줘서 고맙다, 당신이 결혼해줘서 너무 행복했다'라는 내용이었죠. 강재는 오열합니다. 그리고 조직 두목과 약속을 어기고 집으로 돌아갑니다. 당연히 그는 자기 선택의 결과를 알았겠죠. 죽음이 기다리고 있다는 것을요. 그는 왜 그런 결정을 했을까. 사람들은 흔히 죽음의 공포가 가장 커다란 공포라고 하잖아요. 인간은 죽음을 피하려고 무엇이든 한다고요. 하지만 죽음보다 더한 공포가 있습니다. 저 역시 구호 현장에서 그것을 목격했고요. 파이란은 강재가 만나본 적도 없는 아내였어요. 하지만 파이란은 강재가 세상에 존재하는 것만으로 행복했습니다. 자신의 존재만으로 누군가 행복하다. 강재는 존재만으로 행복을 주었던 사람으로 남기를 원했던 것이 아닐까요? 기꺼이 죽음을 선택한 의미가 저에게 깊은 감동을 주었습니다.

사실상 편지를 읽기 전까지는 자기 삶의 의미를 몰랐던 거예요. 영화에 그렇게 그려지는 거죠. 강유정 교수는 작품이 아니라 《죽음은 예술이 된다》라는 책까지 내셨는데요. 어떤 작품이 죽음을 떠올리게 했나요?

강　먼저 〈헝거〉라는 작품이에요. IRA* 활동을 하던 한 남자가 왕립 교도소에서 단식 투쟁을 하다 죽는 이야기예요. 그런데 교도소 안에서 단식 투쟁을 하면 가만히 죽게 내버려 둘 리가 없잖아요. 계속 수액을 놔주고 어떻게든 살리려고 하는데 이 사람의 죽고자 하는 의지를 꺾지 못하는 거죠. 너무 충격적이었던 게 제가 어렸을 때 역사를 배우면서 항일 투사가 나라를 위해 목숨을 바쳐 죽는다는 개념이 굉장히 추상적이었어요. 그런데 그 영화를 보면서 '내가 뜻한 바를 위해서 인간이 자연의 원칙을 위배하면서 스스로 죽음을 향해 달려가는 의지라는 게 정말 있나?' 하는 생각에 너무 충격적이었고 실제로 그 배우도 키가 180cm가 넘는데, 14kg을 감량했다고 해요. 거의 죽을 정도로 감량했다고 하더라고요. 인간에게 신이 주입해준 최초의 프로그램이라면 '살아라'일 텐데 그걸 넘어서는 의지는 과연 뭘까, 하는 궁금증이 생기면서 가장 최근에 죽음에 대해서 가장 선명하게 기억에 남는 영화기도 해요.

● IRA(Irish Republican Army)

영국령 북아일랜드와 아일랜드공화국의 통일을 요구하는 반(半)군사조직. IRA의 실체는 영국으로부터의 완전독립을 목표로 하는 의용군이었다. 아일랜드 자유국(Irish Free State)의 성립(1922)과 함께 분열하였고, 아일랜드 자유국→에이레→아일랜드공화국으로 이어지는 체제의 과정을 인정하지 않으면서 무력투쟁을 계속하는 세력이 IRA의 명칭을 계승하였으나, 이들은 자체분열을 되풀이하여 현재는 프러비저널(Provisional)과 오피셜(Official)의 두 파로 갈라져 있다.

출처: 두산백과

또 하나 있다면요?

강　〈사일런스〉라는 영화인데요. 이 영화는 일본의 '엔도 슈사쿠'라는 소설가가 쓴 《침묵》이라는 소설이 원작입니다. 이 영화에서는 스페인에서 수사*들이 일본에 가게 됩니다. 그런데 일본이 말 그대로 선교의 지옥인 거예요. 차라리 자신을 괴롭히면 오히려 아주 기쁘게 순교할 수 있는 수사들일 텐데, 수사가 아닌 신도들을 괴롭혀요. 어떤 식이냐면 바닷가에 거꾸로 매달아서 조금씩 치는 파도에 익사를 시키거나, 온천물을 조금씩 떨어뜨리고 사람을 담가서 서서히 익혀 죽여요. 그걸 보게 하면서 지금이라도 배교를 하면 모든 사람을 살려주겠다고 합니다. 그런

데 수사가 하느님께 목소리를 들려달라고 해요. 하느님의 목소리를 들려주면 자신이 배교하겠다고 하는데, 결국 제목처럼 사일런스, 하느님의 목소리는 들리지 않고 침묵만 있다는 내용입니다. 그 영화를 보면서도 낯선 외국 선교사들을 뭘 믿고 스스로 '수사님 전 괜찮습니다' 하며 죽을 수 있을까. 저는 인간이 자기를 위배하면서 저렇게 죽음으로 달려가는 게 미스터리이기도 하고 위대함이라고 느끼기도 했습니다.

두 작품은 인간의 본성과 본능을 거스르는 이념과 신념 그리고 종교 때문에 스스로 죽음을 선택하는 이야기를 담은 작품들이네요.

강 맞아요. 그런 작품들을 보면서 또 이건 또 뭘까, 하는 의문이 들어요. 죽음을 두려워하고 그래서 순화하고 어떻게든 거리두기를 하면서 내 것으로 받아들이는 과정까지는 제가 이해가 가지만, 이것을 넘나드는 것은 제 사고방식으로는 아직 이해하기가 힘들

어요.

이처럼 문학작품이나 영화를 통해서 그런 궁금증을 자아내기도 하지만 다양한 죽음의 모습들을 보면서 본인의 죽음에 대한 공포나 두려움 이런 것들이 조금씩 줄어들기도 할 텐데, 그런 경험들이 있나요?

유 사실 자신의 죽음을 대비한다는 것은 죽음 이후에 내가 어떤 상태로 놓일 것인가를 고려하는 것도 포함하고 있어요. 예를 들면 《관촌수필》의 이문구 작가도 세상을 떠나기 전에 문학상 만들지 말고, 제사 지내지 말고, 가끔씩 식사하면서 자기 생각을 해달라고만 했죠. 그렇게 죽은 후의 자기 위치까지 고려하는 것도 죽음을 준비하는 것이라 생각합니다.

전 강유정 교수님이 죽음에 대한 연민은 주로 같은 종이나 같은 집단에 속한 사람들로 한정된다고 하셨는데요. 그 말은 집단에 속하지 않은 자들의 죽음이나 완전한 타자의 죽음에 대해서는 한편으로 희열을 느끼는 경우가 있다는 거예요. 최근에 〈제로 다크 써티〉라는 영화를 다시 봤어요.

오사마 빈 라덴●을 미국 정부에서 추적해 들어가서 사살하는 과정을 그린 영화죠.

전　영화는 테러집단 알
카에다가 죽음을 초월한 어
떤 신념 때문에 비행기를 납
치해서 자살 폭탄 테러를 하
는 걸로 시작합니다. 그 테러
로 인한 죽음은 영화의 입장
에서 봤을 때 우리의 죽음인
거죠. 반대로 오사마 빈 라
덴의 죽음은 철저하게 타자
화된 악마의 죽음이고요. 저
는 빈 라덴을 찾아 사살하
는 과정을 보여주는 이 영화
를 보면서 엄청난 희열을 느

● 오사마 빈 라덴(1957~2011)

사우디아라비아 출신의 국제 테러리스
트. 이집트 과격단체들과 동맹을 맺고
막대한 부를 바탕으로 자신이 조직한
테러 조직 알카에다를 통해 국제적인
테러를 지원하기 시작하였고, 미국 대
사관 폭탄 테러와 2001년 9·11 미국대
폭발테러 등의 배후자로 지목되었다.
테러 이후 2001년 10월 말 미국은 그
가 숨어 있는 아프가니스탄에 대해 전
면전 공격과 국제 테러 조직들에 대해
무차별 응징을 선언했다. 수년간 은신
생활을 해온 오사마 빈 라덴은 2011년
5월 파키스탄의 수도인 이슬라마바드
외곽에 있는 한 가옥에서 미군 특수부
대의 공격을 받고 사망하였다.

출처: 두산백과

꼈거든요. 게다가 실제로 그 죽음이 있었을 당시 저는 미국에서 대
학생이었어요. 그날 제가 엄청난 파티를 했던 기억이 납니다. "오사
마 빈 라덴 죽었다!" 외치면서, 물론 제가 주도하진 않았지만 학교
친구들이 모두 다 한밤중에 뛰쳐나와서 환호했어요. 그때 기억이 나
면서 한편으로는 '내가 한 사람의 죽음을 이토록 즐거워해도 되나?'
하는 생각이 들었어요. 그래서 두려웠던 건 영화 끝날 때쯤에 그 오

사마 빈 라덴 역할을 한 사람의 시체가 나오면 기분이 어떨까 했는데, 그 모습은 안 보여주더라고요. 다 같은 사람이지만 사람에 따라 이렇게도 다양한 감정이 존재한다는 게 좀 간사하지 않나 하는 마음도 들었습니다.

죽음을 소재로 또는 주제로 한 다양한 문학, 영화 작품들 중에서 또 죽음으로 인해서 상실에 빠진 사람들을 위로하는 내용도 많지 않습니까? 무라카미 하루키의 《상실의 시대》라는 책에서 강유정 교수는 "모든 사물과 나 자신 사이에 적당한 거리를 둘 것."이라는 문장에 밑줄을 그었다고요? 그런데 거기서 모든 사물 대신에 죽음을 넣어 보고 싶다고 하셨는데요.

강　　　네. 제가 《타인을 앓다》라는 비평집을 썼는데요. 타인을 앓는 직업이 비평가의 직업이라고 생각을 했거든요. 남의 고통을 내 것처럼 느끼는 거죠. 그러나 무조건적인 몰입이 꼭 좋지는 않다고 생각해요. 결국은 적당한 거리를 두는 것은 나 자신을 위해서죠. 아주 이기적이지만 가장 안정적인 보호막이 되는 듯하고요. 그리고 세상을 바로 보는 태도 중에 하나도 이 적당한 거리감인듯해요. 아무리 가까운 이의 죽음이라 해도 내 것이 아닌 이상은 사실은 타자의 죽음일 수밖에 없는 상황에서, 먼 죽음과 가까운 죽음을 나눌 것이 아니라 죽음 자체에 대한 적당한 거리를 두는 것이 매우 필요한 태도가 아닐까 합니다.

또 "성장하기 위해서는 한 번쯤 상징적인 죽음을 거쳐야 한다."라는 문장도 썼는데요.

강　　진짜 죽으면 안 되는 거죠.《죽은 시인의 사회》나 《월플라워》같은 소설에서는 10대 아이들이 성장통을 겪으면서 방황하고 죽음의 고비를 넘기는 모습이 그려지는데요. 누구나 경미하든 중대하든 10대에 성장통을 겪고, 또 우울증을 겪는 사람도 있잖아요. 그 과정에서 안전하게 성장하는 아이들이 있는가 하면 성장통을 실제 죽음과 맞바꾸는 친구들도 꽤 많이 있고 영화화된 작품들도 많이 있어요.

《죽은 시인의 사회》에서는 한 학생이 스스로 목숨을 끊죠.

강　　자기의 세계를 가지라고 했던 키팅 선생님의 말을 세계와 세계의 대결 구도로 받아들이다 보니 결국 자기 세계를 없애는 쪽을 선택한 친구가 나오는데요. 저는 아주 예민한 친구들은 지금도 경험할 거라고 보고 20대도 마찬가지라고 봐요. 그러나 진짜 죽으면 안 되고 이 죽음을 상징적인 죽음으로 한번 경험하는 게 필요해요. 새가 알을 깨고 나오듯이 한 세계를 깨어내는 데 상징적 죽음이 필요한 거지, 실제 등가가치로 교환해선 안 된다는 거죠. 그래서 저는 수많은 영화나 문학을 통해서 이런 고민들과 죽음을 간접적으로 겪는 게 상징적인 죽음이 될 거라는 생각이 듭니다.

상징적인 죽음이 삶에 주는 의미

정상훈 선생님이 아르메니아나 레바논, 시에라리온 이런 곳에서 접한 수없이 많은 죽음은 선생님 개인에게는 상징적인 죽음이었을 수도 있겠네요. 자신의 생의 의지나 삶의 의미를 되찾게 해준 그런 순간이 되었기 때문에요.

정　　말씀을 듣고 보니 떠오르는 일이 있어요. 아르메니아에서 제가 맡았던 결핵 환자의 장례식에 간 적이 있습니다. 아까 아르메니아에서 제가 환자들에게 감정이입을 강하게 했다고 말씀드렸죠. 그 환자는 공교롭게도 저와 동갑인 남성이었고, 다제내성 결핵에 악성 중피종이라는 암까지 앓고 있었어요. 저는 그가 암 치료에도 국경없는의사회의 도움을 받을 수 있도록 뛰어다녔어요. 그 환자는 결국 죽고 말았습니다. 그때 저는 그 환자가 되어서 그의 의지대로 살았던 것 같습니다. 거부할 수 없는 힘에 이끌려 장례식까지 참석했으니까요. 어쩌면 그 사건이 저에겐 상징적 죽음이었을 수도 있겠습니다.

전범선 씨도 혹시 그런 10대 때 겪었던 상징적 죽음 이런 게 있나요? 본인을 성장하게 해준 경험이요.

전　　그런 것은 없었던 것 같은데, 오히려 뒤늦게 20대에 와서 가까운 사람들의 죽음을 겪으며 생각하게 된 것 같아요.

아버님의 죽음이 그런 의미가 있었겠네요.

전　　네, 아버지의 죽음이 대학원 졸업하고 진로를 고민할 때였는데요. 그 이전에 10대 때는 무한경쟁의 교육제도에서 말 그대로 이기기 위한 공부에 모든 것을 쏟다 보니, 죽음은커녕 사실 주위를 챙기기도 힘들었던 것 같습니다. 요즘 우울증이나 자살 이런 게 많은 이유 중 하나도, 우리가 자라면서 죽음과 삶에 대해서 심도 있게 고민할 수 있는 기회가 적기 때문이 아닌가 싶어요.

강유정 교수는 책에 "죽을 만큼 괴로운 게 10대다. 예민한 영혼에게는 더욱 그렇다. 10대에 더 많은 문학과 예술을 접해야 하는 이유도 여기에 있을 것이다."라고 썼어요. 강유정 교수님이 특히 10대 때 예민했어요?

강　　저는 그랬던 것 같습니다. 그래서 정말로 많은 영화와 문학에서 스스로 위안과 힘을 받았어요. 저로서는 문학적 전도인 셈이죠. 그러니까 제가 느꼈던 영향력을 같이 나누고 싶다는 생각이 들고요. 그리고 '고통은 단수다'라는 표현이 있거든요. 내 고통은 안 나눠지는 듯해요. 몸으로 느끼는 고통도 말이죠. 오죽하면 1부터 10까지 나눠서 물어보겠습니까? 객관적인 수치가 없어서 그럴 텐데요. 예민한 영혼을 가진 친구들은 똑같은 10대라도 같은 경험에서 더 큰 걸 느껴요. 그런 친구들에게는 문학이나 영화를 통한 간접 체험이 주는 치유 효과 또는 백신 효과가 굉장히 크다고 생각을 하고요. 점점 그 고통이라는 말에 더 예민해지게 되는 것 같아요. 연민을 뜻하는 말인 'compassion'의 어원을 살펴보면, 'com-'이 '같이하다'고 '-passion'이 히랍어로 '파토스' 즉, '고통'이라는 말에서 기원한 것이라 하더라고요. 즉 연민을 느끼는 것도 결국은 타인의 고통을 느끼는 작업인데요. 동병상련이라고 잘 아파본 사람이 타인의 아픔도 잘 공감할 수 있다고 생각해요. 내가 아파서 처음에는 치유책처럼 책이나 영화를 찾지만 결국 그런 습관을 통해서 타인의 고통을 좀 더 잘 이해할 수 있는 열쇠를 하나씩 갖게 되는 거 아닌가 생각합니다.

문학작품이나 영화를 통해서 개인적인 성장을 도모할 수 있다고 얘기하셨는데, 다른 사람들에게 권하고 싶은 작품이 있나요?

강   저는 《파이 이야기》라고 얀 마텔의 소설인데요. 이안 감독이 영화로도 만들었습니다. 한 소년이 호랑이와 배를 타고 가는 이야기인데요. 인도 소년이 호랑이와 227일간 표류하는 데 성공하게 됩니다. 왜 성공이라고 하냐면 표류하다 결국 멕시코만에 닿아서 살아남기 때문인데요. 이 소년이 성공할 수 있었던 이유는 두 가지에요. 하나는 이 친구 이름이 원래 '피신'이었는데 영국식 발음으로 '오줌싸개'라서 친구들에게 놀림을 받습니다. 그래서 자기 이름을 '파이'라고 바꿔 불러요. 파이가 무한대 수잖아요. 1교시 끝나서는 10개 외우고, 2교시 끝나서는 20개 외우고, 7교시 끝날 때쯤에는 칠판 한바닥을 다 외워버리거든요. 그랬더니 그다음 날 친구 누구도 이 소년을 피신이라고 부르지 않고 파이라고 불러주기 시작하는 겁니다. 제가 여기서 왜 감동을 받았냐면 이름은 자신이 짓는 게 아니잖아요. 대부분 운명처럼 부여받는데요. 이 친구는 하루의 노력으로 무한대의 숫자를 외워서 이름이라는 운명을 바꾼 능력자라는 거죠. 저는 그래서 항해할 수 있었다고 보고요. 두 번째는 함께 표류한 호랑이한테 잡아먹히지 않기 위해 매일 낚시를 해요. 낚시하고 호랑이 밥을 주느라 날짜 세는 것도 까먹어요. 그래서 제가 아까 말한 백신효과처럼 내일의 카드값이 나를 살릴 수도 있다고 저는 생각을 해요. 적당한 삶의 긴장과 약간의 어려움들이 도리어 인생을 더 탄력 있게 만들 수 있고, 정말 이 호랑이를 먹이느라 바빠서 200일이 넘는 표류를 잊을 수도 있었다는 생각이 들어요.

한국인을 읽는다

저는 〈엄청나게 시끄럽고 믿을 수 없게 가까운〉이란 영화가 생각나는데요. 911테러로 아버지를 잃은 어린 소년이 상황을 극복하는 과정과 정신적으로 회복할 수 있게 돕고자 함께 노력하는 주변 어른들의 모습이 극적으로 그려지는 영화입니다. 그래서 이런 영화는 그냥 죽음 그 자체의 의미보다 죽음 때문에 살아남은 자들이 겪는 아픔과 슬픔 그리고 그것을 우리가 또 어떻게 어루만져야 할지 생각하게 하는 이야기여서 사회적으로 굉장히 의미가 있는 작품 같더라고요.

죽음 이후의 삶

정상훈 선생님은 책에 "일상 그것은 내가 두려워하는 것이었다. 지하철에서 이를 악물던 때가 떠올랐다. 나는 매일 영어학원을 다녔다. 인생은 살 만한 가치가 있는가? 나는 스스로 물었다. 그리고 여전히 그 질문에 답할 수가 없었다." 이런 고백을 하셨잖아요. 이제 우울증이 극복되어 가는 과정에서 쓴 내용인데, 지금은 살 만한 가치가 있는가에 대한 답을 찾으셨나요?

정   아마 찾았기 때문에 책을 마무리할 수 있었겠죠. 시에라리온에서 에볼라 대응 활동을 할 때였어요. 에볼라에 걸린 다섯 살짜리 어린이가 열에 들떠 고통을 호소했어요. 에볼라에 걸리면 목구멍이나 관절에 통증이 심합니다. 하지만 에볼라 역시 치료제가 없었어요. 해열진통제를 최대 용량으로 써도 고통이 가라앉질 않았죠. 그래서 모르핀까지 썼어요. 그러니까 드디어 고통이 잦아들고 아이가 잠에 빠지더라고요. 제가 어린이한테 모르핀을 쓴 것은 그때가 처음이었어요. 한국에서는 쓸 일이 없기 때문이죠. 그날 새벽 방호복을 입고 병동으로 들어가 자는 아이 옆에 앉았습니다. 그 아이를 위해 의사로서는 더는 해줄 수 있는 것이 없었거든요. 아이는 결국 그날 새벽을 넘기지 못했습니다. 저는 가만히 그 아이의 손을 잡아주었어요. 그러자 하나의 결심이 떠올랐습니다. '나는 살아서 이곳에 와야만 했다, 그랬어야 했고 앞으로도 살아야만 한다' 그것이 제 책의 결론이었습니다.

그리고 그 다섯 살 아이를 내가 죽음에서 구해낼 수는 없었지만 아이 옆에서 손을 잡아주는 것. 그것만으로도 삶의 의미가 되더라는 거죠.

정　저에게는 무척 큰 깨달음이었어요. 아이의 마지막 순간 제가 해준 것은 의사로서 해준 것이 아니거든요. 방호복을 입고 에볼라 병동에 들어갈 용기가 있는 사람이라면 누구나 해줄 수 있는 일이었습니다. 손을 잡아준 것이 그 아이에게 도움이 되었다면, 그것은 의료행위가 아니라 저의 존재 자체였던 것이죠.

유성호 교수님, 과거에 WHO(세계보건기구)에서 "20대에게 자살에 대한 강의를 하지 마라. 60대한테는 죽음에 대한 강의를 하지 마라." 이런 권고를 했었다가 철폐된 적이 있대요. 오히려 죽음에 대한 강의를 하는 게 더 효과적이었다는 거거든요.

유　　아마 이게 옛날 얘기일 겁니다. 옛날에는 죽음이라는 단어 자체가 왠지 불경스럽고 두렵고 피하고 싶은 단어이기 때문에, 특히 아이들한테 죽음이라는 얘기를 하는 것 자체를 싫어하는 사람들이 많았는데요. 실제로 최근에 아이들을 대상으로 죽음에 대해 알려주는 동화가 꽤 나와있을 겁니다. 젊은 사람들이나 나이 드신 분들한테 강의하면 한쪽은 싫어할 것 같고 한쪽은 더 싫어할 것 같은데요. 실질적으로 강의를 해보면 다들 성숙하게 강의 내용을 수용할 자세를 갖추고, 본인에게 발전적인 방향으로 학습합니다. 그러기 때문에 이제는 죽음이 회피할 단어라는 생각은 구시대적인 게 되었고요. 지금도 저희가 죽음이라는 단어를 꺼내서 공공연히 이야기를 나누고 있다는 것 자체가 사회가 변했다는 거겠죠. 분명히 효과가 있고 앞으로도 많이 진행되어야 합니다.

유성호 교수님과 정상훈 선생님이 의과대학 다닐 때 죽음에 대한 강의를 들은 적 있어요?

정   그때는 거의 없었습니다. 죽음은 질병과 노화의 필연적인 결과이잖아요. 하지만 의사로서는 질병 상황에서 일정 퍼센트의 확률로 나타나는, 그래서 의사가 반드시 막아야만 하는 비극적인 결과라고 배웠을 뿐이었어요. 단지 생의 과정으로서 받아들이고 숙고할 기회는 없었습니다.

유   90년대 교육에서 죽음은 물리쳐야 하고 우리가 피해야 하는 과정으로 봤는데요. 지금은 강의에 '좋은 죽음'이라는 게 있습니다. 환자가 어떻게 자신의 삶을 잘 마무리하게끔 도와줄 수 있는지 고려하는 프로그램이 있어요. 죽음학 교과서도 올해 나옵니다. 저도 필자 중의 한 사람이고요. 그 정도로 이제는 뭔가 회피할 단어

> **● 생사학(Thanatology)**
>
> 생사학은 인간의 죽음과 생명의 문제를 다룬다. 서양에서는 죽음의 과정과 의미에 대한 사색과 연구가 'Thanatology'라는 학문으로 오래 전부터 정착되어 왔다. 서양의 죽음학은 죽음과 생명을 대립 관계로 보고, 죽음에 대한 공포와 존재의 불안을 극복함으로써 궁극적으로 삶의 의미를 더 높은 차원에서 반추하고, 그 긍정성을 모색하는 학문을 지향해 왔다. 다른 한편 동양에서는 죽음을 생명 순환의 자연스러운 과정의 일부로 이해하는 인식이 널리 공유되어 있다.
>
> 출처: 한림대학교 생사학 연구소 홈페이지

가 아닌 거죠. 연명치료 거부를 미리 선언할 수 있다는 얘기도 앞에서 했었고, 사회적으로도 '웰 다잉 운동'이 벌써 몇 년 전부터 우리나라에도 시작이 되었어요. 학문적으로도 '생사학'●이라는 분야가

있더라고요. 그 생사학을 연구하는 사람과 인터뷰하며 얘기를 들어보니까 실제로 관을 짜서 그 안에 들어가보는 경험을 하기도 하고, 일 년에 한 번씩 유서를 쓰고 고치는 이런 것도 하고요. 저는 개인적으로 관에 들어가는 것은 추천하고 싶지 않습니다. 트라우마가 생길수 있거든요. 나쁜 건 아니지만 약간 폐쇄공포증이 있는 사람은 조심해야 될 체험이기도 해요.

전　　최근 20대 친구들 중에서 영정사진을 찍는 친구들이 많아요. 실제로 영정사진만 전문적으로 찍어주는 20대 사진가도 알고 있는데요. 저는 아직 해보지는 않았지만 관에 들어가보는 경험과 비슷한 효과가 있지 않을까 생각합니다.

미리 경험해본다는 의미로 여러 가지 시도들이 있는 거네요. 유서를 써보거나 자기 묘비명을 떠올려보기도 하는데, 혹시 이런 거 생각해본 적 있어요?

유　　저는 유서를 쓴 적이 있어요. 실제로 죽으려고 쓴 건 아니고요. 유언에는 여러 가지를 쓰게 됩니다. 대부분의 사람들은 남겨둔 재산에 대한 분배 같은 걸 생각하시는데 일반 사람들은 이런 걸쓰기보다는, 죽은 뒤 나를 어떻게 생각하면 좋을지, 남은 자들은 슬픔을 어떻게 견디기를 바라는지 그리고 내가 얼마나 사랑했는지 이런 것들을 써요. 저는 공개적으로 얘기한 적도 있었습니다. 써보면 굉장히 마음이 정화돼요. 그리고 장강명 작가는 매해 말일에 아내와 함께 쓴다고 합니다. 그다음에 엉엉 울고 그다음 해에 새로운 마음으로 시작한다고 해요. 그래서 저도 매년 리뉴얼합니다. 그리고 묘비명보다는 부고를 한번 써보는 게 어떨까 해요.

자기 부고를 자기가 써요?

유　　보통 대부분 사람들의 부고는 아들딸이 쓰는데요. 외국의 부고를 보면 '굉장히 사랑했던 엄마', '파이를 잘 구웠던 아빠' 그리고 '나를 사랑해줬던 누구'라며 자식들이 써냅니다. 그런데 우리는 '누구 교수 부친상'이런 식이잖아요. 죽은 당사자는 온전히 없어지고 또 어떤 삶을 살았는가는 사라지죠. 자신의 부고를 직접 써보고 외국의 부고를 한번 참고해보면 내가 어떤 사람일지, 앞으로 어떻게 인생을 살아야 할지 굉장히 도움이 된다고 해요. 그래서 저는 꼭 부고랑 유서는 한 번씩 꼭 써보라고 권합니다.

강유정 교수님은 해본 거 있어요?

강　　저는 일기를 꾸준히 쓰는 게 제 삶의 목표이기 때문에 만약에 내일 죽는다면 오늘까지 쓴 일기를 길게 유언으로 남기려는 생각이 있어요. 《뉴욕타임즈 부고 모음집》이라는 굉장히 두꺼운 책이 있는데요. 뉴욕타임즈의 부고란을 모아놓은 책이예요. 한사람에 대한 평가를 위해서 부고 담당 기자가 존재하고, 그 기자가 죽은 이의 생애를 굉장히 책임감 있게 준비하는 걸 보면서 인상 깊었습니다.

제가 본 어떤 작품은 작은 글씨로 수없이 많은 유명한 사람들의 묘비명 내지는 그 사람이 죽으면서 한 마지막 말들을 쭉 십자가 모양으로 새긴 것이었어요. 그걸 천천히 읽고 있으니 저절로 마음이 정화되는 것 같더라고요. 유성호 교수님이 책에서 "죽음을 준비하는 활동이란 특별하지 않다, 삶을 열심히 하는 것이 곧 좋은 죽음이다." 이렇게 썼잖아요. 어찌 보면 당연한 얘기 아니에요?

유　　원래 당연한 얘기가 제일 진리입니다. 저는 인생이라는 게 내동댕이쳐진 굉장히 외로운 존재라고 생각해요. 그렇기 때문에 주어진 삶의 의미라는 건 없고, 사실은 굉장히 외로운 사람들끼리 서로 같이 살고 있는 건데요. 이때 열심히 산다는 것, 그리고 최선을 다해 산다는 것은 스스로 삶의 의미를 찾아서 사는 거라 생각해요. 사람들은 실존적으로 모두 외롭잖아요. 그렇지만 나에게 씩 웃어준 사람의 손을 따뜻하게 잡아주는 것과 같은 게 사실은 가장 최선을 다해서 열심히 사는 거 아닐까 생각해요. 그래서 제가 책에는 이런 얘기를 썼습니다. "사랑하는 사람에게 평소 사랑한다는 말 하기."

이거 하시나요?

쑥스러워서 잘 못 하죠.

유　　꼭 하셔야 해요. 특히 이성에게는 꼭 해야 합니다. 살면서 하고 싶은 리스트를 적어 놓는 걸 '버킷 리스트(Bucket List)'라고 하잖아요. 그런데 죽기 전에 꼭 하기 싫은 것의 목록을 '덕킷 리스트(Ducket List)'라고 합니다. 미국에서는 좀 핫한 용어인데요. 예를 들면 직장 상사랑 단둘이 술 먹기라든지 내 인생에서 절대 하고 싶지 않은 리스트를 만드는 거예요. 그런데 그런 걸 리스트로 만들어 조금씩 해보는 것도 좋을 것 같아요.

　제가 최근 읽은 책 중에 《내가 죽은 뒤에 네가 해야 할 일들》이라는 책이 있는데요. 엄마가 죽은 이후에 딸이 어떻게 해야 하는지 엄마가 직접 써주는 책이에요. 자식에게 너무 슬퍼하지 말고 내가 가르쳐준 대로 하라는 말과 함께, 요리도 스스로 해먹을 수 있도록 레시피도 적어준 따뜻한 책이에요. 또 허영만 선생님의 《식객》이라는 만화를 보면 모친상을 당했는데 육개장을 먹는 자신이 한심하게 느껴진다고 하는 대목이 있어요. 하지만 당연히 어머니 입장에서는 자식이 육개장을 먹기를 바랄 것 아니에요. 이렇게 내가 죽은 뒤에 남은 사람들을 위해, 미리 해줄 수 있는 여러 가지 것들을 한번 생각해보고 미리 준비해보는 건 어떨까 생각해요.

　　　　　　　　　　　　　　한국인을 읽는다

뭐 어찌보면 상식적인 삶인데 꾸준히 지키기가 어려운 거겠죠. 강유정 교수님, 혹시 열심히 사는 본인만의 비법이 있을까요?

강　저는 여전히 제가 아직 정신적으로 어리다는 생각이 드는 게, 세상에 질투나는 사람이 많더라고요. 나이를 이렇게 먹어도 별의별 것들이 질투가 나는 거죠. 욕심이 많아서요. 그러면서 뭔가 내 뜻대로 되지 않는 일들이 있다는 걸 머리로는 아는데도 가슴으로 잘 안 받아들여져요. 그런 걸로 힘들 때 저는 루틴을 만들기도 하고 루틴을 바꾸기도 하는데요. 그게 저의 잘 사는 비법 중 하나입니다. 가령 일주일에 운동하는 횟수를 정해 놓고 다른 활동도 루틴에 맞게 생활을 하다가 거기에 새로운 루틴을 추가하는 거예요. 최근에는 새로운 피아노 곡 연습을 시작했는데요. 마지막이 조금 어려워서 4분의 3쯤만 완성한 곡이 있어요. 이걸 완성해보자 결심해서 조금 루틴을 바꿨어요. 정형화된 생활이 생각보다 삶을 무료하게 만든다 싶을 때는 이렇게 할 수 있는 것 안에서 조금씩 루틴을 바꿔보는 게 상당히 효과가 있습니다.

정상훈 선생님도 자기만의 열심히 사는 비법이 있을까요?

정　이 자리 처음에 삶의 의미를 찾았냐고 물어보셨잖아요? 그 질문의 답과도 이어질 텐데요. 구호 활동에서 돌아온 지금, 저는

'나를 어떻게 지울까?' 늘 고민하고 있습니다. 이것은 저의 목표이자 추구하는 방향이기도 합니다..

나를 지워요? 어떻게?

정　앞서 영화 《파이란》 이야기했잖아요. 존재만으로 파이란을 행복하게 해줬던 자신을 지키기 위해 강재는 죽음을 선택했다고요. 그리고 죽어가는 시에라리온 어린이 앞에서 발견한 것도 저의 존재 자체였습니다. 그러니까 다른 무엇이 아니라 존재 자체인 인간, 또는 '보편적인 인간'으로 존재하는 것이 제 목표입니다. 이런 생각으로 저를 이끈 것은 무력감이었어요. 갈라진 세계 앞에서 깊은 무력감을 느꼈죠. 인간은 죽음과 싸워서 이길 수가 없잖아요. 그렇다고 세상을 당장 어떻게 바꿀 수 있는 것도 아니죠. 물론 무력감에 빠져서는 열심히 살 수 없습니다. '자아'가 아니라 보편적인 인간으로 존재하며, 어디에나 존재하는 보편적 고통을 살피자. 그것만이 죽음이 던지는 무력감을 극복할 수 있는 길이라고 결론지었습니다. 코로나19 시대에 유행하는 말로 하자면 '자아와 거리두기'라고 할까요.

책에다가 "한 권의 책으로 한풀이라도 하고 싶었던 모양입니다."라는 표현을 썼는데 무슨 한풀이에요?

정　　그것은 제가 욕심을 부렸다는 고백이었어요. 처음 퇴고할 때는 구호 현장에서 만난 죽음 말고 제 개인사와 관련된 죽음도 들어가 있었거든요. 물론 그 역시 저를 무척 고통스럽게 했던 죽음이었죠. 그래서 '책에서라도 털어놓으면 홀가분해지지 않을까?' 하는 욕망이 있었나 봅니다. 그러다 문득 '자아와 거리두기'라는 제 숙제를 망각했구나 하고 반성했죠. 내가 아니라 인간의 보편적 아픔에 다가가겠다고 결심해 놓고선 말이죠. 그래서 그 죽음을 빼고 책을 냈습니다.

여기 나오신 네 분은 다 책을 쓰셨는데요. 요즘은 혼자 책 쓰기가 쉬워졌잖아요. 열심히 살기 위해, 죽음을 잘 준비하기 위해 책을 한 번씩 써보는 것도 도움이 될 것 같은데요?

전　　역사를 공부하면서 그런 걸 많이 느꼈는데요. 역사가 죽은 사람들과의 대화라고 하잖아요. 제 대학원 논문 주제가 토마스 페인이라는 미국 혁명과 프랑스 혁명에 참여했던 사람이에요. 논문을 쓰면서 그 사람이 평생 썼던 글을 다 읽었어요. 결국에는 유언장까지 읽게 되었는데, 읽으면서 눈물이 나더라고요. 저랑 전혀 상관 없는 사람인데도 불구하고 거의 일 년 넘는 시간 동안 깊숙한 대화를 나눴던 사람처럼 느껴지더라고요. 사실 지금도 가끔씩 그 토마스 페인이라는 사람이 옆에 있는 것 같아요. 그런 걸로 미루어보아 예술 작품이라는 게 죽음과 상관없이 계속 남는 거잖아요. 저는 책을 쓰고 음악을 만들면서 이게 언제나 유작이 될 수 있다는 마음을 가지지만, 영생에 대한 욕망이랄까요? 그런 것들이 많이 해소되는 느낌이 들어요. 요즘은 누구나 책을 쓸 수 있고 누구나 음악도 만들 수 있는 시대이니 그런 식으로 자기 텍스트를 남기는 것도 하나의 방법이 되지 않을까 합니다.

유 저도 책 쓰는 것 굉장히 추천합니다. 자신만의 책을 쓰면서 자기 성찰을 하는 건 삶을 풍요롭게 만드는 데 분명히 도움이 된다고 생각합니다. 저희 부모님도 그렇고 내 인생을 책으로 쓰면 대하드라마라고 생각하는 사람이 많을 텐데 써보면 좋을 것 같아요.

뭐 처음부터 몇백 페이지 책을 목표로 쓰면 못써요. 그냥 한두 장짜리부터 시작해서 차근차근 모아나가는 게 중요하죠.

강 《천일야화》*도 세헤라자데가 사실 이야기꾼이라서 살아남은 게 아니라 살아남으려다 보니까 이야기를 해서 천 하루가 지난 셈이잖아요. 모든 얘기는 '옛날옛적 누가 태어났습니다'에서 '누가 죽었습니다'로 끝납니다. 그런 걸 보면 누구나 다 자기가 주인공인 이야기를 쓸 수 있는데요. 누구에게 보여주기 위해서가 아니라 내가 보기 위해서, 내가 읽기 위해서 내 이야기를 쓰는 것도 굉장한 도움이 된다고 생각합니다.

● 천일야화千一夜話

아라비안 나이트(The Arabian Nights)라고도 한다. 주요 이야기 180편과 짧은
이야기 108여 편이 있다. 6세기경 사산왕조 때 페르시아에서 모은 《천의 이야
기》가 8세기 말경까지 아랍어로 번역되었다. 여기에 바그다드를 중심으로 다시
많은 이야기가 추가되었고, 그후 이집트의 카이로를 중심으로 계속 발전하여 15
세기경에 완성된 것이라고 한다. 작자는 한 사람도 알려져 있지 않다. 아내에게
배신당해 여성을 증오하는 샤푸리 야르 왕에게 현명한 여성인 세헤라자데가 처
형당하지 않기 위해 1001일 밤 동안 여러 가지 이야기를 들려준다는 설정으로
구성되어 있다.

출처: 두산백과

우리가 매일 죽음을 떠올리고 죽음을 생각해볼 필요는 절대로 없
죠. 그게 너무 과하면 질병이 될 수 있으니까요. 그렇게 되면 오히려
상담을 받아야 하겠죠. 그러나 가끔씩이라도 바로 이런 죽음이라는
거울 앞에 자기를 비추어보고, 특별하게 열심히 살고 잘 사는 게 중
요한 게 아니라 평범한 삶, 보통의 삶 그러나 겸손하게 사는 태도가
필요하다는 것으로 네 분의 의견이 모이는 거 같습니다. 겸손해진다
는 게 참 소중한 것 아닌가요?

정　　　앞에서 '나를 지우겠다'라고 말씀드렸는데요. 그 의미는 겸
손과 같은 맥락일 것 같습니다. 죽음을 떠올리면 겸손해지지 않을

수 없죠. 저는 죽음이 우리를 비추는 거울이라고 생각해요. 제 앞에 있는 시신, 죽음 앞에서 저의 외모, 지위, 돈, 업적이 무슨 소용이 있겠습니까. 죽음 앞에서는 모두 똑같죠. 그 시신이 나라면 더욱더 그렇고요.

유   그런데 사실은 바깥에 나가보면 영원히 죽지 않을 것처럼 생각하고 사는 사람이 대부분이에요. 이 자리에서 죽음에 대해 얘기하면서 '겸손'의 중요성을 이야기하는 것도 마무리로 의미가 있지 않을까 생각을 합니다.

영원히 죽지 않을 것처럼 사는 사람들이 많습니다. 텔레비전을 틀면 많이 나오죠. 그것 참 우스갯소리로 하는 얘기가 있는데요. 교수형 당하러 계단을 올라가다가 발을 헛디디니까 '아이고 죽을 뻔했네'라고 했다는 이야기도 있어요. 그런 게 또 인간의 삶에 대한 욕망이죠. 그걸 또 뭐라고 말할 수는 없지만 그냥 지나치지는 말자는 것 아니겠어요?

강   제가 언젠가 "죽지 않는 자가 문학에서 괴물이다."라고 표현했는데요. 죽음을 생각하지 않고, 영원히 살 것처럼 살아가는 사람도 저는 사회적 괴물이라고 생각합니다. 언젠가 죽을 수 있다는 것 그리고 주변에 죽음이 있다는 걸 생각하는 삶이 정말 인간적인

한국인을 읽는다

삶이죠. 그렇지 않으면 살아있어도 괴물의 삶이라고 말하고 싶습니다.

그렇게 보면 우리 주변에도 좀비가 있네요.

전   다큐멘터리를 보면 인간이나 동물이 죽은 뒤 땅에 묻히는데, 그 땅에서 다시 식물이 자라나더라고요. 그 순환을 보는 순간 죽음에 대한 공포나, 우리가 끝난다는 공포도 없어지지 않나 싶어요. 그것과 마찬가지로 조금 겸손해지기도 하고요. 죽음 앞에서 동물과 식물은 다 똑같더라고요. 그런 마음으로 죽음을 생각하면 좋지 않을까 합니다.

4. 돈

돈을 만드는 삶과
돈이 만드는 삶

대담자
홍익희, 유인경 그리고 전범선

대담도서
홍익희 《돈의 인문학》

홍익희

글로벌 시장에서 대한민국의 존재감이 미미했던 1978년 코트라에 입사. 남미와 유럽 전역에 수출길을 개척한 항공 무역의 산증인이자 경제 칼럼니스트.

한국외대 스페인어과를 졸업했다. 이후 보고타, 상파울루, 마드리드무역관 근무를 거쳐, 경남무역관장, 뉴욕무역관부관장, 파나마무역관장, 멕시코무역관장, 경남무역관장, 마드리드무역관장, 밀라노무역관장을 역임하고 2010년 정년퇴직했다. 이후 배재대학교와 세종대학교에서 학생들을 가르쳤다. 현재는 경제 칼럼니스트로 활동하고 있다.

32년간 수출 전선 곳곳에서 부딪치는 유대인들의 장단점을 눈여겨보다, 그들의 경제사에 천착해 아브라함에서부터 월스트리트에 이르기까지 그들의 궤적을 추적하여 《유대인 경제사》 시리즈 10권을 썼다. 이외 저서로 《돈의 인문학》, 《코리안 탈무드》(공저) 등이 있다.

유인경

1981년부터 기자 생활을 시작해 주요 일간지 취재 여기자 중 최초로 2015년 정년퇴임을 맞을 때까지 월급쟁이로 살아온 전형적인 근로자.

성균관대학교 신문방송학과를 졸업하고 기자 생활을 시작하여 30년 넘게 언론인으로 일했다. 수많은 인터뷰를 통해 만난 사람들을 자산으로 여기며 누구와도 수다를 떨 수 있는 것이 특기이다. 그러나 아킬레스건이라면 돈 버는 재주라고 스스로 말한다.

저서로 《내일도 출근하는 딸에게》,《퇴근길, 다시 태도를 생각하다》 등이 있다.

"

돈은 최고의 하인이면서
최악의 주인이다.

-프란시스 베이컨-

"

돈의 정의

돈. 인생에서 돈이 전부는 아니라고 하지만 돈이 없으면 불편하고 사는 것도 팍팍해지죠. 어느 정도의 돈은 꼭 있어야 생활이 되고, 원하는 것도 살 수 있고, 사람들도 만나는 등 삶이 유지될 수 있는 겁니다. 그런데 일정량의 돈을 유지하는 부자들을 만나보면 돈은 버는게 아니라 만드는 것이라고 얘기하네요. 돈을 만들기 위해서는 어떻게 해야 할까요? 돈은 어떤 흐름을 타고 있을까요. 차근차근 살펴보겠습니다.

먼저 《돈의 인문학》을 쓴 홍익희 교수님. 인문학이라면 문사철 즉,

문학·역사·철학을 이야기하는데 돈은 경제학이잖아요. 그런데 왜 돈이 문사철입니까?

홍익희(이하 '홍')　　　우선 돈은 경제사하고 긴밀하게 연결이 되어 있어요. 그다음에 돈에도 철학과 사상이 있답니다. 그러니 인문학과도 관련이 있는 거죠.

유인경 기자는 앞에 소개 멘트에서부터 '돈 버는 재주가 아킬레스 건'이라고 했는데요. 조금 명예실추 아닌가요?

유인경(이하 '유')　　　친구들에 비해서는 제가 재테크를 못한 것 같습니다. 집을 구입할 때도 지역이나 입지를 보고 투자가치를 생각했어야 했는데 저는 쾌적한 환경만 봤어요. 저희 집에 마당이 작게 있고 새들이 날아오는데 그게 너무 좋더라고요. 만약 그때 새와 마당을 포기하고 강남에 있는 아파트를 샀다면 20억 정도 올랐을 거예요. 그러니 젬병이라는 얘기를 들어도 할 말이 없습니다.

전범선 씨도 역사 공부했잖아요. 주위에는 좋은 대학 나와서 졸업하고 대기업가고 변호사가 된 사람들이 많은데, 그것도 안 하고 밴드하고 그러잖아요. 돈에 대해서 어떻게 생각해요?

전범선(이하 '전')　　　역사 공부하면서 제가 느낀 건 돈이 반드시 많다고 행복한 것 같지는 않더라고요. 그런 마음으로 이제 행복을 좇으며 살겠다고 다짐했었는데, 요즘 들어서 돈에 대한 불안감이 커지더라고요. 주변에 돈 좀 벌었다는 사람이 한둘씩 생기니까 내가 오랫동안 행복하려면 결국 돈에 대해서 어느 정도는 알아야겠다는 생각을 하며 뒤늦게 후회하고 있습니다.

홍익희 작가님은 개념을 어떻게 규정하시는지요.

홍　　　저는 유대인의 관점에서 말씀드리겠습니다. 유대인들은 돈의 용도에 세 가지가 있다고 얘기를 해요. 그들

● 체다카

공의, 정의를 뜻하는 히브리어.

은 어린 자녀들한테 저금통을 세 개 마련해줍니다. 첫 번째 저금통은 '체다카• 저금통'이라고 해서 약자를 위해서 쓸 돈을 자기 용돈에서 떼어서 넣습니다. 그다음 두 번째 저금통은 자신의 미래를 위해서 훗날 써야 할 돈을 저축하는 겁니다. 세 번째 저금통은 현재의 자신을 위해서 쓰는 돈입니다. 이것은 자유롭게 꺼내 쓸 수 있어요. 즉 그들은 돈을 버는 걸 가르치기 전에 올바르게 쓰는 것을 먼저 가르칩니다. 그리고 재미있는 요소는 다음 용돈을 받으려면 전 주에 자기가 썼던 용돈기록장을 보여줘야 합니다. 유대인들이 믿는 율법

에 두 가지 기본 사상이 있는
데, 하나가 체다카, 다른 하
나는 미쉬파트*입니다. 체다
카는 공동체 내의 약자를 돌

보는 개념이에요. 일종의 정의죠. 미쉬파트는 세상에 통치자는 하나
님 한 분이고 하늘 아래 모든 인간은 평등하다는 사상이에요. 이 두
개가 율법의 기본사상인데 그중에 하나인 체다카를 어린 자녀한테
가르치는 겁니다.

약자를 위해 쓸 돈을 먼저 저축하고 미래를 위해 쓸 돈 역시 저축한 뒤
에 지금을 살라는 가르침이군요. 유인경 기자님에게 돈은 뭐예요?

유   제게는 돈이 자유이자 덫입니다. 돈이 주는 자유라는 건,
돈 때문에 구질구질한 일을 안 해도 되고 싫은 사람을 안 만날 수 있
다는 뜻이예요. 사람을 만날 때도 머리를 굴리면서 이 음식값을 내
가 내야 하나 말아야 하나, 선물은 어느 정도 해야 하나라는 고민으
로부터 여유가 생기고요. 그럼에도 불구하고 멈추지 않고 계속 신경
쓰면서 모아나가야 하는 것이 바로 돈이기도 합니다. 우리나라에 어
느 정도 복지정책이 구축되어 있긴 하지만, 온전하게 자존감과 인간
다움을 누리며 나이 먹으려면 반드시 돈은 계속해서 모아야 한다고
생각합니다. 그래서 덫이기도 합니다.

전범선 씨에게 돈은 뭐예요?

전   옛날에 단단한 상호 호혜의 관계망이 구축되어있었던 공동체에서는, 돈이 없어도 서로 간에 도움을 주고받을 수 있다는 신뢰가 있었잖아요. 가족이 나를 돌봐준다든가, 나중에 배가 고프면 이웃이 밥을 준다든가 하는 것 말이죠. 그런데 지금 같은 현대 사회에서는 그런 믿음이 많이 줄어든 거죠. 내가 배고플 때 밥을 먹을 수 있을지, 머리 위에 지붕이 있을지 돈이 없으면 무엇도 확신할 수 없어요. 그래서 돈은 원래 되게 인간적이었던 공동체의 '신뢰'를 대체한 매개체인 거 같아요. 그런데 지금은 돈이 마치 나에게 밥을 주고 옷을 주고 집을 주는 것처럼 느껴지다 보니, 단순히 삶을 위한 도구라는 걸 망각하고 그 자체가 목적이 되어버린 것 같습니다.

돈과 행복의 관계

미국 경제학자 리처드 이스털린(Richard Easterlin)이 주장한 '이스털린의 역설'●이 있습니다. 어느 정도 수준까지 돈이 늘어나면 행복해지는데, 그 수준을 넘어가면 돈이 늘어난다고 해도 행복하지 않더라는 말인데요. 맞나요?

유   여러 통계를 보면 월
소득이 1천만 원이 될 경우에
는 이혼율도 적다고 합니다.
그 정도 소득을 보장해준다
면 어지간한 허물은 서로 덮
어줄 수 있다고. 하지만 그 이
상의 부를 축적하게 되면 문
제가 생기기도 하는데요. 빌
게이츠조차도 이혼을 하였죠.
저는 안타까운 게 돈이 너무
많은 사람들 특히, 우리나라

● 이스털린의 역설

소득이 일정 수준을 넘어 기본 욕구
가 충족되면 소득이 증가해도 행복
은 더 이상 증가하지 않는다는 이론
이다. 미국 경제사학자 리처드 이스
털린이 1974년 주장한 개념이다. 그
는 1946년부터 빈곤국과 부유한 국
가, 사회주의와 자본주의 국가 등 30
개 국가의 행복도를 연구했는데, 소
득이 일정 수준을 넘어서면 행복도
와 소득이 비례하지 않는다는 현상
을 발견했다.

출처: 한경 경제용어사전, 한경닷컴

의 경우에 재벌 총수, 재벌 2세를 보면 수없이 감옥을 드나들기도 하
고 가족끼리 분란을 일으키잖아요. 왕자들의 난 같은 것도 있고요.
유산이 많은 집 치고 분쟁 없는 집이 사실 없어요. 그리고 그 정도의
재벌이 아니더라도 돈이 많으면 무조건 행복할 것 같지만 뜻밖에 피
해의식을 가진 사람도 많아요. 누군가 친절하게 굴면 '돈 때문에 나
를 이용하려고 하는 게 아닌가? 돈 때문에 접근하는 게 아닌가?' 이
런 생각이 먼저 들기 때문에 자연스럽게 외로워지는 걸 많이 봤습니
다. 이 돈이라는 게 한계를 넘어서는 순간 돈의 노예가 되지 않나 싶
어요. 인간의 욕망이 끝이 없잖아요. 제가 아는 사람은 약 2년 전에
현금을 300억 원 정도 갖고 있다고 하더라고요. 그래서 제가 너무

한국인을 읽는다

부럽다고 했더니 그 사람이 하는 말이 "아휴, 자가용 비행기 한 대 살 돈도 안 되는데요 뭘."이라고 하더라고요. 누군가는 평생을 노력해도 모으기 불가능한 돈을 갖고 있는데, 다른 친구가 사는 자가용 비행기 때문에 본인을 무능한 사람으로 여기는 것을 보면서, 돈이 정말 실제로 존재하지 않는데도 사람들의 행복과 불행을 좌우한다는 생각이 들었습니다.

그러니까 지금 그 얘기는 이스털린의 법칙은 어느 정도의 수준까지는 돈이 많아질수록 행복해지더라. 그런데 그 어느 정도의 수준이 사람마다 너무 다른 거예요.

홍　　돈과 행복의 관계는 두 가지 측면에서 생각할 수 있는데요. 우선 자식이 있는 가족의 입장에서는 어느 정도 이상의 큰돈은 그 한계효용체감의 법칙*에 의해서 자기가 생각하는 금액에 도달하면 행복의 정도가 줄어드는 건

> ● **한계효용체감의 법칙**
>
> 일정 기간 동안 소비를 할 때 소비한 재화의 양이 증가할수록 그 추가분에서 느끼는 만족 또는 즐거움의 크기(한계효용)는 점점 줄어든다는 법칙. 즉 처음에 샀을 때의 만족감은 크지만 같은 물건을 더 많이 살수록 그 만족감은 줄어든다는 것이다.
>
> 출처: Basic 중학생을 위한 기술·가정 용어사전, 기술사랑연구회

맞는 것 같아요. 그런데 또 다른 측면, 즉 사회 약자와 사회적 이익을 위해서 쓰는 돈은 어떤 측면에서 다다익선이죠. 그러니까 더 많은

돈을 쓸수록 더 많은 사람을 어려움에서 구해줄 수 있고, 더 높은 희열을 느끼니까 행복감은 계속 증가할 수 있는 거죠.

나를 위한 돈이라면 어느 정도 수준 이상이 되면 별로 행복하지 않을 수 있지만 남을 위해 쓴다면 많을수록 좋더라. 그것도 맞는 얘기네요. 결국 무조건 큰돈만 좇는 건 행복과는 관계가 없지만 기본적으로 돈은 행복과 불가분의 관계에 있다고 볼 수 있는 거 같은데요. 사람마다 차이는 있지만 살아가기 위해서는 어느 정도 돈이 생겨야 한단 말이에요. 벌어야 하고 모아야 하고 증식시켜야 하고요.

우리에게는 돈 공부가 필요하다

홍익희 작가님의 책 《돈의 인문학》에서 "돈 벌고 싶다면 경제 돌아가는 원리부터 알아라."라고 쓰셨어요. '돈'을 공부하라는 의미인 거죠? 부자들은 다 공부한다는 건가요?

홍   네. 돈의 흐름을 공부해야 합니다. 요행으로 번 돈은 운이 다하면 빠져나갑니다. 지금은 코로나19로 인한 경제 위기를 타파하기 위해 각국 정부의 재정부양책 등으로 많은 돈이 풀리는 시기인 유동성● 장세입니다. 유동성 장세에서는 부동산, 주식 등 자산 가격이 상승할 수밖에 없어요. 그래서 지금 자산에 투자한 사람들은 돈을 벌고 있습니다. 그러나 앞으로 유동성을 줄이는 테이퍼링*과 금리인상 시기가 도래하면 긴축발작이 일어날 수 있습니다. 곧 투자자들의 심리적 위축과 긴축정책으로 자산 가격이 폭락할 수 있는 거죠. 결국 이러한 돈의 흐름을 공부해야 자산을 불리든 방어하든 할 수 있습니다.

더불어 지금은 자본주의의 틀이 바뀌고 있는 시대라고 말할 수 있는데요. 미국의 경우에 과거 이런 경제 위기 시에 연준(연방준비은행)*의 통화정책으로 경기를 안정화시켰습니다. 즉 금리를 낮추거나 통화를 발행하는 양적완화*를 통해서요. 그런데 이번 코로나19 같은 사태가 터지니까 그러한 통화

● **유동성**

기업·금융기관 등 경제주체가 갖고 있는 자산을 현금으로 바꿀 수 있는 능력을 말한다. 쉽게 말해 현금으로 바꿔 쓸만한 재산을 얼마나 갖고 있는가를 나타내는 말이다. 현금화할 수 있는 재산이 많으면 유동성이 풍부하다고 표현하고, 반대의 경우엔 유동성이 부족하다고 한다.

출처: 시사상식사전, pmg 지식엔진연구소

● **테이퍼링(Tapering)**

초저금리 상태에서 경기부양을 위하여 중앙은행이 정부의 국채나 여타 다양한 금융자산의 매입으로 시장에 유동성을 공급하던 양적완화 정책을 점차 축소하는 것을 뜻한다.

출처: 시사상식사전, pmg 지식엔진연구소

● **연방준비은행**
  (Federal Reserve Bank)

미국의 중앙은행을 말한다. 1836년에 제2미합중국은행이 해산된 후 1913년에 제정된 연방준비법에 의해 설립되었다.

출처: 네이버 기관단체사전

정책으로는 수습이 안 되는 거예요. 예전에 통화정책이라는 건 곧 금융권을 통해서 유동성을 푸는 건데 그동안 양적완화를 해봤더니 있는 사람의 배만 불리고 서민들의 생활에는 별로 도움이 안 되더라는 반성을 하고 있는 차였어요. 이때 코로나가 터

● 양적완화

중앙은행이 취하는 통화정책의 한 가지로, 일반적으로 기준금리를 더 이상 내릴 수 없는 초저금리 상태에서 금리인하로는 경기부양과 신용경색 해소라는 목표를 달성하기 어려울 때 시행한다. 양적완화는 보통 국채나 회사채 등을 매입하는 직접적인 방법을 통하여 시장에 통화량 자체를 늘리는 방식으로 이루어진다.

출처: 두산백과

지니까 통화정책으로는 하위 50% 서민들의 붕괴를 막지 못하는 겁니다. 그래서 작년 같은 경우 양적완화로 풀린 돈보다 재정부양책으로 푼 돈이 네다섯 배가 더 많았어요.

정부가 세금을 풀어서 가난한 사람에게 직접 지급한 거죠. 세금과 국채발행을 통해서요.

홍 지난해 재정에 쓰인 돈을 보면 기존에 쓰던 재정의 양보다 두 배 이상 많은 금액을 개인에게 직접 지원했습니다. 예전의 양적완화는 금융권을 통해서 풀었기 때문에 있는 사람들이 담보를 가지고 자산이나 부동산에 투자해서 그들의 소득과 부를 늘렸는데, 이러한 천재지변과 같은 사태가 터지니까 이제는 하위 50%가 버티질 못하

한국인을 읽는다

는 거예요. 미국은 소득불평등과 빈부격차가 극심한 나라입니다. 상위 1%가 전체 부의 40%, 상위 10%가 전체 부의 75%를 소유하고 있어요. 다시 말해서 국민 90%는 전체 부의 25%도 못 갖고 있습니다. 특히 재난 사항에

> ● **기본소득**
>
> 재산·노동의 유무와 상관없이 모든 국민에게 개별적으로 무조건 지급하는 소득으로, 국민 모두에게 조건 없이 빈곤선 이상으로 살기에 충분한 월간 생계비를 지급하는 것이다. 중앙정부 차원에서는 핀란드가 전 세계 최초로 2017년 1월부터 2년간 시행한 바 있다.
>
> 출처: 시사상식사전, pmg 지식엔진연구소

위험한 계층인 하위 50%는 소득도 적을 뿐만 아니라 전체에서 차지하는 부의 비중이 1.4%밖에 안 되기 때문에 거의 갖고 있는 돈이 없습니다. 한마디로 한 달 벌어 한 달 사는 사람들인 거죠. 그러다 보니까 이번 코로나19 같은 사태가 터지자 임대료 체납, 모기지 연체에 시달리며 기본소득●과 실업수당이 나오지 않으면 이 사람들이 살아갈 길이 막막한 거예요. 우선 이 사람들의 붕괴를 막기 위해서 등장한 게 재정부양책으로 돈을 푸는 건데요. 그러다 보니 통화의 주도권이 연준에서 정부로 완전히 이전해왔고 동시에 그간 논란의 대상이었던 기본소득이나 현대 통화이론이 전격 채택되면서 이제는 하위 50%를 부양함으로써 전체 경제가 붕괴되는 걸 막는 시스템으로 옮겨갔어요. 미국의 경우, 이제는 국가 재정에서 개인을 직접 지원해주는 금액이 일반 재정에 지출되는 금액의 두 배 이상으로 커졌습니다. 곧 재정의 기능이 기존의 '자원재분배와 경기안정화'에서 '소득

재분배' 쪽으로 확연히 이동하고 있습니다. 코로나19가 자본주의의 틀을 바꾸고 있습니다. 금융자본주의에서 포용자본주의 쪽으로 방향을 바꾸고 있어요. 그리고 이제는 코로나19가 끝난다고 해서 과거로 회귀하지 못할 겁니다. 저는 지금의 사태가 자본주의의 근본적인 틀을 바꾸면서, 그간 금융자본주의의 본질적인 문제였던 소득 불평등과 부의 편중 같이 인간의 자정능력으로 해결하지 못했던 것을 코로나19가 풀어내고 있다고 보고 있습니다.

바로 지금 말씀하신 그런 게 현재 경제가 돌아가는 원리의 핵심 아닙니까. 그런 걸 알아야 이런 시대에 돈을 증식시키는 방법을 알게 되는 건데요. 이거는 과거 금융자본주의식 방법과는 달라지는 것 아니겠어요? 그래서 원리를 알아야 한다는 건데요.

유   돈의 원리를 알기 위한 공부는 학생이 해야 할 게 아니라 중장년층이 필수로 해야할 거 같아요. 제가 얼마 전에 굉장히 충격을 받은 사건이 있었습니다. 지인 중에 1,000억 정도의 자산을 모은 사람이 있어요. 그 사람에게 제가 책을 냈다고 그랬더니 "누님, 그 책 한 권당 얼마 법니까?" 하고 물어보더라고요. 그래서 "한 권당 천 몇백 원 정도?"라고 말하니까 "인형 눈알 붙이는 수준이네요."라고 하더라고요. 그러면서 "육십이 되었으면 노동자의 삶을 살아서는 안 됩니다. 자본가의 삶을 살아야 합니다."라면서, "나는 지식인이라는 허상에서 벗어나서 능동적인 자산가로 살아가야 합니다."라고 얘기하더라고요. 그러나 사실 그게 쉽지는 않죠.

그러니까 열심히 일하고 월급 차곡차곡 모으고 저축해서 부자되는 시기는 이제 이미 지나갔다는 거겠죠. 이제 어떻게 종잣돈을 만들 것인가도 공부해야 하고, 종잣돈이 있다면 어디에 어떻게 투자해야 하는지도 공부해야 하는 시대가 온 겁니다. 그리고 공부하려면 경제 돌아가는 원리도 알아야 하고요. 이런 세상이 이미 우리 앞에 와있다는 거네요.

전　　저희 세대는 특히 공부하고 성실히 일해서 돈 버는 그런 '개천에서 용 나는' 시대가 갔다는 걸 잘 알아요.

젊은 세대들은 이미 체감하고 있나요?

전　　너무 뼈저리게 느끼고 있죠. 윗세대만 해도 부동산에 재테크라는 말을 했었는데 지금 젊은 세대가 부동산 투자를 하기에는 가격이 너무 올라버렸죠. 반면 지금은 주식투자와 암호화폐 같은 투자를 통해서 은퇴하다시피 하는 친구들도 많은데요. 그런데 그렇게 번 친구들도 있지만 망한 친구들도 많아요. 저처럼 투자나 재테크가 너무 어려우니 가만히 있는 사람들도 많죠.

돈은 버는 것이 아니라 만드는 것이다

돈은 버는 게 아니라 만드는 것이라고 하는데요. 버는 것과 만드는 것의 차이가 뭐예요?

홍   한번 더 유대인의 예를 들면요, 이들은 '돈을 버는 게 아니라 불리는 것'이라고 생각을 합니다. 그 이유는 유대인 남성은 만 13세 때, 여성은 만 12세에 성인식을 하는데요. 그때 부모나 친척들에게 큰돈을 받습니다. 친척들은 마치 자기의 재산을 상속한다는 의미에서 큰돈을 줘요.

큰돈이라는 게 어느 정도의 액수인가요? 한 백만 원 단위입니까 천만 원 단위입니까?

홍   서민 자녀들은 성인식이 끝나면 평균 6만 달러 정도가 모이고요. 잘사는 집의 아이들은 몇십만 달러가 모입니다. 유대인들은 13세가 넘으면 완전한 성인의 권리를 갖습니다. 그래서 성인식이 그들에게는 굉장히 큰 의미가 있는 행사예요. 그렇게 큰돈을 받은 뒤에 부모들의 지시를 받지 않고 친구들과 의논을 해서 분산투자를 합니다. 주식과 채권 심지어는 부동산과 적금 이렇게 포트폴리오를 짜서, 부모가 시키지 않아도 자기 돈을 불리기 위해 돈의 흐름과 경제 공부를 열심히 합니다. 친구들하고 의논하면서 '지금은 활황기니까 주식의 비중을 높여야지, 지금은 불경기로 진입하니까 채권 비중을 높여야지' 하며 스스로 판단하면서 자기 돈을 불려나가죠. 그리고 대학을 졸업할 즈음에는 취직할 것인지, 자기가 불린 돈을 갖고 창업을 할 것인지, 선택하게 됩니다. 유대인의 창업률이 압도적으로 높은 이유 중 하나입니다.

우리나라 같은 경우는 대학을 졸업하고 취직하고 가정을 꾸리면 이제 가족을 부양하기 위해서 돈을 벌어요. '돈을 번다'는 개념으로 사회생활을 시작하죠. 그런데 유대인은 이미 13세부터 돈을 불려왔기 때문에 그들은 '돈을 불린다'는 개념으로 사회생활을 시작합니다. 그렇기에 평생 동안 어떻게 돈을 불릴 것인가에 중점을 두고 살아가죠. 그러니까 돈에 대한 시각과 개념이 우리의 생각과 차이가 있습니다.

서민 계층이 만 13세 정도에 우리 돈으로 6천만 원 이상의 목돈을 쥘 수 있게끔 하는 문화가 있다. 그러니까 '버는 것이 아니라 만드는 것이다'라는 말이 금방 이해가 되네요. 버는 것은 몸을 움직여 일해서 뭔가 얻는 것이고 만드는 것은 이미 있는 자산을 불리는 것이다. 그 말이네요.

전   제 대학교 때 룸메이트가 뉴욕 출신의 유대인이었는데요.

어쩐지 대학생활 내내 저보다 좀 여유로웠던 것 같습니다. 저랑 생각하는 방식도 굉장히 달랐던 것 같기도 하고요.

돈을 만드는 다양한 방법

돈을 불린다, 돈을 만든다. 즉, 돈이 돈을 만들어내도록 어떤 포트폴리오 같은 걸 만들어야 하고, 이걸 공부해야 한다는 건데요. 그런데 몇십 년 전에는 돈을 불리는 방법이 예적금을 하는 거였어요. 적금 금리가 높을 때는 그게 방법이 되겠죠. 그다음에는 주식 투자를 좀 생각해보거나 부동산 투자를 하거나 대략 그 정도였다면, 요즘은 이 종류가 늘어나고 있어요. 채권 투자라든지 해외 금융 투자라는 것도 있고, 환율 투자라는 것도 있고, 외국 증시 투자도 있고 점점 공부할 거리가 늘어나고 있습니다. 특히 해외로 눈을 돌리면 미국 달러와 미국 국채가 최고라는 말도 있는데 사실인가요?

홍　　　그게 항상 최고는 아니고요. 평상시 펀더멘털*이 좋은 국가의 통화가 강세로 갑니다. 예를 들어서 지금 같은 시기(2021년 중반기)에는 무역흑자를 많이 내는 중국 같은 위안화 통화가 강세로 가요. 위안화의 절상속도가 굉장히 빠르거든요. 분산투자를 해놓는 건데, 이럴 경우에는 위안화도 사고 우리 화폐도 갖고 있으면서 그다음에 달러에 보험을 들어두는 거예요. 그러니까 서너 개의 통화를 사두면 경제 위기가 발생했을 때 반전이 일어나는데요. 평상시에 펀더멘털이 좋은 국가의 통화를 7, 달러를 3의 비율 정도로 사놓으면 이게 보험효과를 내서 경제 위기 시에 개발 도상국의 통화가 약해지더라도 달러가 강해져서

손해를 덜 보게 됩니다. 그런 식으로 활용할 수 있는 거죠. 그래서 투자하는 모든 사람에게 분산투자는 십계명이나 마찬가지예요.

미국이 기축통화 국가이기 때문에 다른 나라 경기의 악화나 불황이 닥치면 미국 것이 좋아진다는 거군요. 그럼 돈의 흐름을 파악하는 데 환율은 어떤 역할을 하나요?

홍　　환율은 그 나라 경제의 총체적 평가라고 말씀드릴 수 있습니다. 그 나라 기초체력(펀더멘털)이 좋으면 환시세가 강합니다. 곧 무역흑자, 경상수지흑자가 많이 나면 환율은 좋아집니다. 위안화가 가치가 높아지는 이유입니다. 이렇듯 보통 흑자국의 통화가 강세를 유

지하지만 글로벌 경제위기 시에는 안전자산이라 평가받는 달러 등이 강세로 갑니다.

환율과 관련해서 홍익희 작가님의 책에 "2020년 코로나19 사태를 맞아 4차 환율전쟁이 시작되었다."고 쓰셨어요. 여기서 말하는 환율 전쟁이란 무엇이고 4차 환율전쟁으로 어떤 일이 벌어질 수 있나요?

홍   미국은 2008년 글로벌 금융위기 이전까지만 해도 연준의 총자산 곧 본원통화 발행액이 8천억 달러 내외에 불과했습니다. 그러던 것이 지금은 7조 4천억 달러로 9배 이상 늘어났습니다. 코로나19 이전의 두 배입니다. 한 나라의 통화량이 많아진다는 것은 그 나라 통화 가치가 떨어진다는 것을 의미합니다. 이렇게 되면 수출경쟁국들의 통화가 상대적으로 강해져 수출 경쟁에 불이익을 받게 됩니다. 그래서 EU와 일본 역시 경제 위기를 타개하기 위해 유로화와 엔화의 발행량을 같이 늘립니다. 일종의 환율전쟁이 시작된 것이지요. 그래서 지금 3개 통화의 합계가 21조 달러를 웃돌고 있습니다. 중국도 마찬가지로 유동성을 많이 늘렸습니다. 세계는 지금 유동성 장세에 휩싸여 있으며 동시에 환율전쟁 중에 있는 것입니다.

보통 무역전쟁이 환율전쟁으로 비화되면, 환율전쟁은 패권전쟁으로 치달을 수 있습니다. 미중 갈등이 좋은 사례입니다. 또 이러한 환율전쟁은 우리나라처럼 무역 비중이 높은 나라에는 위기이자 기회이기도 합니다. 투자자들에게도 마찬가지이고요. 환율의 흐름 곧 환차익의 추이를 투자에 잘 활용할 수 있겠죠.

그럼 이번엔 미국 국채와 관련해서, 미국은 국채발행을 두려워하지 않는다고 하는데 왜 그런 건가요?

홍   미국 예산에는 국채 발행 이자가 포함되어 있습니다. 2017년 6.6% 정도였으나 2028년엔 13%로 증가할 것이라고 합니다. 그런데 연준이 갖고 있는 국채에도 미국 정부가 이자를 지불할까요? 정답은 '지불한다'입니다. 연준은 정부로부터 이자를 받아 그 중 6% 한도 내(통상 2%)에서 주주들에게 배당금을 지불하고 연준이 쓸 경비 약 2% 정도를 제외한 나머지 돈은 정부에 돌려줍니다. 곧 미국 정부는 연준이 갖고 있는 국채에 대해서는 거의 이자를 지불하지 않는 셈입니다. 미국 정부가 국채 발행을 무서워하지 않는 이유 중 하나입니다. 이는 또한 현대통화이론과도 통하는 대목입니다.

원화가치가 떨어지면 주식과 부동산 같은 데 투자를 하라고 하잖아요? 최근 또 추가되는 게 옛날에는 없었던 것 중에는 가상화폐가 있고요. 또 오래전부터 있었지만 많은 사람들이 손대지 않는 금, 은 투자 같은 것도 있어요.

홍　원래 지금과 같이 이렇게 유동성 장세, 즉 통화량이 많은 시대에는 인플레이션이 일어나게 되어 있어요. 이럴 때는 금과 은이 달러에 대체되는 대체 자산이에요. 금과 은이 오르는 게 정상입니다. 그게 순리에요. 그런데 금이나 은 시장이 지금 그렇게 좋지 않아요. 그 이유는 지난해에 금과 은이 폭등할 기세를 보이자 미국 선물 시장의 규제가 시작되었는데, 그게 자그마치 여덟 차례에 걸쳐서 계속되었거든요. 지난해 8월 이후에는 금과 은 가격이 떨어지는데도 불구하고 강력한 규제가 세 번이나 더 있었습니다.

그러니까 금 가격이 막 오르지 못하도록 규제를 통해서 막은 거군요.

홍　네. 수요를 억제하는 거죠. 그래서 가격이 떨어짐에도 불구하고 세 번을 더 두들기니까 그때 큰손들이 금 시장에서 발을 빼서 비트코인으로 갔어요. 그래서 지난해 10월부터 비트코인이 아주 급등하기 시작했습니다. 사실 그전까지는 금이나 비트코인은 달러에 대한 똑같은 대체 자산이기 때문에 동행성을 갖고 있었어요. 오르면 같이 오르고 떨어지면 같이 떨어졌는데요. 10월 이후로는 완전히 반대 방향으로 움직여요. 금은 떨어지는데 비트코인은 치솟기 시작하는 거죠. 그런 연유로 지금 가상자산(암호화폐) 시장의 변동성이 굉장히 커지고 있습니다. 세계 최대 헤지펀드 운영자 레이 달리오 같은 사람은 계속 금을 지지하면서 비트코인에 부정적이었는데 지난해 10월 이후 태도를 바꾸어 비트코인도 포트폴리오에 추가할 것을 권하기 시작했습니다. 이외에도 많은 기관투자자가 금 시장에서 발을 빼고 비트코인 등 가상자산 투자에 가담하기 시작했어요.

미국 정부는 통화 공급량을 늘려놓고 금이 뛸 걸 우려해서 규제를 한 거죠. 그런데 그게 그렇게 가상화폐나 이쪽으로 갈 거라고는 예측을 못했던 거죠.

홍 그렇다고 봐야죠.

유 그런데 가상화폐가 사실 일반인들은 정체를 잘 모르겠거든요. 그야말로 가상인데요. 어떤 2030세대는 비트코인 같은 가상화폐에 투자해서 외제차를 타고 다닌다더라, 엄마 집을 사줬더라 하며 '카더라' 통신이 많이 들려요. 사실 공부를 많이 하는 친구들은 가상화폐에도 종류가 있고 다 다르다는 걸 알지만, 일반인이 볼 때는 정체도 잘 모르죠. 그리고 24시간 내내 장을 봐야 하기 때문에 때로는 잠도 안 자고 한다는데 이게 급등을 한다 해도 과연 행복할까, 하는 생각도 들어요. 그래서 어떤 사람들은 잃어도 되는 정도의 금액만 투자하라고 하는데 그렇게 던져놔도 되는 돈은 서민들에게 없습니다. 이게 남의 떡이 아닌가? 하는 생각이 듭니다.

가상화폐와 금, 은에 대해서 어떻게 생각하시나요?

홍　　제가 가상자산(암호화폐)에 대해서 간단하게 한번 설명드릴게요. 우선 가상자산이 탄생하게 된 배경을 보면 첫째, 현행 통화 금융시스템의 부조리, 둘째 현행 통화의 인플레이션에 대한 헷지, 마지막으로 개인 프라이버시 보호를 위해서입니다. 그래서 비트코인은 탈 중앙화 즉, 중앙집권적이 아닌 형태로 시작을 했고, 발행 수량도 2,100만 개로 제한해서 인플레이션을 원천 차단하고, 개인 프라이버시를 지키기 위해서 추적 불가능한 화폐로 태어났어요. 그런데 재미있는 사실은 유대 통화 금융 세력에 대항해서 이러한 가상 자산을 만든 세력들이 유대인 암호학자들이라는 것이에요. 유대인에 대한 유대인의 도전으로 볼 수 있는데요. 그 가상 화폐가 여러 가지 유연한 점이 많습니다. 블록체인 기술을 갖고 있고 송금의 즉시성이나 낮은 수수료 등 장점이 많죠. 그러다 보니까 중앙 은행에서 가상 화폐의 좋은 점만 활용해서 추적 가능한 디지털 화폐로 만들어 쓰겠다는 건데요. 현재 세계 중앙은행의 86%가 디지털화폐를 개발 중에 있다고 합니다.

돈 공부의 아이러니

학교 다니면서 경제 교육, 그리고 그것이 특히 재테크와 연관된 교육을 받아본 경험이 있나요?

유　　　전 거의 없고요. 사실 우리나라처럼 돈에 대해서 이중적인 사고를 가진 나라도 드문 것 같습니다. 돈을 엄청 바라지만 자기 입으로 돈 얘기하기 참 꺼려하고, 돈 잘 버는 사람에 대해서 존경보다는 저 사람들은 뭔가 비리를 저질렀을 거라고 좀 치부해버리는 경향이 있죠.

속으로는 부러워하면서 겉으로는 비하하는 풍조를 말씀하시는 거네요.

유　　　그렇죠. 그렇다 보니 돈 얘기를 하면 굉장히 저렴해보인다는 착각들을 많이 했고요. 학교에서 받은 경제교육이라고 하면 사회시간에 물물거래하는 그런 것들을 해봤죠. 초등학교 때 가게를 차려놓고 물건을 사고파는 놀이가 있죠? 그런데 그 이후로는 거의 받아본 적이 없는 것 같습니다.

중·고등학교 때 경제 사회과목에 나오는 경제 대목은 국가 경제에 대한 용어 공부 정도죠?

유   역사적인 의미였죠. 개인의 부를 어떻게 키워야 하는지, 그리고 이것이 경제의 흐름과 어떤 연관성이 있는가에 대해서는 전 받아본 적이 없습니다.

약 40~50년 전 학교 교육은 그랬단 말이에요. 그럼 지금 30대 초반인 전범선 씨는 학교에서 이런 쪽 교육을 받아본 경험이 있어요?

전   전 특수한 고등학교를 다녀서, 미시경제, 거시경제 같은 미국 교과과정 위주로 하다 보니까 AP라고 하는 학점이수 과목을 들었던 기억은 납니다. 그런데 그게 또 경제학이다 보니 결국 주식이나 암호화폐 같이 실질적으로 개인의 자산을 어떻게 불리냐에 대해서는 가르치지 않죠.

그러니까 학교 교육은 현재도 자산 불리기에 대한 교육은 제로라는 건데요. 혹시 외국 학교 교육에는 그런 교과과정이 있나요?

홍   외국에는 학교 교육뿐만 아니라 학교 자체에서 하는 행사에서 부모들하고 같이 하는 프로그램이 많습니다. 특히 학교 행사 때는 아이들이 부모하고 같이 나와서 물건을 사고파는 바자회를 해요. 그리고 외국 사람들은 부에 대한 관점이 조금 다릅니다. 그러니까 기본적으로 동양의 종교는 청빈이나 무소유를 가르쳐요. 그런데 청교도나 유대교에서 부富는 하나님의 축복이라고 가르칩니다. 그들은 어려서부터 돈을 긍정적인 관점에서 바라보고 돈 버는 일이 부끄러운 일이 아니라 배워요. 그러니 돈에 대한 관심과 자기 개발이 함께 가는 거죠.

바자회를 하면 거기서 수익을 창출하는 방법 같은 것을 배우기도 하고요. 더불어 유대인들은 만 13세에 목돈을 확보하게 되고 그 목돈을 어떻게 분산투자해서 자산을 증식시킬 것인가를 또래들과 상의하며 공부하더라는 거죠.

전   그런데 학교에서는 안 가르치지만 제 주변에 부유한 집의 친구들은 집에서 다 배우더라고요. 가정에서 정말 산 교육이 이뤄지죠. 정보의 격차가 교육의 격차라고 하는데, 빈부의 격차가 돈에 대한 교육의 격차로 나타나는 거 같아요.

사실 우리나라의 대부분의 어른은 학교나 어디에서도 이런 공부를 해본 적이 없으니까 자산을 많이 불리지 못한 거예요. 그래서 투자나 재테크에 대해 잘 알지 못하는 거고요. 그러니 가정에서도 자녀들한테 가르칠 게 없어요. 뭘 알아야 말이죠. 그런데 자산을 불린 경험이 있는 사람들은 어디서든 공부를 해서 아는 거고, 그걸 또 일찍 알아야 한다는 걸 아니까 자녀들한테 공부를 시키는 거고요.

유   저는 최근에 손자가 생겼어요. 귀여운 마음에 옷도 사주고 선물도 주고 하는데요. 제 딸이 그러더라고요. "찔끔찔끔 이런 물건 사주지 마시고, 통장을 달라."고요. 그걸로 아이에게 주식을 사주겠다고 얘기를 하더라고요. 저도 손자가 커서 대화가 통할 때쯤 되면 정말 그런 공부를 가르치고 싶어요. "네가 봤을 때 어떤 회사가 괜찮은 거 같니? 너와 함께 성장할 수 있는 회사를 찾아보겠니?" 하면서 말이죠. 그러면 경제교육, 사회교육, 인성교육이 다 될 것 같아요.

전   저희 어머니가 예전에 제 생일에 선물을 준다고 하시면서 주식을 한번 골라보라고 하시는 거예요. 직접 사주신다면서 말이죠. 저는 주식은 아무것도 모르거든요. 그때는 그게 너무 딴사람 얘기 같고, '그냥 밥이나 좀 같이 먹지' 하는 생각만 했었는데요. 지금 돌이켜 생각해보니까 정말 더 값진 교육을 해주려고 하셨던 게 아닌가 생각이 드네요.

그럼 몇 살 때부터 경제 교육, 재테크 교육을 시키는 게 좋을까요?

홍   유대인들은 어떤 의미에서는 태어나면서부터 시킨다고 봐야 합니다. 어릴 적 아무것도 모를 때부터 최대한 저금을 시켜서 돈이란 남을 돕기 위해서 써야 하는 거라 가르치니까요.

어려운 사람들 돕는다는 표현이 앞서 말한 체다카죠.

홍 그러니까 커서 남을 돕는 사람이 되어야 한다는 얘기는 곧 남을 도울 수 있을 만큼 돈을 많이 벌어야 한다는 얘기도 되죠. 유대인한테 돈이라는 건 갖고 있으면 안 되고 사회로 흘려야 하는 거예요. 그래서 그들한테는 '청지기론'*이라는 게 있어요. 세상 만물은 하나님

> ### ● 청지기
>
> 청지기란, 주인(소유권자)이 맡긴 것들을 주인의 뜻대로 관리하는 위탁관리인을 말한다. 하인의 우두머리로서 하인을 감독하고 주인의 자산을 관리하며, 주인의 자녀 교육까지 담당했다. 청지기가 자신에게 맡겨진 것들을 관리할 때는 항상 맡긴 주인의 뜻 즉, 주인이 제시한 관리지침을 따라 관리해야 한다. 신약 시대에는 교회의 감독이나, 모든 교회 구성원을 가리키기도 했다.
>
> 출처: 교회용어사전, 생명의 말씀사

꺼라는 거죠. 돈도 마찬가지죠. 내가 잠시 맡아두고 있는 건데 이걸 하나님이 보기에 가장 아름다운 곳으로 흘려보내 줘야 해요. 그렇게 하기 위해서는 내가 부자가 되어야 하는 거고요.

탈무드는 부자를 인체의 심장에 비유합니다. 심장은 인체 구석구석에 피를 흘려보내는 기능을 하잖아요. 심장이 인체에 피를 쏴주어야 구석구석이 건강하고 그 덕분에 심장도 건강을 유지할 수 있는

건데요. 심장이 피를 움켜쥐고 있으면 탈이 납니다. 마찬가지로 부자가 돈을 꽉 움켜쥐고 안 흘려보내면 사회가 마비됩니다. 지금 금융자본주의의 본질적인 문제가 뭐냐면, 우리 사회가 열 명으로 구성되어있다고 치면 아홉 명이 버는 돈보다 한 명이 버는 돈이 더 큰 거예요. 일반적으로 중산층이나 서민들은 돈을 버는 대로 다 씁니다. 그런데 돈이 한 사람에게 몰리면 이 사람은 돈을 소비하는 데 한계가 있고 그 사람한테 들어간 돈은 곳간에 축적되어 사회로 흘러나오지 않습니다. 시장의 소비 수요가 살아나지 않는 이유입니다. 결국 심장에 피가 몰려 흐르지 않은 형국인 거죠. 그런 모양새를 이번에 코로나19가 방향을 바꿔준 거예요. 유대인 사회에서는 자선사업을 하는 사람이 굉장히 많아요. 조지 소로스 같은 사람만 봐도 자기가 모은 자산의 87%를 자선사업에 썼습니다. 그들에게 자선의 의미는 하나님과의 화해라는 의미를 갖고 있어요. 즉 약자를 돕는 자선을 해야 하나님하고 화해가 돼요.

어린 아이들에게 용돈을 주면서도 저금통 세 개에 넣도록 하고, 일주일 사이에 어떻게 썼는지를 기록하도록 하고, 기록해야만 다음 용돈을 준다. 이게 다 사실 살아있는 공부의 시작인 거죠. 그러면 '몇 살 때부터 교육을 해야 한다'는 말 자체가 어불성설이네요.

홍   유대인 경제교육에 대해 조금 더 말씀드리자면, 구체적으

한국인을 읽는다

로 아이한테 돈은 많이 벌수록 좋은 거라는 긍정적인 인식을 심어주고, 그다음에는 스스로 용돈 버는 방법을 가르쳐줍니다. 자기가 마땅히 해야 할 일을 할 때는 돈을 주지 않아요. 하지만 자기가 하지 않아도 될 일, 즉 다른 사람을 도와주는 일, 가정 일이라도 엄마나 아빠를 도와주는 일, 가족 일에 참여해서 능동적으로 일을 했을 때는 거기에 상응하는 돈을 줘요. 그다음에 바깥에 나가서 다른 사람을 상대로 돈 버는 일을 가르쳐 줍니다. 처음에는 부모가 같이 하면서 어떻게 하면 스스로 용돈을 벌 수 있는지를 알려줘요. 집 안에서 못쓰던 물건을 가지고 창고 장사를 한번 해본다거나 하죠. 그다음에 아이가 더 크면 돈보다 더 중요한 게 시간이라는 걸 가르쳐줘요. 시간은 기회비용이니까요. 돈보다 훨씬 중요하다는 걸 가르쳐 주고, 무슨 일을 하든지 친구와 함께 하도록 합니다. 그래서 그들은 공부할 때도, 장사 할 때도, 연구할 때도, 취미 생활할 때도, 창업할 때도 친구와 함께 해요. 그 이유는 유대인들은 혼자 공부하면 아집이나 독단, 편견에 빠질 수 있다고 가르치거든요. 심지어 탈무드에서는 혼자 공부하면 저주받을 수 있다고 얘기하죠. 같이 공부하면서 질문하고 토론하면서 창의성이 발현되고, 집단지성으로 객관화될 수 있기 때문에 공동체 정신을 길러줘요. 그다음에는 친구들 사이에서 항상 정보를 공유하는 습관을 들입니다. 예를 들어 자신이 어느 주식이나 어느 채권에 투자해봤더니 수익이 좋았다면 그런 정보를 항상 공유하는 거예요. 그들은 남을 도와줄 때에도 8개 정도의 단계가 있어요. 그중에 최고의 단계가 상대방이 자립하고 성공할 수 있도록 헌신적으로 뭉쳐서 도와주는 것을 말합니다. 이걸 '헤세드 정신'이라고 해요. 유대인들이 창업해서 성공하는 이유는 대부분 헤세드 정신으로 주변 친구들이 함께 돕기 때문입니다.

그리고 유대인은 사람에 대한 신뢰나 관계 같은 것들이 이미 유아기에 형성됩니다. 유대인 사회에서는 태어나면 엄마가 필히 모유 수유를 하게 되어있어요. 그래서 아이는 세상에 태어나면서부터 엄마를 통해서 절대적인 믿음과 신뢰, 사랑이라는 감정을 배우는데 그게 살아가면서 굉장히 중요하고, 비즈니스의 신뢰와도 나중에는 직결이 돼요.

이렇게 아주 어려서부터 차곡차곡 돈 버는 법, 돈 쓰는 법 또 불리는 법 이런 걸 차근차근 가르쳐야 그다음에 스스로 자립할 수 있고 남을 도울 수 있는 거군요. 저도 제 아들 얘기를 잠깐 해보면, 어렸을 때 설날 세뱃돈도 받고 용돈도 받고 그러면 보통은 그걸 다 엄마나 할머니한테 맡겨서 통장에 저축을 하잖아요. 중학생 때쯤 지나고 보니까 알게 모르게 그게 쌓여서 몇 백만 원 정도 되더라고요. 그래서 거기에 제가 돈을 좀 더 보태서 그 유명한 삼성전자 주식을 아들 이름으로 샀어요. 그다음에 성인이 되어서 경제활동을 할 때쯤 되니까. 그 주식이 얼마나 올랐겠습니까. 꽤 올라서 상당한 자산이 되었고, 그 상태쯤 되니까 아이가 경제활동도 하니 운용해보라며 줬어요. 알아서 팔고 싶으면 팔고 다른 주식을 사고 싶으면 사라고 했더니 금방 마이너스로 가더라고요. 왜 제가 이런 얘기를 하냐면 어려서부터 이런 교육을 체계적으로 받아오질 않았기 때문에 어느 날 갑자기 자기한테 감당 못 할 자산이 생기면 제대로 운용을 못 하는 거예요. 그래서 이제는 단계에 맞춰서 돈에 대한 교육을 더 시키고, 함께 공부하면서 살아가야 할 거 같네요.

돈은 어디로 흘러가는가?

미국을 비롯해 전 세계적으로 정부가 돈을 풀어서 어마어마한 통화가 깔려있는 이런 상황입니다. 자칫 버블에 도래할 가능성이 상당히 높은 상태이고요. 우리나라로 좁혀보면 부동산 가격은 최근 몇 년 사이에 어마어마하게 올랐고, 주식도 지난 일 년 사이 상당히 올랐어요. 금년(2021년)에는 조금 주춤하고 있는 상태인데요. 유인경 기자하고 전범선 씨는 비전문가니까, 한번 추측해보실래요? 앞으로 이 돈의 흐름이 어디로 갈까요.

유   저는 부동산은 불패라고 생각합니다. 어떤 분에게 집값이 언제가 제일 싼지 물었더니 "오늘이 제일 싸다."라고 얘기를 하더라고요. 왜냐하면 지구의 모든 가격이 수요와 공급으로 결정되잖아요. 내 집 마련의 욕구는 청년부터 장년까지 모두 다 있기 때문에 부동산은 어쩔 수 없이 계속 수요가 있을 거라고 생각해요. 지금 수도권이나 지방 모두 부동산 가격이 올랐는데요. 국가에서 주택정책을 다양하게 하고, 공공주택을 많이 보급한다 하더라고, 좋은 곳의 좋은 집에서 살고 싶은 욕구는 누구나 있기에 좋은 지역의 부동산은 여전히 괜찮은 투자처라 생각합니다.

전범선 씨는 돈이 어떻게, 어디로 갈 것 같아요?

전   저는 아무래도 암호화폐나 메타버스와 같은 가상의 공간으로 몰리지 않을까 생각해요. 인간의 욕망이라는 게 내 집 마련의 욕망도 있지만, 저를 비롯해서 제 주변 또래 친구들은 확실히 가상 세계에서 보내는 시간이 많아지다 보니 그런 쪽으로 갈 수도 있지 않을까, 하는 막연한 생각이 듭니다. 정말 아무런 예측을 할 수가 없어요.

홍익희 작가님은 《돈의 인문학》에서 "경제학에서 변하지 않는 한 가지 진리가 있다. 대량으로 발행되는 화폐는 가치가 떨어진다."라고 쓰셨어요. 지금 전 세계적으로 화폐량이 늘어났습니다. 그러면 가치는 떨어진다는 얘기잖아요. 떨어진다 하더라도 어딘가의 자산은 오를 것 아닙니까.

홍   큰 틀에서 보면, 지금의 모든 자산가격 상승은 유동성 때문이거든요. 유동성 장세라는 건 실적이 뒷받침되어서 올라가는 게 아니고 돈의 힘 즉, 돈의 양으로 올라가는 것이기 때문에 돈의 양이 줄어들면 떨어지게 되어있죠. 쉽게 얘기해서 미국 연준이 테이퍼링을 시작해 시장에서 사들이던 국채의 양이나 모기지 증권의 양을 줄이면서 궁극적으로 금리를 인상하게 되면 부동산 가격은 떨어져요. 그 이유는 금리를 인상한다는 건 기본적으로 주택 대출 금리가 올라간다는 걸 의미하고 그러면 경제적 압박과 심리적인 압박에 의해서 주택 가격은 하락하게 되는데요. 거기에다가 대출금리가 올라가는 건 여태까지의 유동성 장세하고는 반대방향으로 가는 거예요. 특히 미국 같은 경우 지난해 부동산 시세가 23% 정도 올랐어요. 굉장히 많이 올랐죠. 그래서 연준이 '우리가 모기지 증권을 너무 많이 사줬구나' 하면서 반성하게 되었죠. 지금 매달 400억 달러씩 사고 있는데요. 이것은 연준이 모기지 금리가 오르지 못하도록 하방으로 누르고 있는 거예요. 그래서 30년짜리 금리가 2%대인데요. 이렇게 대출금리가 싸서 집값이 올라가니까 누구나 집을 사게 되면서 집값이 고공행진을 하는 겁니다. 그래서 만약 연준이 '아 지금 이건 버블이구나' 인지하면서 테이퍼링을 하게 되면, 모기지 증권을 사는 양을 생각보다는 많이 줄일 겁니다. 그래서 제가 보기에는 부동산이 직선으로 상승하는 게 아니고 올라갔다가 떨어졌다 하면서 상승하거든요. 분명히 정체 시기가 있어요. 다음 테이퍼링이나 금리인상에는 정체시기로 보는 게 맞는 거죠.

미국뿐만 아니라 전 세계적으로 그렇게 될까요?

홍　그렇죠, 미국이 시작하면 그 선도 효과로 다른 나라들도 다 따라갈 겁니다. 우리나라 대출금리도 미국 금리하고 직결되어 있거든요. 그래서 세계금리는 미국이 선도하는 방향으로 따라가요.

부동산뿐만 아니라 증시도 사실 유동성 장세로, 미국 증시뿐 아니라 전 세계 증시가 올랐잖아요. 그럼 그것도 역시 영향을 받을까요?

홍　자산 가격은 다 유동성의 영향을 받습니다. 유동성이 줄어들면 자산가격은 떨어지는 거죠.

가상화폐 쪽 전망은 어떤가요?

홍　저는 긍정적으로 보고 있는데요. 현재 투자자들의 가장 큰 고민은 이 유동성 랠리에서 과실을 얻고 싶은데, 한편으로는 많은 전문가들이 버블붕괴를 이야기하니까 그것도 대비를 해야 한다는 거예요. 이럴 때 현인들이 제시한 방법이 몇 가지가 있습니다. 정보이론의 아버지라고 불리는 클로드 섀넌은 천재 투자자라고 불리는데요. '평균 복원 포트폴리오'라는 걸 제시했어요. 이건 생각보다 굉장히 쉬운 겁니다. 투자한 금액이 주식이건 비트코인이건 투자금액과 현금을 매일 정오에 5대 5로 맞추라는 거죠. 예를 들어서 투자한 곳의 가격이 오르면 오른 만큼 떼어내서 현금으로 보내고, 만약 가격이 떨어지면은 이번에는 현금을 더 투자해서 항상 5대5로 맞추는 건데요. 이렇게 하면 재산을 비교적 안전하게 유지할 수 있는 겁니다.

위험자산에 5, 현금에 5.

홍　　 그다음에 헤지펀드 창시자인 알프레드 존슨은 추세와 상관없이 돈을 버는 방법의 하나로 롱숏(long-short) 전략●을 말했는데요. 예를 들어서 앞으로 전기차가 오른다, 베터리가 오른다, 반도체가 오른다고 본인이 확신을 하면 비록 확신했다고 하더라도 투자금액을 한 종목에 몰지 말고, 동종업계의 1등주를 70%를 사고 그다음은 오히려 떨어지는 숏에다가 투자하라는 겁니다. 오르는 쪽에 70%의 과실을 먹고 만약의 경우 폭락했을 때는 숏에 30%가 그걸 어느 정도 방어를 해줄 수 있게끔 말이죠. 그다음에 우리가 잘 아는 세계 최대 자산운용사를 운영하는 레이 달리오는 지금처럼 통화가 많이 발행된 시기에 현금은 가치가 떨어지니까 주식, 미국 국채 중에서 물가 연동 국채, 인플레이션에 따라서 원금과 이자가 변동될 수 있는 국채, 그다음에 금이나 비트코인, 그다음에 원자재 등으로 골고루 나누어 분산 투자를 하라고 말하면서, 그런 것들이 지금 유동성 랠리와 버블붕괴 사이에서 어느 정도 자산을 방어할 수 있는 방법이라고 말합니다.

그런데 그 현인들의 말도 서로 좀 달라서요. 어떤 사람은 50%는 현금으로 갖고 있으라 하고, 어떤 사람은 현금은 가치가 없으니 분산하여 투자하라고 하고요. 누구말을 따라야 할지는 각자 선택을 해야겠죠.

유   지금 주식과 부동산이 너무 올라가 있다 보니까 곧 빙하기, 엄청난 인플레이션이 온다고 얘기를 하거든요. 그런 예측을 하는 사람들이 꽤 있어요. 그럼 경제 역사적으로 분석해 보았을 때, 인플레이션이 도래하면 가장 안정적인 투자처는 어디라고 할 수 있을까요?

홍   그 답이 바로 분산투자라는 거죠.

유   현금, 부동산 이렇게 골고루 투자하라는 거죠?

홍   현금도 달러로 가지고 있을 건지 우리 돈으로 가지고 있을 건지 위안화로 갖고 있을지 본인이 생각해서, 올라가는 쪽의 확신이 있는 곳에 70%를 투자하고 30%는 비상사태를 위해서 다른 쪽으로 분산투자를 하라는 거죠.

인플레이션처럼 어떤 불투명함이 고조될수록 종목을 더 분산해야 하는 거군요. 그런 투자가 손실을 최대한 줄일 수 있다는 말씀이고요.

5. 메타버스

인간 욕망의 끝은 어디인가?
새로운 우주의 탄생

대담자
김상균, 강유정 그리고 전범선

대담도서
김상균 《메타버스 새로운 기회》, 《게임 인류》, 《메타버스》

김상균

국내 최고의 메타버스 전문가이자 마음을 움직이는 인지과학자.

연세대학교에서 인지과학 박사 학위를 받았다. 현재 강원대 산업공학과 교수로 재직 중이다. 인지과학, 교육공학, 로보틱스와 산업공학을 공부하고 게임 세상에 대해 연구 중인 탐험가이다. 공공기관, 기업, 방송에서 4차 산업혁명 관련 전문가로 활발히 활동하고 있다.

국내 여러 대학에서 게이미피케이션 교수법 강연 및 워크숍을 다수 진행했으며, 삼성, LG, GS, 현대 등 다수의 국내 기업과 공공기관에서 경영, 마케팅, 교육에 게임을 활용하는 방안에 대한 프로젝트 및 자문에 참여했다.

저서로는 《메타버스 새로운 기회》, 《메타버스》 등이 있다.

강유정

영화와 문학 분야에서 평론가로 활동하며 국내외 콘텐츠 분야를 꿰뚫는 문학박사.

고려대학교 국어교육과를 졸업하고 동대학원 국어국문학과에서 박사 학위를 받았다. 현재 강남대학교 한영문화콘텐츠학과 교수로 재직 중이다.

2005년 조선일보와 경향신문에 문학 평론이, 동아일보에 영화 평론이 당선되어 본격적 평론 활동을 시작했다. 경향신문에 '강유정의 영화로 세상 읽기'란 칼럼을 쓰고 있으며, 영화 전문 프로그램 EBS 〈시네마 천국〉과 KBS 〈박은영, 강유정의 무비부비〉를 진행했고, 민음사 〈세계의 문학〉 편집 위원으로 일했다.

영화, 소설, 드라마와 같은 허구적인 이야기에 삶을 견디게 하는 힘이 있다고 믿는, 서사 신봉자이기도 하다. 저서로는 《죽음은 예술이 된다》, 《타인을 앓다》 등이 있다.

전범선

인문학에 대한 애정으로 문 닫을 뻔한 서점을 인수한 책방주인, 글 쓰고 노래하는 채식주의자이자 밴드 '양반들'의 리더.

미국 다트머스대학교와 영국 옥스퍼드대학교 대학원에서 역사를 전공했다. 학교 동기들이 전문직, 대기업 취직을 하며 사회로 진출할 때 예술가가 되겠다는 결심을 하고 음악에 뛰어들었다. '아래로부터의 혁명'으로 2017년 한국대중음악상 최우수록 노래상을 받았다. 이후 예술가 겸 사업가, 운동가의 길을 걷고 있다.

2012년 피터 싱어의 《동물해방》을 읽고 채식을 시작하였으며, 동물권 단체 '동물해방물결' 자문위원, 사찰 음식점 '소식'대표, 책방 '풀무질'대표를 맡았다. 출판사 '두루미'발행인, 비거니즘 잡지 〈물결〉을 펴낸다. 저서로 《해방촌의 채식주의자》, 역서로 《정면돌파》가 있다.

> 실제의 세상은 상상의 세상보다
> 훨씬 작다.
>
> -프리드리히 니체-

새로운 우주, 메타버스

요즘 TV에 보면 인공지능이 얼굴과 목소리를 갖추고 캐릭터화되어
등장하는 모습을 많이 볼 수 있는데요.

김상균(이하 '김')　　네. 딥페
이크* 같은 안 좋은 문제도
있지만, 이런 가상인간이나
버추얼 인플루언서 같은 AI
기술을 좋은 방식으로 적용
하여 사내 교육에 활용하는

> **● 딥페이크(Deepfake)**
>
> 인공지능(AI) 기술을 활용해 특정 인물
> 의 얼굴, 신체 등을 원하는 영상에 합성
> 한 편집물이다. 미국에서 '딥페이크'라
> 는 네티즌이 미국 온라인 커뮤니티 레
> 딧에 할리우드 배우의 얼굴과 포르노를
> 합성한 편집물을 올리면서 시작됐다.
>
> 출처: 시사상식사전, pmg 지식엔진연구소

기업도 있습니다. 또 은행에서는 인공지능 캐릭터가 실시간으로 고객상담을 진행하는 경우도 등장했습니다.

그래요? 그러면 (인간)상담원이 필요없군요.

김 장기적으로는 좀 무섭지만 그렇게 되고 있습니다.

전범선(이하 '전') 많은 직업들이 이제 대체되지 않을까 싶네요.

김상균 교수가 《메타버스 새로운 기회》,《게임 인류》,《메타버스》라는 책들을 썼는데, 언제부터 쓴 거죠?

김 작년 여름부터예요. 처음 쓰기 시작할 때 이 테마에 대해 주변에서 별로 관심이 없었어요. 메타버스란 키워드가 검색량이 증가한 게 작년 가을부터였거든요. 저는 인간의 마음을 연구하는 사람인데 마음을 들여다보다 보니까, 사람이 갖고 있는 욕망이 현재 지구로는 감당이 안 되겠다는 걸 알게 됐어요. 그전에도 문제가 있었지만, 코로나를 겪으면서 우리가 욕망을 없애기는 힘들고, 그런데 욕망을 분출할 수 있는 공간은 필요하고, 그래서 이제 92년도에 소설에 나왔던 '메타버스'가 실제로 등장할 때가 되지 않았을까? 하는 좀 막연하고 공상적인 생각으로 책을 쓰기 시작했어요.

한국인을 읽는다

92년도 소설? 누가 쓴 소설이에요?

김　　　'닐 스티븐슨'이라
는 SF작가가 쓴《스노 크래
시》•라는 책이고요. 국내에
도 나왔다가 절판되었어요.
당시에는 많이 안 팔렸었는
데 다시 나왔어요.

> **● 스노 크래시(Snow Crash)**
>
> 세컨드 라이프의 모티브가 된 닐 스티
> 븐슨의 1992년작 사이버펑크 소설로
> 서, 가상세계의 개념을 처음으로 대중
> 에게 소개한 기념비적인 SF소설이다.
> 언제 어디서든 들어갈 수 있는 인터넷
> 공간과는 달리 스노크래시 속 현실세
> 계에서는 극소수의 인간들만이 메타
> 버스로 접속할 수 있고, 아바타(이 용
> 어가 가장 먼저 쓰인 작품) 역시 재력
> 이든 실력이든 능력에 따라 차등적으
> 로 만들어진다.
>
> 출처: 손에 잡히는 IT 시사용어,
> 한국정보통신기술협회

92년이면 30년 전인데요.

김　　　신기한 게 가끔 30년 주기설이라는 걸 농담삼아 말씀드리
는데요. SF영화나 소설에 나왔던 것들이 30년 뒤에 현실로 나오는
게 굉장히 많습니다. 실제로 〈스타트렉〉에 보면 휴대전화기랑 태블
릿이 나오잖아요. 그 영화가 나오고 30년 뒤에 실제로 나왔거든요.

전　　　한 세대 앞에서 만든 영화를 보고 소설을 읽으면서 꿈꾸던

세대가 그걸 만들어내나 보네요.

메타버스라는 개념이 메타+유니버스인데, 한국말로는 뭐라고 옮겨야 하나요?

전　　초월우주라고 해야 하나요?

김　　그래서 국립국어원에서도 그렇고 국회의 입법조사처에서도 어떻게 정의할까 고민을 했습니다.• 우

> • 국립국어원에서는 '메타버스'의 순화어를 '확장 가상세계'로 확정하였다.(2021년 1월 기준)

선 단어 번역의 문제가 아니라 의미를 풀어 쓰는 것 자체를 고민하더라고요. 국회에서 발표한 자료를 보면 이렇게 얘기하고 있습니다. '나를 대신한 아바타를 가지고서 온라인에서 활동할 수 있는 공간'이라고요.

전　　가상현실이나 증강현실이랑도 좀 다른 개념이네요.

김　　다르다기보다는 포괄하는 개념이라 볼 수 있어요. 좀 더 넓은 상위 개념으로 메타버스를 이해하면 좋을 것 같습니다.

92년도에 닐 스티븐슨이 《스노 크래시》라는 소설에서 메타버스라는 용어를 처음 만들어낸 거죠? 작가가 스스로 창조해낸 개념인 건가요?

김　　네, 《스노 크래시》에서 사용한 고유명사입니다. 소설을 보면 메타버스라는 가상공간이 나와요. 가상공간에서 유통되는 디지털 마약 같은 것의 명칭이 스노 크래시고요.

그런데 이 개념이 소설이 나온 이후 거의 30년이 지난 작년 가을, 갑작스럽게 많이 검색된 이유는 뭘까요?

김　　2003년에 나온 세컨드 라이프●라는 개념이 있는데요. 아바타를 가지고 살 수 있는 3D환경이 나왔을 때, 창업자가 "나 이거 메타버스를 가지고 만든거야."라고 얘기를 했었어요. 우리 학자들은 논문 같은 걸 쓸 때도 "나는 지금 온라인에 대

> **● 세컨드 라이프(Second Life)**
>
> 2003년 벤처기업 '린든 랩'에서 공개한 가상현실 공간이다. 이곳에선 자신의 분신인 '아바타'를 통해 현실에서 일어나는 대부분의 일을 체험할 수 있다. '린든달러'를 이용하여 물건을 사고파는 것은 물론이고 부동산 사업자가 될 수도 있고, 새로운 배우자를 만날 수도 있다.
>
> 출처: 매일경제, 매경닷컴

한 논문을 쓰는 게 아니라, 메타버스에 대한 논문을 썼어."라며 조

금씩 발표했었는데요. 대중이나 일반기업의 관심이 확 올라간 건 작년 가을경부터가 맞고요. 제가 봤을 땐 저뿐만 아니라 많은 전문가들이 '이제 메타버스가 와야 하는 것 아닌가? 우리가 하려고 하는 건 메타버스로 풀어야겠다'라고 생각하다 보니까 각지에서 너도나도 쓰기 시작한 거 같아요.

전   제가 추측하기로는 코로나를 겪으면서 젊은 학생들이 학교를 못 가잖아요. 집에 있으면서 게임이나 가상현실을 통해서 친구들을 만나고 교류하고 심지어는 학교수업도 거기서 하는 걸 많이 봤어요. 그런데 단순히 화상통화처럼 하는 게 아니라 가상현실에 학교를 지어서 거기에 학생들이 모이더라고요. 그리고 현실세계에서 충족하지 못하는 욕망을 대신 분출하는 모습을 많이 봤는데요. 아마 코로나가 가장 큰 계기가 아니었을까요?

가상현실과 메타버스는 어떻게 다른가?

김상균 교수님의 책에 보면 "스마트폰, 컴퓨터, 인터넷 등 디지털 미디어에 담긴 새로운 세상. 디지털화된 지구를 메타버스라고 부른다."라고 정의되어 있어요. 그런데 우리 귀에 이미 익숙한 가상현실이라는 개념이 있잖아요. 그걸 쓰면 되는데, 왜 메타버스라는 말을 새로 만들었을까요?

김　　가상현실(Virtual Reality)을 일반적으로 많이 얘기하는데, 그 말에는 기술적인 개념이 많이 들어가 있어요. 모습 자체도 두툼한 고글을 머리에 뒤집어쓴 걸 바로 떠올리잖아요.

저도 VR 경험해 봤는데요. 두툼한 고글을 쓰고 앉아있으면 갑자기 제가 이상한 방에 들어가 있어요. 옆으로 돌면 내가 같이 돌아가고요.

김　　그런데 VR은 메타버스의 한 종류라고 보시면 됩니다. 예를 들어 메타버스 안에는 증강현실, 가상현실, 가상세계, 라이프 로깅(Life logging), 거울세계 같은 것들이 있는데요. 이게 하나씩 말씀드릴 때마다 머리가 아파지실 것 같네요. 하하.

가상현실과 가상세계가 다른 개념인가요? 그냥 말장난 같기도 한데요.

김　　하나씩 설명하면, 우선 메타버스와 물리적인 지구와의 관계성을 정립해야 하는데요. 보통 쉽게 설명할 때 X축, Y축 그래프를 그리라고 해요. X축은 밥그릇이고 Y축은 내용물이에요. 물리적인 밥그릇에 물리적인 밥을 담아서 먹는 것. 그것이 원래 사는 방식이

잖아요. 그런데 어느 순간 밥
그릇은 물리적인 밥그릇인
데, 존재하지 않던 내용물이
밥그릇에 툭 나온 거예요. 이
게 바로 증강현실•입니다. 대
표적인 게 '포켓몬고'•이고
요. 2015년 2016년에 한국인
들이 동해안에 가서 하던 것
입니다.

● 증강현실

현실세계에 컴퓨터 기술로 만든 가상
물체 및 정보를 융합, 보완해 주는 기
술을 말한다. 현실세계에 실시간으로
부가정보를 갖는 가상세계를 더해 하
나의 영상으로 보여준다.

● 포켓몬고

닌텐도 자회사인 포켓몬컴퍼니와 미국
의 증강현실 소프트웨어 개발사인 나
이앤틱이 공동 제작한 증강현실 모바
일 게임이다.

출처: 시사상식사전, pmg 지식엔진연구소

스마트폰을 어딘가에 비추면 실제로는 없는 포켓몬이 나오는 거잖
아요.

김　　그래서 실제 존재하는 공간이니까 공간은 현실, 그러나 보
이는 포켓몬은 가짜. 이걸 증강현실이라고 보시면 돼요. 그리고 가
상현실은 공간도 가짜고 내용물도 가짜인 거죠.

게임 속 세계가 다 그런 거 아니에요?

김　　게임 속 세계가 다 거기 들어가는데, 이걸 가상현실이라고

안 쓰고 가상세계라고 쓰는 이유가 뭐냐면요. 가상현실이라 써놓고 눈에 뒤집어쓰는 VR보다 컴퓨터로 하는 게임이 지금 훨씬 더 많이 팔리고 있거든요. 네모난 모니터로 보는 것은 가상현실은 아니고 가상세계라고 표현하는 것이 적절하기 때문에, 가상세계가 가상현실을 안고 있는 조금 더 큰 개념이라고 보시면 됩니다.

가상세계는 가상현실보다 더 크다.

전　　　그럼 가상세계는 저처럼 어렸을 때부터 컴퓨터 게임을 했다면 익숙한 개념이네요.

김　　　그렇죠. 사실 조금 더 깊게 들어가면 컴퓨터 게임 중에서도 어르신들 좋아하는 애니팡이나 고스톱 같은 게임은 사실 가상세계라고 보기는 애매해요. 혼자서 자기만의 무언가를 반복적으로 하기 때문이죠. 조금

> ● **MMORPG**
> **(Massive Multiplayer Online Role Playing Game)**
>
> 대규모 다중사용자 온라인 롤플레잉 게임을 말한다. 게임 속 등장인물의 역할을 수행하는 형식의 게임인 RPG(롤플레잉 게임)의 일종이다. 온라인으로 연결된 여러 플레이어가 같은 공간에서 동시에 즐길 수 있는 게임을 말한다.
>
> 출처: 시사상식사전, pmg지식엔진연구소

더 많이 즐기는 것 중에는 MMORPG*라는 게 있죠. 동시에 몇백 명 몇천 명이 함께 들어가서 함께 전쟁도 하고 자기만의 역사를 만들어

나가는 그런 게임은 정말 가상세계죠.

전　RPG라는 게 롤플레잉 게임이잖아요. 가상의 나를 설정해서 그 캐릭터를 키워나가는 그런 게임을 많이 했었던 것 같은데요. 메타버스에서도 아바타를 가져야 한다는 게 기본 전제이기 때문에 그 개념을 이해하기에 우리에게 가장 익숙한 개념이 RPG 게임일 거 같네요.

50~60대 이상의 롤플레잉 게임에 대해 잘 모르는 분들을 대변해서, 그분들 머릿속에 뭔가 그림을 그려줄 수 있다면 어떤 예를 들 수 있을까요? 그러니까 컴퓨터 게임인데 딱 플레이를 시작하면 전투장면이 나오죠?

전　그렇죠. 흔히들 전투를 많이 하는데 거기에 나를 대변하고 상징하는 캐릭터가 있는 거죠.

내가 마치 총을 들고 쏘는 것처럼 그런 모습을 취하잖아요.

김　여러 가지 직업이 있습니다. 마법사, 상인, 치료하는 사람도 있고, 전사도 있고, 이야기꾼도 있고요. 나의 캐릭터가 그중에 하나의 역할을 맡는 거죠. 그래서 '롤' 플레잉입니다.

증강현실은 포켓몬 잡기. 가상세계는 롤플레잉 게임. 가상현실은 그 중의 하나로 두툼한 고글 쓰고 직접 들어가 보는 것. 그러면 거울세계는 무엇인가요?

김 마지막으로 라이프 로깅과 거울세계를 묶어서 말씀드릴게요. 두 개념은 훨씬 더 많이 쓰고 있어요. 이 개념이 생소해서 그렇죠. 내용은 현실인데 이걸 보여주는 공간만 가상인 거예요. 소셜미디어, 페이스북, 인스타그램을 예로 들 수 있어요. 나의 삶은 현실이잖아요. 이걸 어디를 통해서 친구들이나 가족들과 공유하냐면 저기 어디 존재하는지도 모르는 페이스북 서버, 인스타그램을 통해서 공유하는 거죠. '라이프 로깅'이라는 모델입니다.

나의 라이프(삶)를 로깅(기록)한다?

전 우리는 누가 시키지도 않았는데 매일매일 기록하고 있죠. 식당에 가면 음식 나오자마자 사진 찍어서 올리고 후기 남기고 평점도 남기고요.

그렇게 라이프 로깅한 걸 각종 SNS를 통해서 전파하고 공유한다.

김 네, 그런데 라이프 로깅은 개인의 삶이잖아요. 개인의 삶이 쭉 연결이 되면 작게는 하나의 회사 크게는 경제나 산업이 되고요. 경제나 산업을 그대로 또 옮겨놓은 모델이 있어요. 이걸 바로 '거울 세계'라고 부릅니다.

전   어디로 옮겨놓는 거죠?

김   가상세계, 존재하지 않는 공간으로요. 대표적인 게 배달앱입니다. 지금 딱 배달앱을 켜보면 보면 수천 개의 식당이 쭉 뜰 거예요. 그런데 이게 내 입장에서는 스마트폰 안 하나의 앱에 놓여져 있으니 한 회사처럼 보이는 거잖아요. 그런데 사실은 이 넓은 우리나라 땅의 곳곳에 퍼져있는 거고요. 거울세계는 엄청나게 큰 비즈니스나 어떤 물리적인 공간을 스마트폰 안에 만든 거죠. 스마트폰 화면을 블랙미러라고 부르잖아요. 검은색 거울. 그래서 거울세계라고 이름을 붙인 겁니다.

전   그러니까 현실에 있는 세계를 가상에 비추어 놓는 그런 거울이라고 보는 거죠.

배달앱 화면은 굉장히 친숙한데 그걸 거울세계라고 하니까 더 어려워져요.

김　왜 그렇게 부르냐면요. 아직 거울세계에 들어오지 않은 우리의 일상이 훨씬 더 많기 때문인데요.

예를 들어 뭐가 있을까요? 음식 배달 그다음에 자동차 공유, 호텔 예약 이런 건 지금 하고 있는데 또 어떤 게 있을까요?

김　작은 규모로 독서실과 관련된 정보를 알려주거나, 최근에 코로나 때문에 자신의 홈 트레이닝 공간을 빌려주는 앱도 나왔어요. 이게 불법이다 아니다 논란도 있었는데요. 한 시간에 이만 원 정도 책정해서 자신의 집에 꾸려 놓은 홈 트레이닝 시설을 빌려주는 거죠. 이런 것도 거울세계에 쫙 묶어놓으면 여의도에서 방을 빌려줄 사람 만 명을 구할 수 있어요. 아마 한국에서 가장 큰 헬스 공간이 될 수 있을 것 같아요. 손바닥 안의 거울세계에 들어오는 거죠.

전　중고거래도 보면 내 손안에 우리 동네 모든 중고 물품들이 올라와 있는 것처럼 보이잖아요. 일상에 이미 밀접해있어 그런지 개념화를 한 게 오히려 더 쉽네요.

이런 거울세계를 응용한 여러 가지 사업모델은 배달앱뿐만 아니라 무궁무진하게 나올 수 있다는 거네요.

전　　이미 연애도 그렇게 하고 있죠. 새로운 친구를 사귀는 앱도 많잖아요. 제 주변에도 실제로 가상세계에서 먼저 만난 다음에 현실에서 만나는 경우도 있더라고요. 그런데 막상 그렇게 생각하니까 무섭네요.

김　　이걸 분류하는 이유가 굳이 복잡하게 보이려고 하는 게 아니라 오히려 우리가 몰랐던 게 어디에 있었는지를 찾기 위해서입니다. 렌즈라고 주로 말씀을 드리는데, 렌즈를 통해서 보면 나는 원래 가상세계밖에 몰랐는데, 라이프 로깅이랑 거울세계도 뭔가 앞으로 탐험할 게 많이 있다는 걸 알 수 있게 됩니다.

그러면 지금 재택근무하면서 화상에서 사람들이 회의하고 이런 거는 뭐라고 불러야 해요?

김　　최근에는 많은 기업이 사무실을 그대로 옮겨놓는 방향으로 가고 있어요. 그러면 거울세계에 가까워지고 있는 거죠. 최근 정치인들도 모 회사의 가상 공간에 있는 건물의 7개 층을 빌렸더라고요. 거기에 자기 선거캠프를 차렸는데요. 그것도 거울세계 방식인 거죠.

한국인을 읽는다

메타버스, 우리 삶의 어디까지 들어와 있을까?

지금 어느 정도 단계라고 봐야 합니까? 메타버스가 열리기 시작했다고 한다면요.

김　　　흔히 새로운 것을 좋아하는 얼리어답터가 많이 쓰던 단계가 2019년까지였던 것 같아요. 그리고 대중

● 줌(Zoom)

미국기업인 줌 비디오 커뮤니케이션에서 제공하는 화상 회의 프로그램이다.

에 알려지게 된 게 2020년쯤인데요. 어쩔 수 없었던 게 집에 있는 저희 아이나 조카가 초등학교 저학년 학생인데 '줌(Zoom)'*으로 수업을 하였어요. 그러니까 코로나 상황이 사람을 변화시킨 작년부터 대중이 흔히 메타버스를 쓰기 시작하게 된 기점이라고 봅니다.

제가 이런 개념을 듣고 익히고 설명할 때 자주 인용하는 이야기가 있어요. 옛날 유럽에 선풍기 돌리는 모터 같은 게 처음 나왔을 때 귀부인들이 하늘거리는 부채를 손에 들고 카페에 앉아서 모터의 작동 원리에 대해 토론을 했대요.

김　　　작동 원리는 전자기장으로 유도하는 거죠.

그런데 사실 작동원리를 일반인이 굳이 알아야 될 필요는 없잖아요. 우리 일상생활 속에 모터가 널리 퍼지면서 그 원리에 대해 토론을 하는 사람은 없거든요. 똑같은 예가 컴퓨터 프로그래밍 언어인데요. 예전에는 따로 공부했었어요.

김   80년대에는 C언어, 코볼 이런 것에 대해 공부를 많이 했죠.

뭐 코볼, 베이직 같은 건 지금 보면 무슨 말인지 하나도 모르겠는데, 그런 걸 공부했었어요. 지금은 그런 공부를 할 필요가 없잖아요. 주변에 컴퓨터가 다 널렸으니까. 지금 메타버스 관련해서 머리로 이해하기 굉장히 어려운 단어들이 많이 나오는 게, 아직은 그다지 일상화되진 않았기 때문에 그런 것이 아닌가 생각하는데요. 지금 제 비유가 그럴듯한가요?

김   적절했습니다. 지금 확 퍼지기 직전 단계에 있다 보니까 이런 개념들이 먼저 나오는 거 같고요. 나중에는 이 단어를 굳이 안 써도 될 것 같아요. 구글 트렌드 분석에서 'WiFi'라는 단어의 빈도를 보면 2015년을 정점으로 점점 더 줄어들고 있습니다. 그렇다고 해서 2015년보다 현재 우리가 일상에서 WiFi를 안 쓰는 것은 아니죠. 지금은 당연한 일상, 공기처럼 우리가 받아들이는 거고요.

그러니까 제가 아까부터 단어를 계속 우리 주변에 있는 것과 연결시키잖아요. 증강현실은 포켓몬 잡기, 가상세계는 컴퓨터 게임, 거울세계는 배달앱 같은 거, 라이프 로깅은 SNS 하는 거. 이런 게 쉬운 거 아니에요? 그런데 왜 이렇게 어려운 용어를 아직도 써야 하냐 이 말이죠.

김　　그런데 이런 측면이 있습니다. 가상세계를 게임으로 퉁치면 아쉬운 부분이 생겨요. 가상세계를 게임이 아닌 경우에도 많이 쓰거든요. 예를 들면 작년에 가상세계에서 콘서트를 많이 했어요. 보통 랜선공연이라고 하는데요. 초창기에는 줌으로 아티스트가 공연을 하고 관객이 방에 접속해서 관람했는데, 이렇게 하니 생동감이 너무 낮잖아요. 그래서 줌이 아닌 가상세계에 아티스트가 아바타로 들어가고, 관객도 아바타로 접속해요. 그런데 보통 우리가 공연장에 가면 돈을 많이 내고 앞자리를 예약하거나 미리 가서 줄 서지 않으면 무대와 멀리 앉을 수밖에 없으니 아티스트가 작게 보이잖아요. 그런데 가상세계의 랜선공연에서는 모든 사람이 1열에 앉아있고 아티스트는 거인만 한 크기로 나타나요. 이 무대는 원래 존재하지 않았던 무대고, 여기서 공연을 하고 노래가 흥겨워지면 옷도 막 바뀌고 나중에 아티스트가 날아다니기까지 하는 거죠. 이런 것도 가상세계이지만 게임이라고 할 수는 없거든요.

관객이 아바타로 현장에 참여를 한다?

김   그러고선 아티스트가 입었던 옷 중에 마음에 드는 것이 있으면 결제해서 그 옷을 내 아바타에게 입힐 수도 있고요. 작년에는 춤도 팔았어요. BTS의 다이너마이트 뮤직비디오를 보면 안무가 너무 멋있잖아요. 저는 춤을 전혀 못 추지만 그곳에서 안무를 몇 천 원 주고 사요. 그러면 현장에서 아바타들이 그 춤을 다 똑같이 출 수가 있어요. 나의 아바타가 춤추는 모습을 또 내가 보고요. 일종의 게임적인 경험이긴 한데, 법적으로 게임산업법에서 이야기하는 게임과는 또 다른 분류이긴 합니다.

대면 공연이 안 되니까 처음에는 그냥 공연을 녹화해서 보여주었고, 그런데 거기서 만족을 못 하니까 실시간으로 줌에 참여해서 공연을 보며 댓글도 달며 참여할 수 있게 하고, 또 거기에도 만족을 못 하니까 관객이 함께 아바타로 참여하도록 한다. 이렇게 되는 거로군요. 이게 좀 더 나아가면 공연장의 후끈후끈한 열기까지 전달되는 것 아니에요?

김   기술적으로는 이미 가능합니다. 실제 외국에서 몸에 착용하는 슈트나 장갑에 열을 전달하는 기술을 이미 선보였어요. 슈트나 장갑을 집에서 입고 공연을 보면, 한 시간쯤 지나면 뜨거워져요. 실시간으로 반응이 바로바로 옵니다. 실제 장비의 발전속도가 굉장히 빠릅니다.

전　저는 이 메타버스가 현실세계보다 훨씬 매력적일 수 있을 것 같거든요. 당장 저도 어렸을 때 현실에서 무언가를 하는 것보다 게임이 더 재미있으니까 막 빠졌었던 기억이 나요. 이게 더 발전하면 결국에는 아침에 일어나서 바로 거기에 접속해서 그곳에서만 삶을 사는 사람들도 생길 것 같아요. 그런 영화도 있지 않나요?

김　〈레디 플레이어 원〉*이라는 영화가 있죠.

● **레디 플레이어 원(Ready Player One)**

2018년 개봉한 미국의 SF 모험 영화이다. 스티븐 스필버그 감독의 연출작으로 어니스트 클라인의 동명 소설을 영화화했다. 2045년이 배경이며 누구든 상상하는 모든 것을 실현할 수 있는 가상세계 '오아시스(OASIS)' 속에 숨겨진 이스터에그를 찾는 모험을 그린 이야기이다.

우리가 은연 중에 아바타라는 용어를 많이 썼는데, 이건 또 어디서 나온 용어죠?

김　아바타는 산스크리트어로 '내려온다, 하강한다'라는 뜻인데요. 천상에 있는 신이 땅으로 내려오면 인간하고 소통을 해야 하잖아요. 종교마다 다르지만 신의 모습을 그려놓은 걸 보면 무서운 얼굴이 많죠. 그 우락부락한 얼굴로 사람을 만날 수는 없으니까 사람이 좋아할 만한 모습으로 바꾼 거죠. 그래서 내려온 신이 사람하고 만나는 것을 아바타라고 지칭하기 시작했어요. 사실 다양한 산업에 쓰입니다. 게임산업에서도 아바타라는 말을 쓰고요. 저 같은 경우 교수니까 대외적인 입지가 '꼰대'예요. 교수는 꼰대고, 특히 이런 메타버스나 게임 연구한다고 하면 학부모님들은 나쁜 꼰대라고 하세요. 그런데 실제 저의 자아는 장난꾸러기 같고 엄청나게 새로운 걸 좋아하는 어린아이 같은 모습이에요. 호기심 덩어리죠. 그런 아바타를 만들어서 사용해요. 이렇게 아바타는 좋게 말하면 자기의 숨겨진 자아를 표출하는 수단으로 활용될 수 있을 거 같습니다.

요즘 유행하는 부캐(부캐릭터)하고 비슷한 거죠?

김   정확한 표현입니다.

자기가 현실세계에서는 살아보지 못하는 삶을 한번 살아보고 싶을 때 현실에서 하면 부캐가 되는 거고, 가상현실에 접속해서 한다면 아바타를 만들어서 그런 성격을 부여하면 된다는 거네요. 저희 같은 중년층은 옷 하나 사도 직접 현장에 가서 만져보고 입어보고 이래야 믿음이 가는데, 요즘 젊은 세대들은 인터넷 컴퓨터 가상현실 속에서 수천 벌의 옷을 입었다 벗었다 한다면서요? 그게 더 편해요?

전 저는 백화점이나 시장에 가서 직접 사는 것보다, 핸드폰 앱으로 클릭하면 바로 오는 시스템이 더 익숙합니다. 가서 옷을 직접 보는 것 자체가 되게 피곤하고, 훨씬 더 많은 선택지가 핸드폰 안에 있기 때문에 그게 훨씬 효율적이고 당연하게 느껴집니다.

김 실제 수치로 보면 아직 60% 이상은 오프라인에서 구매를 하긴 하는데 온라인 커머스가 40% 가까이 올라왔어요. 최근 휴대폰 기능이 워낙 좋아져서 내 몸을 놓고서 팔찌도 차보고 신발도 신어보는 게 증강현실로 가능해요. 최근에 봤던 실험 중에는 옷도 내 몸에 시착하는 건데 그렇게 옷을 구매하게 되면 반품하는 비율이 증강현실을 안 쓰는 경우보다 70%가 낮아집니다. 이걸 더 낮추는 것이 연구자들의 목적이에요. 반품률이 증강현실을 안 쓰는 경우보다 90%까지 내려가면 결국 오프라인 매장은 소멸될 수도 있다는 거죠.

전 온라인으로 옷을 구입할 때 사이즈가 안 맞을까 봐 가장 걱정을 많이 하는데, 그게 해결되면 진짜 오프라인 매장에 갈 이유가 없죠.

그게 자기 신체 사이즈 등을 다 입력해 놓으면, 내가 옷을 입었을 때 어떤 모습이 될지 제대로 보인다는 말이에요?

김   실제 선글라스 같은 경우에는 이미 그렇게 판매가 되고 있습니다. 악세서리 종류 같은 부분에 실제로 많이 활용되고 있어요.

무한한 욕망 충족의 방안, 메타버스

아무래도 코로나 때문에 사람들이 대면이 아닌 방식을 자꾸 찾다 보니 메타버스가 크게 확산되는 것 같다는 말인데, 근본적인 이유는 어떤 것이 있을까요?

김   저는 인간의 마음을 연구하는 사람인데요. 그래서 이런 요인을 마음과 연결해서 찾아봤어요. 우선 인간의 마음이 갖고 있는 세 가지 욕망이 있습니다. 첫 번째가 자극에 대한 욕망입니다. 쉽게 표현하면 여행가고 싶은 마음, 더 많은 걸 갖고 싶은 마음 같은 게 포함이 되고요. 지배에 대한 욕망이 있는데 나쁜 쪽으로 억압한다기보다는 성취감이라고 보시면 돼요. 더 많이 이루고 싶은 마음, 더 앞으로 나가고 싶다는 욕구 같은 것들입니다. 자극과 지배를 많이 추구하다 보면 생기는 게 스트레스거든요. 그런데 사람은 스트레스를 안 좋아하죠. 스트레스를 피하려는 걸 항상성이라고 해요. 항상 균형을 맞추려는 성질이죠. 이걸 욕망으로 봤을 때는 균형에 대한 욕망이라고 봅니다. 자극, 지배, 균형에 대한 욕망이 인간이 계속 추구해왔던 것인데 코로나를 겪으면서 세 가지가 다 안 좋았어요. 여행도 못 가고, 경제는 마이너스 성장률을 기록하며 온 지구가 다 뒤로 갔죠. 스트레스는 모두 다 높아졌습니다. 작년 4분기에 우리나라 국민 스트레스 지수를 조사해봤더니 과거에 있었던 메르스 사태 때보다 훨씬 더 높았고, 심지어 너무 안타까운 세월호 사건이 있었을 때보다도 스트레스 지수가 더 높게 조사되었습니다.

실제로 우울증도 늘어나고, 정신과 환자도 늘어나고 있다잖아요.

김   맞습니다. 그런 것들이 현실에서 해소가 안 되다 보니까 인간들이 대안을 찾잖아요. 멈춰 있지는 않거든요. 이 대안으로 찾아낸 게 원래 쓰고 있었던 인터넷, 스마트폰이에요. 이걸 통해 자꾸 이거저거 하면서 더 확장해야겠다고 생각한 거고, 찾다가 '메타버스라는 소설 속 개념을 가져다가 진짜로 만들기 시작하면 풀리지 않을까?'라는 생각을 하게 되었고, 많은 기업들, 그리고 저 같은 학자들이 본격적으로 연구하기 시작하면서 이런 분위기가 형성된 거 같습니다.

이 코로나라는 상황 요인을 다시 한번 설명하신 건데요. 결국 자극 욕구, 지배 욕구, 균형 욕구, 그 욕망을 조금 더 손쉽게 달성하기 위한 또 하나의 세계를 꿈꿔왔던 것 아닌가요?

김 그렇죠. 코로나와 무관하게 보면 테라포밍(Terraforming)도 살펴볼 필요가 있어요. 테슬라와 스페이스X의 CEO인 일론 머스크 아시죠? 일론 머스크는 어렸을 때부터 사업을 계속했는데 궁극적인 꿈이 화성에다가 인류 정착지를 만드는 것이었어요. 이를 테라포밍이라고 하거든요. 테라포밍은 외계행성을 개척하는 작업이에요. 저는 일론 머스크가 그 작업을 왜 할까, 하는 의문을 갖고 여러 가지 자료를 찾아보니 결국 그도 지구가 인간의 욕망을 다 담기에는 부족하다고 생각한 거죠. 코로나 전부터 그 얘기를 해왔거든요. 그리고 저도 그 세계관에 동의합니다. 지구라는 한정된 공간에서 욕망을 풀어내려고 하다 보면, 결국 우리끼리 더 싸울 수밖에 없는 것 같아요. 계속 새로운 영토가 필요한데 화성을 가는 건 아직 너무 먼 이야기니까, 외계행성을 개척하기 전에 우리가 디지털상에라도 인간의 꿈과 욕망을 펼칠 수 있는 더 넓은 땅을 만들어야 하지 않을까, 하는 고민과 욕망이 메타버스로 발현하고 있다고 생각합니다.

전 사실 지구에서 인간의 무한한 욕망을 다 풀려고 하다 보니까 기후 위기가 발생하고 코로나19 같은 전염병이 발생한 거 같아요.

한편으로는 불가피해진 면도 있는 것 같습니다. 날씨가 더워서 못 나가니, 집에서 어떤 가상세계에 접속하여 욕구를 채우고자 하는 마음도 드는 것 같고요. 일론 머스크를 말씀하셨는데, 스페이스 X를 운영하고 있기도 하지만 뉴럴링크*라는 회사와 연관되어 있거든요. 그것도 메타버스로 가는 열쇠라고 볼 수 있을까요?

● 뉴럴링크(Neuralink)

일론 머스크가 설립한 뇌 연구 스타트업이다. 신경 레이스(neural lace, 전자 그물망) 기술 개발에 주목하고 있는데, 이는 생각을 업-다운로드하는 작은 전극을 뇌에 이식하는 기술이다. 즉, 액체 상태의 전자그물망을 뇌에 주입시키면 특정 뇌 부위에서 액체가 최대 30배의 그물로 펼쳐지는데, 이 그물망은 뇌세포 사이에서 전기 신호와 자극을 감지할 수 있다. 머스크는 나날이 발전하는 인공지능(AI)에 지배당하지 않고 공생하기 위해서는 컴퓨터와 두 뇌를 연결해 인간이 더 높은 수준의 기능을 가질 수 있어야 한다며, 신경 레이스 기술이 이를 실현해 줄 것이라고 주장한다.

출처: 시사상식사전, pmg지식엔진연구소

뉴럴링크요?

전　　인체에 칩 같은 것을 넣어서 사람의 뇌를 컴퓨터처럼 만들어 우리가 인터넷이나 다른 곳에 접속할 수 있도록 하는 기술을 연구하고 발명하는 회사인데요. 그 기술이 실현되면 모든 사람이 화성에 가진 못하겠지만 화성으로 가는 경험에 가상으로 접속하는 상황을 예측할 수 있는 건가요?

김   그 분야는 공학에서 연구하는 분야 중 하나로 BCI라고 하는데요. BCI는 'Brain Computer Interface'의 약자입니다. 뇌를 컴퓨터에 연결한다는 건데, 기술적으로는 우리가 SF영화를 보면 물리적인 장치를 뇌에 꽂잖아요. 신경 같은 데 바로 연결하는 침습식이 있고요. 반면에 꽂지 않고 파스처럼 패치를 붙이는 비침습식 방법이 있습니다. 두 가지 방법으로 연구해서 인간이 갖고 있는 감정, 인간이 의도하는 걸 컴퓨터에 전달하고 반대로 컴퓨터가 보내주는 여러가지 시청각적인 자극을 내가 뇌를 통해서 바로 받는 이 양방향 소통을 연구하고 있어요. 일론 머스크가 작년에 거트루드라는 돼지로 실험을 했는데요. 돼지의 뇌에다가 칩을 심어서 신호를 주고받는 걸 시연했습니다. 좀 경악스러웠어요.

돼지 뇌에 칩을 심어서 어떤 자극을 주는 거예요?

김   돼지가 배고픔을 느끼거나 냄새를 맡거나 할 때 그 신호를 기계가 먼저 알아채게끔 하는 거죠.

전   인간과 기계의 경계가 허물어지는 단계에 가까이 가고 있는 거죠. 인간과 컴퓨터의 경계가.

그런 걸 왜 하는 거예요?

전   메타버스라는 단어에 힌트가 있는 것 같은데, 사실 서양이나 동양의 고대 철학을 보면 항상 우주를 초월하고 싶은 욕망은 있었잖아요. 예를 들어 기독교에서는 천국 내세로 이어졌고, 불교 같은 경우는 해탈이 될 수 있겠죠. 모두 결국에는 이 현실세계를 초월하고자 하는 욕망을 갖고 있는 것 같아요. 메타버스의 '메타'라는 말이 '초월하다'라는 의미를 갖고 있잖아요. 그런 욕망이 투영된 거죠. 코로나가 상황적인 촉매제 역할을 했을 수는 있지만 피할 수 없는 인류의 궤적이 아닌가 하는 생각도 듭니다.

인간의 기본적인 욕망의 첫 번째 자극에서 '여행'이라는 키워드를 들었을 때 머릿속에 떠오른 게 있어요. 요즘 해외여행을 못가니까 여행사에서 컴퓨터 화면에 현지 여행지의 모습을 쫙 보여주는 서비스를 시작하고, 그다음에는 가이드가 직접 현장을 다니면서 카메라로 쭉 비춰주고, 해설까지 더해주는 서비스가 나왔다고 그러더라고요. 그런데 조금만 더 가면 내가 현장에서 걷는 것 같은 느낌을 주는 건 VR, 가상현실 같은 도구를 사용하면 되는 거잖아요. 만약 이 단계에서 뇌에다가 칩을 심으면 또 어떤 것이 가능하게 되는 건가요?

김   지금 단계에서 VR이라고 하면, 장치를 써서 시각과 청각 자극을 주는 거고요. 장갑을 끼게 되면 촉각 자극을 주는 거죠. 인간은 흔히 오감을 갖고 있다고 하잖아요. 오감과 더불어 내 몸의 관절에 대한 위치 정보, 몸이 움직이고 있다는 정보도 중요하거든요. 그런 더 많은 감각을 연결하기 위해서 BCI를 자꾸 시도하는 겁니다.

그런 시대가 열리면 내 뇌에다가 칩을 꽂아서 갑자기 내가 스페인에 있는 어떤 도시로 날아가 그 현장을 걸어 다니고, 그 현장의 음식점에서 음식을 주문하고 냄새를 맡고 그럴 수 있는 거예요?

김　　영화 〈매트릭스〉의 상황인데, 그걸 향해서 기술자들은 연구를 계속하고 있는 것은 맞습니다.

전　　BCI가 가능해지면 이론상으로 인류의 가장 오랜 욕망인 영생의 욕망을 실현할 수 있다는 거예요. 지금 우리의 육체로는 100년, 200년 살기 힘들지만 기억이나 우리의 정신작용을 컴퓨터로 옮길 수 있다면 정신은 영생할 수 있는 거잖아요. 그런 가능성까지 과학자들이 계속 추구하고 있는 것 같네요.

그런 내용으로 가상소설이나 영화가 있었던 것 같아요. 인류가 그동안 뇌에 저장했던 걸 전부 컴퓨터에 옮겨서 한순간에 공부가 되게 하는… 그런 것도 되는 거예요?

김　　　바로 영화 〈매트릭스〉* 세계관인데요. 매트릭스 세계관은 디스토피아적인 느낌이 강한데, 현실적이고 따뜻한 BCI 사용 예시를 들자면, 신체 장애가 있는 사람들이나 거동이 불편한 사람들이 디지털 기술을 통해 소통할 수 있게 하고요. 특

● 매트릭스(The Matrix)

미래세계를 배경으로 인공지능 컴퓨터와 이에 대항하는 인간들 사이의 대결을 그린 워쇼스키 형제가 연출한 SF영화. 매트릭스는 수학에서 행렬, 주물을 만드는 거푸집, 자궁, 모체 등을 뜻하는 말로, 영화에서는 인간의 뇌를 지배하는 컴퓨터 프로그램이자 가상현실이다.

출처: 시사상식사전, pmg지식엔진연구소

히 미국 같은 경우에는 군인의 재활이나 치료를 위해 많이 씁니다. 영화 〈매트릭스〉 같은 세계가 오기 전 단계는 사실 일반인들이 모두 BCI를 쓴다기보다는 어려움을 겪고 있는 사람들이 사회에서 함께 살아갈 수 있게 하는 기술로 먼저 쓰일 것 같습니다.

어느 날 한순간에 갑자기 스페인 어느 도시에 내가 날아가서 실제로 현장에 있는 것처럼 냄새도 맡고 실제 상황처럼 즐길 수 있다는 거네요. 이러면 굳이 비행기 타고 안 다녀도 되는 것 아니에요? 그럼 화석연료 덜 쓰는 거고 환경오염도 줄어들 텐데요. 그런 세상이 열리면 그렇게 살고 싶어요?

전　　　이게 참 어려운 질문인 것 같아요. 기술이라는 게 좋게 쓰

려면 좋게 쓸 수 있고, 나쁘게 쓰려면 나쁘게 쓸 수 있는 거니까요. 어떻게 하면 지금 우리가 직면하고 있는 문제들을 이 기술로 해결할 수 있을지 고민하는 게 좋을 것 같습니다. 말씀하신 것처럼 굳이 비행기 안 타고 여행 갈 수 있으면 너무 좋죠.

그게 가능할까요?

김　　기술은 점점 다가가고 있긴 합니다. 저도 여행을 굉장히 좋아하지만, 개인적으로는 제가 여행을 줄여야 한다고 생각하고 있어요. 미국의 통계를 보면 전체 이산화탄소 배출량의 3분의 1이 자동차고, 비행기도 엄청 많은 양을 차지해요. 이걸 줄일 수 있는 대표적인 게 여행, 그리고 쇼핑을 위한 장거리 이동 같은 것들이거든요.

메타버스의 관계 형성과 소통

그런데 직접 현장에 가야 그곳의 공기를 호흡하고 사람도 만나고 소통도 하는 거잖아요. 그런데 이 메타버스는 소통이 좀 어려운 것 아니에요? 김상균 교수님도 책 《메타버스》에서 "메타버스는 아날로그 지구보다 실시간 소통비율이 많이 낮아진다."고 썼잖아요.

김　그걸 높이기 위해서 학자들이 연구하고 있는데, 실험을 해 보면 긍정적인 건 있어요. 메타버스 공간에서 아바타로 만나서 소통하면 상대방하고 함께 있었다는 느낌을 가질 것인가에 대해 실험을 했는데, 신기하게도 함께 있었다는 느낌을 가져요. 그런데 반대로 재미있는 것이, 엘리베이터가 붐벼서 타인이 45cm 이내로 들어오면 되게 불편하잖아요. 45cm는 연인의 거리거든요. 그런데 아바타임에도 불구하고 메타버스에서 45cm 이내로 다른 아바타가 접근하면 되게 불편함을 느껴요. 이게 어떻게 보면 되게 웃긴 건데 사람이 느끼는 그런 부분을 잘 활용하면 떨어져 있지만 함께 지내는 것 같은 느낌을 줄 수 있어요. 특히 작년에 미국에서는 할아버지 할머니가 손주들을 못 만나는 경우가 많았는데, 이때 아바타로 많이 소통했어요. 그래서 노년층에서 우울증을 개선한 사례들이 있고요. 저는 오프라인의 모든 걸 대체한다기보다는 어쩔 수 없이 못 하는 부분이나 환경적으로나 비용적으로 어려운 부분들을 보조하기 위한 수단으로 많이 쓰였으면 좋겠습니다.

그리고 점점 기술이 발전할수록 일반적인 소통과 메타버스 속에서 소통은 유사해진다는 거네요. 그런 경험 해본 적 있어요?

전　저도 익숙해져 가고 있는 것 같아요. 특히 지난 1~2년 정도 동안 온라인으로 수업도 하고, 회의를 계속하다 보니까 요즘은 실제

얼굴 보고 만나서 대화하는 게 더 어색할 정도로 뭔가 어려운 느낌이 들어요. 그리고 온라인에서는 딱 필요한 얘기만 할 수 있잖아요. 그래서 점점 익숙해지는 거 같습니다.

제가 코로나 이후 대학에 입학하는 신입생들이 참 불쌍하다는 얘기를 했어요. 신입생 환영회도 한번 제대로 못 하고, 오리엔테이션 같은 것도 못 하니까요. 그런데 1년 정도 지나니까 신입생들을 위해서 2학년, 3학년 학생들이 시간을 정해 각자 집에 모여서 줌이나 이런 가상공간에 모여서 같이 술 마시고 신입생 환영회도 하고 게임도 하는 등의 프로그램을 만들었다고 하더라고요.

전　　저도 사실 신입생들 엄청 불쌍하다고 생각했거든요. 대학생인데 캠퍼스 낭만도 못 누리고…. 그런데 반면에 어떤 사람은 수업이 있는 날에도 바다에 놀러가는 걸 보면서 다르게 생각하게 되었어요. 수업을 들으면서 쉬는 시간이 생기면 바다로 나가 수영을 하는 거예요. 어차피 컴퓨터만 있으면 시간 맞춰 강의에 접속하기만 하면 되잖아요. 그러니까 제가 누릴 수 없었던 다른 혜택이 있더라고요. 그건 기술이 있기 때문에 가능한 게 아닌가 생각했어요.

김　　저도 수업하면서 농담삼아 누워서 들어도 된다고 말해요. 내가 봐도 지금 설명하는 이 부분은 힘들고 지겨운데, 힘들지 않냐고 물어보면서 말이죠. 정말 학생들 중에 눕는 사람도 있긴 해요.

또 하나 좋은 점은 가상공간에서 만나서 수업을 하면 학생들이 말을 훨씬 더 편하게 합니다. 이게 권력과 관계있는 건데요. 강의실은 시간과 공간을 교수가 지배하잖아요. 저는 앞에 서있고 30명 정도의 학생은 앉아있고요. 강의를 마치는 것도 제가 결정해야 끝나는 거죠. 그런데 줌으로 만나게 되면 네모난 화면 속에 똑같이 있기 때문에 제 권력이 훨씬 더 낮아져요. 배우는 사람도 이것을 느껴요. 그래서 질문을 하면 훨씬 더 편하게 대답을 합니다.

공유와 감시 사이

김상균 교수가 쓴 책 가운데《메타버스 새로운 기회》의 맨 앞부분을 보면 2030년 우리 삶의 모습을 시간대별로 쭉 써놓은 게 있어요. 거기 보면 온라인 강의도 지금의 모습과 다르더라고요? 거기 참여하는 학생들 머리 위에 무언가 있다면서요?

김   사실 교수가 모든 학생의 정보를 외우기가 힘들어요. '저 학생이 리포트를 썼을까? 어제 질문 올린 게 있는가?' 30~40명과 수업하면 학생 이름이 생각 안 날 때도 많고 더 세부적인 정보는 파악하기 더욱 힘들죠. 그런데 학생 위에 이름도 뜨고, 두 번째 리포트를 안 냈다는 정보 같은 걸 뜨게 하는 거죠. 이걸 혼내려고 사용하기보다는 수월한 상호작용을 위해 쓰는 건 좋다고 생각합니다.

학생 한 명 한 명의 지난 학기 성적 같은 개인정보를 교수자가 강의 중에 볼 수 있게끔 한다는 거죠? 이런 건 또 뭐라고 해야 할까요?

김   네, 그걸 또 악용하면 안 되겠지만 긍정적인 의미로 하나의 데이터로는 활용할 수 있을 것 같아요.

전   증강현실이 되는 거잖아요. 예를 들어 장을 보러 갔을 때, 과일가게 아저씨가 이게 맛있는 복숭아라고 하면 전적으로 그 사람의 말만 믿어야 하잖아요. 그런데 복숭아를 봤을 때 그 위에 상세한 정보들이 뜬다 그러면 소비자 입장에서도 유용할 수 있겠다는 생각이 드네요.

복숭아의 산지와 당도를 표시할 수 있다?

김   실제 아마존 같은 경우에는 명확하게 같은 기술이라고 할 수는 없지만 비슷한 것을 사용하는데요. 카메라를 매장에 여러 개 달아서 고객이 물건을 집으면 어떤 물건을 몇 개 집었는지 자동으로 추적을 해요. 이런 기술은 뒤에 숨어있죠. 편의성만 제공해주는 그런 방향으로 가고 있습니다.

전   예를 들어 국가에서 감시를 하고 있는 상황이라면, 제가 걸어가는 거만 봐도 어떤 사람인지, 어디를 갔다 왔는지 다 알 수 있는 거잖아요. 한편으로는 무섭다는 생각이 드네요.

감시 사회의 끝판왕이 되는 거죠.

전   그게 참 굉장히 흥분되다가도 무섭기도 하고 그렇습니다.

김상균 교수의 《메타버스 새로운 기회》에 보면 어딘가로 이동하는데 자율주행차에 타요. 그러면 자율주행차의 컴퓨터가 나에게 물어봐요. '당신 기록들을 보니까 이런 영화 좋아할 것 같은데 볼래?' 이런 상황에서 자동차가 보는 그 기록은 어디서 나오는 거예요?

김   과거의 제 라이프 로깅이겠죠. 제가 만약 넷플릭스를 보다가 5분 만에 끊어버린 영화가 있다면, 이런 종류의 영화를 추천하지는 않겠죠. 제가 끝까지 봤던 영화들을 바탕으로 비슷한 영화를 좋아했던 사람의 데이터를 가져와서 던져주는 거죠. 더불어 영화를 실시간으로 편집해서 보여주는 기술도 시도가 되고 있습니다.

지금도 넷플릭스 같은 플랫폼 보면 취향에 맞게 추천을 하잖아요. 그건 회사 내에서만 되는데 이제는 그게 자율주행차 컴퓨터까지 연동이 된다는 말이죠?

김　네. 게다가 최근에는 통신사와 금융권이 개인의 라이프 로깅 정보를 일정 부분 공유하는 '마이 데이터(Mydata)'라는 게 추진되고 있어요. 예를 들어 전화기를 가지고서 어떤 매장에 밥을 먹으러 가면, 통신사는 위치 정보를 가지고 있으니까 제가 어디서 밥을 먹는지 실시간으로 알잖아요. 그래서 금융사 데이터와 연결해 이 식당에서 A라는 신용카드를 쓰면 10% 더 할인받을 수 있다는 메시지를 보내는 거죠. 이런 걸 능동적으로 보여주는 거예요. 이렇게 데이터가 연동되면 개인은 좀 더 편할 수 있죠. 한편으로 데이터가 악용될 수도 있고요. 양날의 검 같은 겁니다.

김상균 교수의 책에는 이런 말도 있습니다. '메타버스는 단순히 가상의 세계를 만드는 기술로만 구현할 수 있는 세계가 아닙니다. 지금까지 우리가 가상의 세계로 구현된 세계의 모습을 그려봤다면 앞으로 그 안에 다양한 문화, 새로운 사회, 즐길거리가 존재해야 합니다.'라고요. 이건 무슨 뜻에서 강조한 건가요?

김　지금 사실은 이런 것들이 기술 중심의 단편적인 기능만 많

　한국인을 읽는다

이 쓰이고 있는 것 같아요.

자꾸 시험해보고, 연결해보고 그런 단계죠.

김   결국 그런 기능들이 연동이 되고 많은 사람이 들어오고 보내는 시간이 길어지다 보면 진짜 세상처럼 되죠. 세상이 된다는 건 문화가 형성되는 거잖아요. 과연 거기는 어떤 문화를 가져갈 것이냐. 대표적인 게 이런 거예요. 제가 어떤 플랫폼에 들어가면 다른 아바타들이 저에게 '반모'하자고 해요. 반모가 뭐냐면 '반말 모드'예요. 제가 동의를 하면 바로 말을 놓는 거예요. 그런데 이게 처음에는 되게 기분 나쁠 수도 있어요. 왜냐하면 제 자식보다도 어린 초등학생, 중학생이 반말하면 기분 나쁘잖아요. 그런데 이야기하다 보면 괜찮아져요. 반말을 하는 순간 친구처럼 느껴지더라고요. 그것도 하나의 문화잖아요. 그런 식으로 현실 공간과는 다른 소통의 공간과 문화가 발생할 수 있겠죠. 이 문화를 어떻게 받아들일 건지, 또 이런 부분에서 생길 수 있는 윤리적인 문제나 법적인 문제는 어디까지 개입해야 할 건지 이런 것도 고민되긴 합니다.

전   특히 지금까지는 메타버스나 온라인 게임 문화를 10대들이 주도하고 있으니까, 앞으로 이 메타버스가 사회 전반으로 퍼진다고 해도 10대들이 만들어 놓은 언어, 문화 규범들이 주로 퍼질 것 같

아요. 되게 낯설 수도 있을 것 같습니다. 저도 사실 익숙하지 않거든
요. 반모 같은 말 잘 모르니까.

옛날에 학교 선후배들끼리 모여서 야자타임 같은 거 했잖아요. 그런
걸 이제 아바타들끼리 한다는 거죠? 그런데 김상균 교수는 어느 플
랫폼에 들어가면 거기 모여있는 아바타들이 반모하자고 해요?

김   제가 제일 많이 들
어가는 플랫폼은 '제페토'*
예요. 이 가상세계에 들어가
면 저희 대학도 있고 제 연구
실도 있어요.

> **● 제페토**
>
> 네이버제트(Z)가 운영하는 증강현실
> (AR) 아바타 서비스로, 국내 대표적인
> 메타버스 플랫폼이다. 2018년 출시된
> 제페토는 얼굴인식과 증강현실, 3D 기
> 술 등을 이용해 '3D 아바타'를 만들어
> 다른 이용자들과 소통하거나 다양한
> 가상현실을 경험할 수 있는 서비스를
> 제공한다.
>
> 출처: 시사상식사전, pmg지식엔진연구소

그걸 직접 지으셨나요?

김   연구실은 제 딸이 만들어줬고, 대학은 저희 학부생들과 수
업시간에 같이 만들었어요.

거기 들어가면 뭐가 있나요? 우선 무엇을 하기 위해 들어가세요?

김　제 연구실에 들어갈 때는 누가 일대일로 상담해달라고 하거나, 기자분들과 인터뷰할 때입니다. 보통은 기자분들이 저를 직접 찾아오지만, 시간이 안 맞으면 제페토에서 만나기도 해요. 아바타 둘이 만나서 음성으로 대화를 하고, 필요하면 녹화도 하고 사진도 찍을 수 있어요.

그냥 전화하면 되지 않아요?

김　그런데 아바타 간의 거리가 가까우면 묘하게 함께 있다는 느낌이 들어요. 전화로 부족한 내용을 채우거나, 너무 멀리 있는 느낌을 깨뜨리기 위해서 거기 들어가기도 합니다. 예를 들어 제 연구실을 보면 제가 썼던 책들이 전시가 되어있어요. 그 책 앞에 서서 설명을 하면 훨씬 더 몰입감이 생겨요. 예컨대 "3층에 올라가면 제가 최근 쓴 책이 있는데 거기로 한번 가볼까요?" 하면서 자리를 옮겨 이야기할 수 있어요. 원래 실제 공간에서 제 연구실은 한 칸밖에 없는데, 제페토 안에서 저는 한 건물을 써요. 욕망의 표출이죠. 심지어 연구실 뒤에다가 냇가도 만들어 놨어요. 그래서 "기자님 저기 냇물에 들어가서 얘기하시죠." 그러면서 함께 들어가면 분위기가 또 달라져요.

그렇게 그 연구실 공간을 꾸미고 만드는 게 어렵지도 않아요?

김　　네, 문서 작성하는 프로그램 보면 네모, 동그라미 써서 그림 같은 거 그리잖아요. 그런 거를 쓸 수 있을 정도면 제가 봤을 때 1~2시간만 만져보면 충분히 사용 가능한 난이도입니다. 왜냐하면 초등학생들도 많이 하거든요.

제페토 관련하여 저도 신문기사에서는 읽어본 적 있습니다. 그런 플랫폼이 여러 가지가 있나요?

김　　네, 통신사에서 갖고 있는 플랫폼도 있습니다. '이프랜드(Ifland)'●라는 건데요. 거기 클럽도 몇 번 갔었어요.

● 이프랜드(Ifland)
SK텔레콤에서 운영하는 메타버스 플랫폼이다.

그 안에 클럽이 있어요?

김　　네. 130명이 들어가면 클럽에서 춤을 추는 모습이 연출되거든요. 신기하게도 춤추는 장면 안에서 사람을 만나는 거죠. 그러면 조금 더 대화가 가볍고 편해져요. 그게 참 묘해요.

그런 클럽에 입장료 있어요?

김   없어요. 무료입니다. 그리고 '입구컷' 하는 것도 없습니다.

그럼 그런 거를 만들어서 운영하는 회사는 그걸 왜 하는 거예요? 거기서 수익 창출이 됩니까?

김   거기서 디지털 재화 같은 것들이 많이 거래가 됩니다. 아바타를 꾸미는 옷이나 기본 기능 외의 더 좋은 공간, 넓은 공간을 쓰려면 사용료를 내기도 하죠. 거기서 해외 브랜드가 들어와서 물건을 팔면 수수료를 받을 수도 있고요. 어떻게 보면 건물 갖고 있는 업체랑 똑같습니다. 공간을 빌려주거나 또는 판매되는 물건의 일정 부분을 받아가거나 수수료를 받는 방식 같은 것들이요.

메타버스 가상의 세계 안에 어떤 공간을 자본을 들여 꾸며놓고, 그 공간에 사람들이 들어오게끔 유인해서 물건도 사고팔 수 있게 하고, 이런 것들을 경제적 이익으로까지 만들어낸다는 거네요.

전   마인크래프트*도 그런 건가요? 거기 접속했던 기억이 있는데요. 어떤 전시를 보려고 하는데, 그 전시가 마인크래프트라는 게임 내에서 이뤄진다는 황당한 얘기가 있더라고요. 그래서 접속을 했

는데 실제로 전시하는 아티
스트의 퍼포먼스가 게임상
에서 이뤄지는 거죠. 코로나
때문에 어쩔 수 없는 상황이
기도 했는데, 그 안에 무대
처럼 원형극장을 지어놨더
라고요. 모든 관람객이 거기
앉아서 공연을 관람했던 기
억이 납니다.

● 마인크래프트(Minecraft)

'모장 AB'의 설립자 마르쿠스 페르손이 만든 샌드박스 건설 게임으로 삼차원 세상에서 다양한 블록을 놓고 부수면서 여러 구조물과 작품을 만들 수 있는 게임이다. 2020년 기준으로 월간 1억 2,600만 명의 이용자가 사용하고 2억 장의 판매량을 기록해 역대 가장 많이 팔린 비디오 게임 중 하나이다. 2014년 마이크로소프트에서 모장과 마인크래프트 지적 재산권을 25억 달러에 매입해 인수했다.

출처: 네이버 게임소개/위키백과

김   마인크래프트는 마이크로소프트 건데요. 최근에 제가 봤던 국내 이벤트 중에는 LG전자가 카네기멜론 대학과 함께 직원 교육을 했는데, 코로나 때문에 수료식을 크게 못하잖아요. 그래서 카네기멜론 대학과 LG전자 일부 건물을 마인크래프트 내에 지었어요. 그래서 양쪽에 있는 임직원들을 거기로 불러서 대규모 행사를 했는데 너무 재밌었습니다. 나중에 수료식에서 아바타들끼리 학사모도 던지고 그랬어요.

대기업과 IT 관련 업체들은 이미 이런 걸 많이 하고 있군요. 아무래도 업종 자체가 기술하고 가까우니 그런 것 같습니다. 구글은 엄청난 돈을 들여서 지도 서비스를 구축했다면서요?

김   사실 사람들이 구글이 지도 서비스를 만들어서 왜 무료로 배포하는지 되게 의아해했거든요. 그런데 지금 그 지도 서비스가 거울세계에도 들어가고 증강현실에도 들어가고 가상세계에도 들어가고 다 들어가요. 그러면서 거의 모든 국가에서 이제 그걸 유료화했습니다. '원래부터 무료는 아니었다'고 하면서, 돈을 받기 시작했어요. 그 영향력이 엄청 커지고 있습니다.

그러니까 여행 상품들도 구글의 지도 서비스를 이용해서 상품을 만들어내는데, 앞으로 그러려면 구글에 이용료를 내야 한다는 거죠.

전   모든 정보가 다 돈으로 이어질 수밖에 없는 시대가 되었네요. 그 정보들을 각자 기록하고 있고 공유하고 있으니까 그걸 축적해 나가는 회사들이 어떤 사람들이 어떤 행동을 할지 예측할 수도 있는 거고요. 구글은 이제 그런 것을 주도할 수 있는 상황이 된 거네요.

구글 어스, 구글 지도 서비스를 만들기 시작한 건 이미 오래되었잖아요. 그때부터 구글은 이미 예견했던 거군요. 이곳에 엄청난 투자를 해서 데이터를 구축해놓으면 나중에 이런 일이 벌어질 거라는 걸 안 거죠?

김　제 생각에 절반은 알았고 절반은 모르지 않았을까 해요. 왜냐하면 빅테크 기업 설계자들을 만나서 "이런 것들도 예상했어요?"라고 물어보면 "솔직히 이부분은 예상 못했습니다."하는 사람들이 많았거든요. 예를 들어 마인크래프트랑 로블록스* 같은 메타버스 플랫폼에서 드라마 같은 걸 만드는 사람들도 나오는데, 이런 것

● **로블록스(Roblox)**

미국의 게임 플랫폼이자 '메타버스'의 대표격인 회사. 2004년 설립된 이 플랫폼은 '미국 초딩의 놀이터'로 불린다. 미국의 16세 미만 청소년의 55%가 로블록스에 가입하였다. 이들은 레고 모양의 아바타를 이용해 가상세계 내에서 스스로 게임을 만들거나 다른 사람이 만든 게임을 즐긴다. 이용자가 원하는 대로 자신의 캐릭터를 꾸민 뒤 친구들과 게임을 하거나, 몬스터를 사냥하는 등 현실에서 하는 대부분의 일을 하는 것이 가능하다. 코로나19 사태 이후 전 세계 이용자 수가 대폭 늘었다.

출처: 한경 경제용어사전

까지 사람들이 할 줄은 몰랐다고 하는 분들이 꽤 있어요.

드라마를 그 안에서 만들어요?

김　아바타가 있고 자기 방 같은 것도 만들 수 있다고 했잖아요. 방 만드는 기능으로 무대를 만들고요. 아바타한테 배역을 주는 겁니다. 그걸 동영상으로 찍어요. 그리고 자막을 입히고 녹음해서

유튜브에 방송을 올리는 거죠.

그렇게 하면 돈이 덜 드나요?

김   실사보다는 훨씬 덜 들겠네요. 3~4시간 작업해서 2~3분짜리를 만들거든요. 조회 수가 몇천 몇만 회가 나오고 10만 회 넘는 것들도 있어요.

그리고 그 아바타들을 이용하면 세계 탑 배우를 공짜로 쓸 수도 있는 것 아니에요? 물론 그 사람 초상권에 대해서 이슈를 제기할 수도 있지만 조금 덜 비슷하게 만들어서요.

김   그러니까요. 조금만 다르게 하면 되잖아요. '브래드 피트'가 아닌 '브래드 파트'를 만들어서 쓸 수도 있겠죠.

얼굴 비슷한데 점 하나 딱 찍어놓고 말이죠. 그걸로 누가 소송하겠어요?

김   실제 국내 영화 관련 업체에서도 하반기에 시놉시스 공모전을 계획하면서 아이디어를 낸 게 있어요. 젊은 세대일수록 요즘 텍스트를 별로 안 쓰니까, 플랫폼에서 만든 1~2분짜리 영상으로 시놉시스를 받은 사례도 있어요.

문화 콘텐츠에서 구현된 메타버스의 모습

메타버스와 문화콘텐츠에 대해 얘기해볼까요? 〈매트릭스〉, 〈아바타〉, 〈레디 플레이어 원〉 이 세 영화에 대해 이야기해 보겠습니다. 강유정 교수님은 영화평론가라 잘 알죠?

강유정(이하 '강')   〈메트릭스〉, 〈아바타〉 그리고 〈레디 플레이어 원〉도 모두 실제 제가 강의에서 많이 사용했던 자료들인데요. 메타버스라는 개념을 알아서 쓴 건 아니고, 우리가 상상하는 미래에 대한 매우 흥미로운 영화들이어서 자주 활용했는데, 이 영화들이 메타버스 얘기에서 가장 핵심적인 영화들로 또 거론이 되더라고요.

이 대목에서 이제 솔직히 고백하고 시작해야 합니다. 저는 매트릭스에서 키아누 리브스의 검은 가죽자켓 그리고 총알을 피하는 멋진 모습만 기억나지, 도대체 무슨 얘긴지 지금도 이해를 잘 못하겠어요. 김상균 교수님, 이게 무슨 얘기였던 거예요?

김   인간이 어디서 살아가야 하는가 선택을 고민하는 영화로 저는 이해를 했어요. 얼마 전에 설문조사를 해봤어요. 매트릭스가 현실화되면 매트릭스로 갈 건지 현실에 있을 것인지 다양한 조직에 물어봤는데 6대 4로 답이 나왔어요. 결론은 6이 매트릭스로 '간다'였습니다. '간다'고 대답하는 분들에게 물어보면 "그 선택이 행복한 것 같다."는 말을 많이 하세요.

그 영화에서는 그냥 도시의 한복판에 사람들이 와글와글 걸어 다니는 세계가 있잖아요. 그런데 '키아누 리브스'는 거길 날아다니는데요. 그럼 그 세계는 뭐고 키아누 리브스는 뭐예요?

김   앞서 이야기했던 BCI 있죠. 뇌하고 컴퓨터를 연결해서 컴퓨터가 시뮬레이션하는 복제된 세상에 사람이 사는 것처럼 착각을 하면서 지내는 거죠.

그러니까 그냥 도시에 사람들이 와글와글 다니는 그거는 전부 착각하고 있는 거예요?

김   그건 100% 컴퓨터 시뮬레이션입니다.

강   "숟가락은 없다."라는 대사가 그 부분인데요. 영화에서 소녀가 옛날 유리 겔러*처럼 숟가락을 막 휘거든요. 그때 방법이 뭐냐고 물으니 "숟가락은 없다. 니가 숟가락을 생각하는 순간 숟가락은 존재한다."라고 해요. 메타버스라는 게 그런 거잖아요. 실제로 제가 지금 펜을 쥐는 것이 아니라, 메타버스 세계 안에서는 펜을 상

● 유리 겔러(Uri Geller, 1946~)

이스라엘의 마술사이다. 스푼과 열쇠를 염력을 이용해서 구부리는 등의 물리 현상을 초능력이라 주장하며 주목을 받았다. 우리나라를 비롯한 전 세계를 돌며 TV쇼에 출연하였다.

출처: 시사상식사전, pmg 지식엔진연구소

상상해야 하는 거죠. 그리고 그 상상을 믿지 않으면 아무것도 존재하지 않는 거고요. 저에게 가장 큰 차이는 그거였어요. 매트릭스랑 아바타의 메타버스는 가야 하나 말아야 하나 고민하는 세계였어요. 어떤 점에서는 메타버스에서의 삶이 사막 같지만 실제 삶보다 더 불행하다는 전제가 있었죠. 그런데 레디 플레이어 원에서는 사람들이 적극적으로 그 세계로 가고자 하는 욕구가 강해요. 메타버스 세계가 스스로 강하게 원해서 접속하는 세계로 그려져요. 20년 만에 완전히 세계에 대한 인식이 바뀐 거예요.

〈레디 플레이어 원〉은 안 보신 분들도 많으니까 소개해주세요. 어떤 영화였죠?

강   이 영화가 2045년 미래를 배경으로 하고 있는데요. 실제로 그 시기가 얼마 안 남았네요. 영화는 빈민가에서 시작해요. 컨테이

너를 막 쌓아서 아파트처럼 만들어 놓은 동네죠. 전 첫 장면이 너무 인상적이었는데요. 이 주인공이 컨테이너 아파트의 높은 층에 살아요. 그리고 컨테이너 안에서도 자기 방은 세탁기 위 1평 정도의 겨우 누울 정도의 공간

● 햅틱스(Haptics)

그리스어로 '만지는'이라는 뜻의 형용사 'haptesthai'에서 온 말이다. 각종 디지털기기에 진동이나 힘, 충격을 발생시킴으로써 사용자가 촉감(觸感)을 느낄 수 있도록 한 기술로, '컴퓨터촉각기술'이라고도 한다.

출처: 두산백과/시사상식사전, pmg 지식엔진연구소

이에요. 왜냐하면 좁은 컨테이너 안에 15명이 살거든요. 진짜 빈민인 거죠. 이야기가 시작되고 주인공이 높은 층에서 한 칸씩 내려오는데 4층에서는 누군가 고글을 끼고 섀도 복싱을 하고 있고, 3층에서는 고글을 끼고 폴 댄스를 하고 있고, 2층에서는 고글을 끼고 발레를 하고 있어요. 1층까지 내려왔는데 유일하게 한 아줌마만 진짜 꽃을 키우면서 물조리개로 물을 주고 있죠. 그리고 이 주인공은 폐차장으로 가서 쌓여있는 차 더미 속에 꾸며놓은 자기만의 공간으로 가요. 그 공간에서 에뮬레이터라는 공간에 발을 얹고 달리기 시작하는데요. 몸에 햅틱* 장비를 장착하고 고글을 끼고는 오아시스라는 세계로 들어갑니다. 그곳은 원래 자기가 살고 있는 컨테이너촌 슬럼가가 아니라, 그냥 누구나 다 활동할 수 있는 게임 속 세계인 거죠. 게다가 이 주인공은 그 세계에서는 능력자예요. 거기서 어떤 하나의 중요한 사건이 발생하는데, 이 세계를 만든 사람이 세상을 떠나면서

선물을 숨겨놨다고 공표해
요. 소위 말하는 '이스터 에
그'*를 숨겨놨다고 하죠. 이
걸 발견하는 사람이 내 후계
자이며 어마어마한 상품이
기다린다는 말을 남겨요. 그
래서 수많은 사람이 그 세계

> ● 이스터 에그(Easter egg)
>
> 프로그램을 만들 때 프로그램 작성자
> 가 몰래 프로그램 안에 숨겨 놓은 여러
> 가지 재미있는 기능. 사용자가 불필요
> 한 동작을 반복하면 화면에 나타나는
> 데, 괴이한 문구나 자신의 약력, 조롱,
> 익살 등의 다양한 내용이 담겨 있다.
>
> 출처: 컴퓨터 IT용어 대사전

에 접속해 모두가 다 이스터 에그를 찾으러 가는 영화입니다.

그러니까 현실의 삶은 정말 척박한 빈민인데 오아시스에 들어가기
만 하면 나는 어마어마한 역량을 발휘하고 중요한 역할을 한다는
거죠?

강 　　그렇죠. 그러니까 게임 잘하는 친구, 소위 레벨이 높으면
능력자잖아요. 그 오아시스 세계 안에서 그런 거죠. 그 안에는 클럽
도 있고, 우리가 살고 있는 세상의 것이 다 있어서, 마치 엘리베이터
층수 누르면 가듯이 원하는 곳으로 갈 수 있는 그런 세계가 펼쳐집
니다.

제페토 같은 게 어마어마하게 확장된 그런 세계인 거네요. 이 영화
들 전범선 씨는 처음 보자마자 이해가 되었나요?

　　　　　　　　　　　한국인을 읽는다

전　　　이해가 되었던 이유가 제가 어렸을 때부터 했던 게임들을 좀 더 확장시키면 그렇게 될 거라는 생각이 들었거든요. 오히려 이해되는 정도라기보다는 좀 소름 돋을 정도로 이미 지금과 크게 다르지 않다는 걸 느꼈어요. 현실이 척박하기 때문에 가상세계로 자꾸 가고자 하고, 가상에서 현실보다 더 큰 욕망을 분출하고 해소할 수 있기 때문에 그 세상을 더 좋아하게 되는 거죠. 이 가상현실 메타버스의 가능성이 커지는 건 좋은데, 또 내 현실은 저 주인공이 아침에 일어나 컨테이너들을 내려오는 모습과 크게 다르지 않은 것 같다는 생각이 들더라고요. 그래서 좀 무서웠던 기억이 납니다.

요즘 젊은층에서는 그런 메타버스 세계를 동경하는 문화가 있나요?

전　　　동경하는 문화도 크게 있죠. 그런데 저는 그걸 보면서 철학을 공부하는 마음으로 이런 생각을 했었어요. 이 세상이 메타버스가 아니라는 보장이 있나? 혹시 이 세상도 어떤 시뮬레이션 된 가상현실일 수도 있지 않나? 하는 거요.

99년에 나온 영화 〈매트릭스〉가 그런 내용이잖아요.

전　　　아무리 고대부터 철학자들이 논쟁을 하고 과학자들이 얘기해봐도 사실 확증은 없거든요. 이게 꿈이 아니라는 보장이요. 그래서 메타버스 세계가 커진다는 게 완전히 새로운 세계가 탄생하는 것처럼 느껴지다가도 한편으로는 그냥 뭐 이런 세상이 또 하나 더 생기는 게 아닌가 싶기도 해요.

그런데 분명한 것은 강유정 교수님이 얘기한 것처럼 〈매트릭스〉만 해도 컴퓨터 코드화된 세계를 상당히 암울하게도 표현을 했다면, 〈레디 플레이어 원〉은 그 공간을 마치 오아시스처럼 그린다는 거죠. 그건 분명히 그 사이에 세계관이 바뀐 거네요?

강　　네. 오아시스에 들어가 있는 세대가 대부분 청소년 세대인데요. 그들은 현실적으로 가지고 있는 다양한 결핍들이 없는 상태, 무결점 상태로 만나는 거죠. 사실 저희의 재산상태도 그렇지만 신체 상태도 내가 원해서 이렇게 태어나지 않았잖아요. 그런데 오아시스 안에서는 자기가 충분히 꾸며서 원하는 이미지를 스스로 구현할 수 있으니까, 훨씬 더 그 안에서 행복한 사람으로 그려지거든요. 그런데 또 우리가 방금 얘기하는 중에도 약간 암시가 되지만 거기서도 정말 중요한 과제를 풀기 위해서는 실제 세상에서 만나야 합니다. 결국 모든 것을 오아시스 안에서 해결할 수 있는 건 아닌 거예요.

영화 〈아바타〉는 또 다른 개념이죠?

김　　　아바타는 말 그대로 전쟁군인이죠. 몸을 움직이지 못하는 전쟁군인이 PTSD*를 겪으며 아무것도 못하게 되어 무기력하게 살고 있다가, 아바타라는 나를 대신할 수 있는 접속장치를 통해서 먼 행성을 탐험하며 살아가는 이야기인데요.

> ● **PTSD**
> **(외상후 스트레스 장애,**
> **Post-traumatic Stress Disorder)**
>
> 사람이 전쟁, 고문, 자연재해, 사고 등의 심각한 사건을 경험한 후 그 사건에 공포감을 느끼고 사건 후에도 계속적인 재경험을 통해 고통을 느끼며 그로부터 벗어나기 위해 에너지를 소비하게 되는 질환으로, 정상적인 사회 생활에 부정적인 영향을 끼치게 된다.
>
> 출처: 서울대학교병원 의학정보,
> 서울대학교병원

그 행성은 진짜 있는 행성인가요? 아니면 가상의 행성인가요?

김　　　영화 속에서는 실존하는 행성인 거죠. 많은 지하자원을 갖고 있는 인류가 화성을 테라포밍하듯이, 그 세계에서 테라포밍의 대상으로 그리는 행성인데요. 사실 우리가 여태까지 말했던 아바타 개념과 동일합니다. 우리가 아는 아바타가 디지털 세상 속에 존재하는 거라면, 영화 아바타에서는 나의 아바타가 나와 같은 물리공간에 존재하고 다른 외계 행성에 가있다는 점이 다르죠.

그리고 몸이 불구인 사람이 훨훨 날아다니는 아바타로 그려지는 모습이 있고요.

김　　　이게 사실은 앞서 말씀드렸던 BCI 즉, 장애를 갖고 있는 사람이 뇌를 컴퓨터와 연결한다는 개념과 아바타의 개념이 연결된 모습이 영화 〈아바타〉에서 그려지고 있는 겁니다.

이런 사람들은 어떻게 알고 이런 영화를 만들었을까요?

김　　　사실은 이런 기술들이 나온 지가 오래되었습니다.

메타버스 콘텐츠의 무한한 가능성

메타버스는 가상의 세계고 또 컴퓨터와 결합된 거니까 콘텐츠로서 발전 가능성이 무궁무진하죠?

김　　　그렇죠. 사실 영화 〈레디 플레이어 원〉에 나오는 오아시스는 2045년이 배경이긴 하지만 거기 나오는 많은 기술적인 장치들이 이미 나와있기도 하고요. 특히 연말에 출시된 장비들을 보면, IOI라고 하는 기업의 직원들이 슈트를 입고 있는데요. 입고서 러닝머신 같은 기계에서 움직이는 데 그 장비가 실제로 올해 연말에 가정용으로 출시가 돼요. 그런데 그 장비를 조합해보면 영화와 비슷하게 구현됩니다. 2045년이 아닌 2021년에 말이죠. 그래서 기술 발전이 굉장히 빠른 속도로 다가오고 있고요. 조금 더 이전으로 가면 소니에서 나온 플레이스테이션 게임기가 있는데, '드림즈'라는 콘텐츠가 있어요. 이 게임 안에서는 게임을 만들 수도 있고, 그 안의 콘텐츠를 바탕으로 자기만의 영화나 드라마도 만들 수가 있어요. 타인에게 공유할 수도 있고요.

그렇다면 뮤지션도 창조해낼 수 있을 것 같아요.

전   이제 인공지능이 음악을 작곡하는 시대도 왔고, 공연도 메타버스에서 할 수 있는 시대가 왔는데요. 창작하는 사람 입장에서 보면 창작만큼 인간적인 게 없어요. 저의 불완전성, 부족함 같은 것들이 독특함으로 드러나고 다양성으로 드러나는 게 창작의 근원이라고 볼 수도 있는데요. 메타버스에서는 모두가 완벽해질 수 있는, 완벽에 가까워질 수 있는 세상이 되니까 예술가로서 뭘 해야 하나 하는 걱정도 많이 됩니다.

그리고 또 메타버스 글쓰기라는 게 있다네요?

강　　연극에 페르소나라는 개념이 있잖아요. 내가 갖고 있는 다른 자아로 배우가 되는 게 페르소나라면, 지금 여기 있는 모든 사람이 본업과 달리 이 자리에 모여서 다들 나름의 페르소나를 보여주듯이, 글을 쓴다는 것 자체도 본래의 자아와 다른 글 쓰는 자아를 만들어내는 행위인데요. 철학적인 이야기를 조금 현실적으로 바꿔보면요. 가령 로맹가리 같은 러시아 출신 작가는 에밀 아자르라는 필명으로 두 개의 다른 글을 썼습니다. 둘은 동일인이에요. 그런데 다른 이름을 쓸 때는 글의 뉘앙스가 달라져요. 그러니까 이거는 속된 말로 지금 메타버스라는 세계가 다른 자아, 아바타를 통해서 다른 세계를 구현하고 싶어 했다면 이미 작가들은 일차적으로도 그런 글쓰기를 했고 이차적으로는 두 개의 이름을 만들어 활동하기도 했다는 겁니다. 우리가 잘 알고 있는 《작은 아씨들》의 루이자 메이 올컷 같은 경우도 처음에는 자기 이름이 아니라 남성형 이름을 썼거든요. 당시의 사회적 분위기가 여성 작가보다는 남성 작가가 판매나 출판에 이득이 되었으니까요. 여러 장애라던가 현실적 어려움을 극복하기 위해서 메타버스 안에서 새로운 걸 한다면, 이 메타버스적 글쓰기 개념 자체는 어떤 점에서는 모든 글을 쓰는 것의 바탕이라고 볼 수 있을 거 같아요. 현재 세계에 대한 불편, 결핍을 느끼고 그에 대한 충족 또는 극복을 위해 글을 쓰는 것인데요. 문제적인 건 예전에는 책을 읽을 사람도 드물고 책을 낼 수 있는 기회도 적었지만, 지금은 저자라는 개념도 상당히 약화되었고 누구나 소설가가 될 수 있잖아요. 모든 사람들이 자기 나름의 페르소나를 갖고 글을 쓰게 되는 세상이 메타버스 글쓰기라는 생각이 들기도 합니다.

인간 강유정과 글쓴이 강유정은 조금 다를 수 있다는 것 아닙니까? 거기다가 하나를 더 만들 수도 있다는 거잖아요?

강   지금 보면 MBC 〈놀면 뭐하니〉라는 프로그램에서 유재석 씨가 부캐를 여러 개 가지잖아요. 원래 이런 형태가 어느 정도 권위 있는 미디어를 통해서만 가능했었는데요. 이제는 유재석 씨가 아니더라도 누구나 다 가질 수 있고, 그런 것들이 소위 말하는 소셜미디어를 비롯해 우리가 갖고 있는 메타버스 안에서 충분히 가능한 상황이기 때문에, 지금도 많이 있습니다.

전   사실 창작이라는 게 모든 창작자 입장에서 봤을 때 새로운 우주를 만드는 거잖아요. 과거에는 소설가가 되고 작곡가가 되기 위해선 그것에 필요한 능력을 학습해야만 가능했다면, 무궁무진하게 많고 넓은 메타버스가 있다는 건 우리 모두가 창작자가 될 수 있는 즉, 크리에이터가 되는 세상이 오는 것 같아서 되게 해방적인 것 같네요.

제페토 같은 비슷한 가상의 세계에 아바타들이 들어와 있는데, 그들을 연기자 삼아서 드라마 같은 콘텐츠를 만드는 일들이 이미 생기고 있다는 건데요. 이게 조금 더 발전하고 결합되면 영화 시나리오 작업을 하면서 빅데이터를 활용해 과거 모든 영화 데이터를 집어넣으면, 어떤 대사를 어떻게 했을 때 사람들이 웃고 우는지, 이걸 전부 인공지능이 판단해서 시나리오를 써낸다고 하네요. 그러면 강유정 교수님 같은 작가들은 이제 어떻게 해요?

강 그래도 제가 아주 희망적이라고 생각했던 부분이 있어요. 생각보다 서사 영역이 AI가 접근하기 힘든 영역이라고 하더라고요. 서사는 가능하지만 글쓰기 전체를 봤을 때 단어를 조합해서 만드는 게, 오히려 체스나 바둑보다 훨씬 더 어렵다는 거죠. 문장을 만들 때 너무 경우의 수가 많아서라고 생각이 드는데요. 말씀하신 크리에이터라는 말 자체가 예전에는 신만 쓰는 말이었다고 하더라고요. 지금은 그냥 일반적인 용어가 되었잖아요. 즉 모두가 크리에이터가 된 세상, 그게 메타버스의 핵심이 아닌가 생각이 듭니다.

인공지능이 아무리 예술적인 역량을 발전시킨다 하더라도, 강유정 교수님은 글쓰기에 아직 미래가 있다고 보는 거죠?

강 네. 덧붙이면 SF영화 중에서 〈HER〉라는 영화가 있어요. 인공지능 캐릭터를 사랑하는 내용인데요. 첨단 기술에 대해 사람들이 원하는 부분은 우리의 노동력을 덜어준다거나 번거로움을 덜어주는 것 같은 물리적 요소일 것 같지만 생각보다 정서적 요소에 대한 요구들이 있어요. 이 영화에서는 인공지능 목소리를 스칼릿 조핸슨이라는 배우가 하는데요. AI의 목소리를 구현하는데 배우를 기용했다는 건, 아직 AI가 인간의 말투에서 느껴지는 미묘한 뉘앙스라던가 감정이 실리는 톤은 구현하기가 어렵다는 거죠. 그런 감정적으로 뭐라 설명할 수 없는 지점들은 여전히 풀리지 않는 미지의 영역으로 남아있죠. 그런 정서 영역, 마음의 영역이 남아있으니 사람이 하는 글쓰기의 지분도 아직 남아있지 않을까 합니다.

김상균 교수님은 메타버스 콘텐츠의 미래를 어떻게 바라보세요?

김   최근 기획하고 있는 콘텐츠가 하나 있어요. 제가 이름이 김상균인데요. 김하균을 만들까 고민 중입니다. 김하균이라는 캐릭터는 저랑 쌍둥이 동생인데 박사과정을 20년째 밟고 있고 욕망이 큰 사람이에요. 그래서 이 친구를 훈련시켜서 제가 썼던 많은 책이나 글을 이 친구가 강의하듯이 읽어주는 거죠. 저는 텍스트만 넣어주면 자동으로 생성되거든요. 그렇게 강의가 진행되면 독자들이 아쉬운 게 있을 것 아니에요. 그 김하균의 설명이 부족해서 아쉬운 부분은 제가 등장해서 저의 언어로 좀 엉뚱하고 다양하게 좌충우돌 설명하는 것이죠. 인공지능은 어떻게 보면 좌충우돌하거나 미묘한 부분을 건드리지 않는 게 특성이에요. 그런 것들이 사람이 갖고 있는, 좋게 말하면 창의적인 거고요. 저는 그런 방식으로 부캐와 공존할 수 있는 삶을 디자인해보고 있습니다.

전　　저는 사실 진로를 정할 때 변호사와 예술가 사이에서 고민했었는데요. 변호사라는 직업은 텍스트 해독 능력이나 자료 수집 능력이 굉장히 중요하잖아요. 그런데 이런 능력들은 인공지능이 빠른 시일 내에 대체할 거라고 예측했어요. 실제로 되고 있고요. 그런데 예술이라는 것, 특히 사회과학이나 자연과학이 아닌 인문학이라는 것은 인간이라는 존재의 불완전성, 예측불가능함을 전제로 하죠. 그리고 저는 제가 완벽하지 않다는 것을 알고 있었고, 그렇기에 예술 분야가 가장 늦게 대체될 거라 생각했습니다. 기술이 아예 대체하지 못할 것 같진 않아요. 분명히 인공지능이 기술적인 발전을 통해서 예술에서 오는 감동도 구현할 수 있는 시대가 올 것 같긴 해요.

마음, 정서의 영역은 기술이 빠르게 대체하긴 어려울 것이라는 말씀이군요. 하지만 메타버스를 구현하는 각종 기술적 진보를 활용한 콘텐츠 산업의 발전 속도는 어마어마하겠죠? 글쓰기, 영화, 드라마 모든 곳에서 말이죠.

강　　일단 미디어의 도움이 절실했는데 미디어가 굉장히 보편화

　　　　　　　　　　한국인을 읽는다

되어 버렸죠. 요즘 누구나 즐기는 OTT(Over The Top) 플랫폼만 하더라도 수많은 콘텐츠를 요구하는 상황인데요. 이미 많은 대중서사 시장에서의 공정과정은 거의 메타버스 안에 이미 어느 정도 구현되어 있습니다. 가령 굉장히 독자적인 세계를 가진 하나의 작품이 부족할 뿐이지, 여전히 어느 정도 공정을 만들어놓고 거기에 끼워 맞춘 작품들이 나오고 있는 상황이기 때문에 그 부분은 훨씬 더 보편화될 거라고 생각합니다. 사실상 콘텐츠 시장에 진입하고 있는 신진 세대들이 개인의 창조력에 대한 걸 교육받는다기보다는 그 기계 공정에 맞는 글쓰기 훈련을 받는 형편이기도 하거든요. 그러니까 그 기준에 맞는 것들을 제공하는 수준의 콘텐츠는 당분간 굉장히 늘어나지 않을까 싶습니다.

요즘 젊은 세대들은 정말 할 게 너무 많아요. 아까 말한 제페토 같은 데도 들어가야 하고, 넷플릭스도 봐야 하고, 유튜브도 봐야 하죠. 또 크리에이터로서 콘텐츠를 만들기도 해야죠. 언제 다 한대요?

김　　그런데 콘텐츠를 소비하는 패턴이 많이 바뀐 것 같아요. 넷플릭스 CEO는 이미 경쟁상대가 메타버스라고 선언했고요. 미국 같은 경우 10대 청소년들의 콘텐츠 체류 시간만 놓고 보면 로블록스라는 메타버스 플랫폼에서 보내는 시간이 유튜브의 3배, 넷플릭스의 16배까지 올라갔거든요. 이미 유튜브나 넷플릭스가 뒤로 확 빠졌습니다. 미국 청소년들의 경우에는요.

우리나라는 아직 거기까진 아니죠? 그런데 금방 그렇게 가겠네요?

김　　그렇게 될 것 같습니다.

전　　저는 90년대에 태어나 가상의 콘텐츠를 주로 소비하면서 살았는데요. 거기에 매몰되어 있을수록 가끔 보는 자연경관이나 문화유산, 동물 같은 것들과 맞닥뜨릴 때 어마어마한 경외심이 느껴지더라고요. 뭔가 질적으로 다른 느낌이 들어요. 그런데 해가 지날수록 더 귀해지잖아요. 그래서 그쪽에 대한 관심도 커지지 않을까 생각해요. 여기 메타버스에서 누리지 못하는 것에 대한 갈망도 생기지 않을까 생각이 드네요.

메타버스 발전의 명과 암

김상균 교수님의 책에 따르면, 현재는 한 명의 사람이 현실세계와 여러 개의 메타버스를 동시에 살아가면서 여러 개의 페르소나를 보여주는 세상입니다. 힘들지 않아요?

김   피로하죠. 사실 굉장히 좋은 점은 내가 원래 감춰놨던, 눌러놨던 여러 개의 자아를 끄집어낸다는 거죠. 그러나 한편으로는 내가 관리해야 하는 세상도 많아지고 만나야 하는 사람도 많아지는 겁니다. 저만 봐도 소셜미디어의 팔로워랑 친구를 합치면 한 만 명 되더라고요. 쉽게 만들어지지 않는 숫자거든요. 인간은 주변 사람이 150명을 넘어가면 관리가 안 돼요. 그걸 넘어서는 사람을 만나고 있잖아요. 그만큼 피로한 건데요. 그 피로를 또 우리가 앞서 얘기했던 욕망들이 뒤에서 받쳐주는 거죠. '더 해, 더 해 아직 괜찮아' 하면서요.

그런데 꼭 이렇게 살아야 해요? 여러 개의 페르소나로?

전   꼭 그렇게 살아야 하는가라는 데는 의문이 있는데요. 결국 인류의 근본적인 욕망이 있잖아요. 정복하고 싶어 하고, 지배하고 싶어 하고, 나의 어떤 욕망을 이루고 싶어 하는 습성이 있는데요. 그런 것들을 현실 세계에서 다 이루지도 못할뿐더러, 현실 세계에서 다 이루려고 하다 보면 지구가 파괴되잖아요. 오히려 메타버스에서는 모두가 자신의 욕망을 이루는 민주적인 세상이 만들어진다는 건 되게 희망적으로 들리기도 하네요.

그런데 메타버스에서 모두가 다 이룰 수 있는 것도 아니잖아요. 그렇지 않나요?

김　실제 제가 봤던 사람 중 40대 후반의 여성이 있는데요. 전업주부예요. 경력이 단절되었죠. 원래 디자이너로 일하다 아이 키우느라고 그만두고 당시 복직도 안 되는 상황이었어요. 그런데 이 사람이 얼마 전에 메타버스 플랫폼에서 옷을 만들기 시작했더라고요. 당연히 공장도 필요 없고 배송도 없어요. 만들면 알아서 팔아주고 온라인에서 모든 것이 끝나는 거니까요. 그 일을 하면서 소득이 좀 생겼다고 하는데, 금전적인 것보다 더 중요한 건 본인의 마음이더라고요. 그 방식이 너무 만족스럽대요. 본인이 아직 디자이너로서 할 수 있는 게 많이 있다는 걸 느꼈다는 거죠. 저는 그 지점이 중요하다고 생각합니다.

강　한편으로는 이 대안세계에 대한 열망은 인류가 탄생하면서부터 있었는데요. 〈레디 플레이어 원〉의 대안 세계 이름이 오아시스예요. 사실 오아시스는 훨씬 예전부터 우리가 꿈꾸던 유토피아라는 개념으로 사용했죠. 다른 세계에 대한 만족감도 있지만 이면도 분명 존재해요. 옛날에 어느 동굴에 들어갔다가 너무 오랜 시간이 지나고 나왔더니, 나무 도끼는 다 썩어있고, 세상이 변해서 사랑했던 모든 가족과는 이별하게 되고 나만 혼자 남게 되었다는 얘기가 있어요. 그게 뭘 의미하냐면 생각보다 대안세계라는 공간에서 주어지는 것들에 대해서 대가가 없는 게 아닐 거라는 겁니다. 이 대가라는 개념은 꼭 매트릭스처럼 아주 위협적인 신체적 위험이라든가 물리적인 공간의 현존을 위협하는 것들뿐만은 아닐 거예요. 유발 하라리가 쓴 《사피엔스》에서 의미 있게 본 구절이 있는데요. "인류의 발전에 있어서 결국은 사회적인 접촉이 사피엔스를 살아남게 했다." 예요. 이 사회적인 것들에서 만족 못 하고 사람들은 왜 항상 꼭 뭔가 물리적인 것들, 육체적인 것들을 계속 탐을 내고, 그 욕망을 계속 끊지 못하는가. 이 부분에 있어서 메타버스는 완벽한 세계이긴 하고 좋은 예들이 많긴 하지만, 언제가 한번은 메타버스로 인해서 치러야 할 대가도 심도 깊게 얘기할 필요가 있다고 생각합니다.

부모, 부부, 자녀들이 각자의 메타버스에 들어가 있는 시간이 길면 길수록 부부 사이에 또는 부모와 자녀 사이에 함께하는 시간은 줄어들 것 아닙니까? 그만큼 플러스가 있으면 마이너스가 있는 거죠.

전　　메타버스에서 함께 할 수도 있겠죠. 그런데 각자의 메타버스가 다르다면….

강　　아마 자식들은 부모님들이 내 메타버스 안에 들어오는 거를 싫어하겠죠. 여러 가지 장애물들을 만들어서 못 들어오게 하지 않을까 하는 생각이 들기도 하고요. 저는 그 생각도 들었어요. '보스

턴 다이내믹스'라고 현대에
서 인수한 유명한 로봇회사
가 있어요. 제가 학생들한테
로봇을 보여주면서 굉장히
흥미로웠던 경험이 뭐냐면,
이 로봇의 이족보행과 사족
보행 기능을 보여주려고 연
구자들이 계속 로봇을 넘어
트리거든요. 그런데 사람들
이 그 모습을 보고 슬퍼해요.
로봇이 넘어지는 걸 보여주

● N번방 사건

미성년자를 포함한 일반 여성들을 상
대로 한 성 착취 영상이 해외 모바일
메신저인 텔레그램을 통해 대대적으로
공유·판매된 디지털 성범죄 사건을 말
한다. n번방은 2018년 하반기부터, 박
사방은 2019년 7월부터 운영된 것으
로 알려진다. 해당 채팅방 운영자들은
미성년자를 비롯한 일반 여성을 대상
으로 성 착취 영상을 찍도록 협박하고,
그 영상을 텔레그램 비밀대화방에서
판매하는 잔인한 행각을 저질렀다.

출처: 시사상식사전, pmg 지식엔진연구소

는 이유는 스스로 잘 일어나고, 노동에 있어서도 쉼 없이 계속해서
유연하게 대처한다는 것을 알려주기 위한 건데요. 그런 사람들의 로
봇에 대한 감정반응에서 미루어 봤을 때 이 메타버스 안에서 일어나
는 여러 가지 문제들을 실제적인 것과 완전히 분리해서 생각할 수 있
을까, 하는 의문이 들었습니다. 법률적 또는 윤리적 문제에 대한 이원
화도 분명히 고려해야 하지 않을까 합니다. 끔찍한 예로 N번방 사태●
같은 것도 메타버스에서 발생한 범죄사건이라고 보거든요. 메타버스
가 이렇게 부정적인 측면이 분명히 있고 이런 부분이 훨씬 더 빠르
게 퍼져나갈 확률도 높다는 거죠. 너무 긍정적인 부분만 얘기하면서
이게 완전한 오아시스인 것처럼 조명하는 것이 올바른 방향인가에

대해서는 의문을 갖게 됩니다.

거울세계가 이제 배달 앱 같은 부분에서 등장하고 있지 않습니까? 우리가 배달 앱을 굉장히 편하게 사용하는 것처럼 보여요. 그런데 이것 때문에 비용 지출이 늘어나고 있습니다. 또 식당 주인들도 순수익이 줄어들고 있어요. 그러면 배달 앱을 키운다는 이유로 수없이 많은 자영업자와 소비자들이 희생을 치르고 있다고 말할 수 있는 거거든요. 차량호출 서비스도 마찬가지입니다. 비용이 증가하고 있어요. 운전기사들은 가져가는 게 줄어들고 있어요. 누군가 메타버스의 길목을 지키면 그 사람들만 돈을 벌 수 있는 세상이 될 수 있거든요. 이런 부분에 대해서는 어떻게 생각하세요?

김　　그런 단점과 함께 장점이 있기도 합니다. 예를 들어 프랜차이즈가 전통적으로 배달 앱의 역할을 대신해왔었는데요. 브랜드를 가지고서 상권과 무관하게 전국을 대상으로 치킨을 팔고 피자를 팔았죠. 그런데 배달 앱을 통해 청년 두 명이 임대료가 없는 골목 구석에 만든 피자집이 많은 호평을 받아서 앱 검색 상단으로 올라가는 사례들도 나타나거든요. 반면 사회적인 비용이 증가하는 것도 분명히 있고요.

　또 하나는 제 실제 경험인데, 지난겨울에 눈이 많이 왔던 날 피자를 시켰는데 피자가 늦게 왔어요. 피자를 열어봤더니 박스에 피자가 접혀있었어요. 저는 분명히 피자를 시켰는데 만두처럼 접혀있더라고요. 그 순간 기사님을 봤는데 오다가 넘어지신 거더라고요. 눈길에 오토바이가 미끄러져서요. 그런 인간적인 정보들을 플랫폼은 저희에게 보여주지 않아요. 플랫폼에는 늘 배달원이 밝은 애니매이션으로 캐릭터화 되어 밝은 모습으로 오고 있는 것만 보이거든요. 거울세계라는 건 '비춘다'는 의미인데, 플랫폼 사업자가 비추고 싶은게 있고, 감추고 싶은 게 있을 겁니다. 지금 우리는 그들이 감춰놓은걸 볼 수 있는 권한이 없다. 이게 가장 큰 문제예요.

전   더불어 저는 요즘 채식운동을 하면서 인간이 비인간 동물을 대할 때의 윤리에 대한 이야기를 많이 하게 되는데요. 그런 얘기를 할 때 물론 동물을 지키는 것 자체를 말할 때도 있지만, 우리가 동물을 대하는 태도가 다른 인간을 대할 때의 태도로 옮겨지거든요. 옛날에 간디가 말한 것처럼 "우리가 동물을 대하는 것이 그 사회의 수준을 말해준다."고 생각해요. 마찬가지로 메타버스에서 아바타가 비록 실존하는 사람은 아니지만, 그렇게 자아를 대변하는 것들에 대해서도 우리가 어떤 태도를 가지는지, 어떤 윤리의식을 가져야하는지 고찰하는 것도 중요한 문제가 될 거 같습니다.

말씀을 들어보니까 앞으로는 로봇, 물건, 아바타에 대한 우리의 대물 윤리 같은 것도 중요할 듯합니다. 어렸을 때부터 가상공간에서 아바타를 함부로 대하고 이런 것들에 익숙해지다 보면 그 뒤에 있는 실제 인간의 모습들을 망각하게 되지 않을까 하는 걱정이 드네요. 태초부터 대안세계를 꿈꿔왔고 그것을 기술적으로 구현할 수 있는 세상이 가까워지고 있는데요. 이렇게 보면 메타버스는 되게 좋은 것이라고 생각할 수 있어요. 하지만 메타버스가 커지면 커질수록 현실 세계는 또 줄어드는 악영향이 있을 수 있고, 현실에 벌어지는 범죄와 현실에 벌어지는 문제점이 메타버스 세계에서도 그대로 벌어질 수도 있잖아요. N번방 사건 같은 게 대표적인데, 이런 긍정적 측면과 부정적 측면을 동시에 따져봐야 하지 않나 싶습니다.

강   맞아요. 〈소스코드〉라는 소수의 매니아를 거느린 영화가 있어요. 그 영화의 주인공이 직업군인인데 대형사고를 막기 위해 메타버스 속에서 자신의 기억을 계속 반복해요. 이 인물에게 메타버스는 범죄현장인 거죠. 그리고 군인이므로 계속해서 그 기억을 되돌려 가면서 범인을 찾기 위한 과정을 반복하는데, 사실 알고 보면 이 군인은 두뇌만 남은 상태였던 거죠. 그러니까 이 사람에게 안락사 내지는 죽음에 대한 권리가 없다는 겁니다. 군인이므로 국가에 귀속되었기 때문이죠. 결국은 여러 SF영화들을 보면 미래에 대한 긍정적인 비전을 만들어놓고 과학자들이 그런 상상력을 보면서 만들어가는 것도 있지만, 한편으로는 철학자와 인문학자 그리고 법리학자들이 함께 보면서 발생할 수 있는 문제 등에 대한 여러 가지 방지책들이라든가 법안 내지는 윤리책을 미리 만들어야 할 부분이 있고요. 제가 N번방 사건을 처음 접했을 때 느낀 것이 뭐였냐면 '허둥지둥' 이었어요. 수사기관도 그렇고 모든 사람이 이것이 범죄라는 건 알지만 처음 경험해 보니까 이 사이버 범죄를 어떤 식으로 수사해야 할지 갈피를 잡지 못하는 거 같았어요. 그래서 이런 문제들에 대해서도 논의가 필요해 보입니다.

그런데 그런 논의가 필요하다고 하지만 세상을 앞서서 한 논의가 결론을 낸 적은 한번도 없어요. 꼭 문제가 터진 후에야 결론이 나죠. 누구보다 메타버스를 앞서서 설명하는 김상균 교수님은 이런 문제에 대해 어떻게 생각하세요?

김　　실제로 가깝게 느낄 수 있는 범죄는 '보이스 피싱'을 생각하면 됩니다. 집 전화보다 스마트폰 사용이 늘어나면서 보이스 피싱이 증가했어요. 그러니까 사람은 신기한 게 접근할 수 있는 채널이 많아지면 채널이 많아진 만큼 사람을 가깝게 느끼고 믿는 속성이 있습니다. 스마트폰은 음성 통화, 화상통화, 소셜미디어 등 다양한 게 되잖아요. 원래 안 되던 것들이 이제 스마트폰에서 가능해지면서, 한 공간에 같이 있다는 느낌이 메타버스를 통해서 구현되니까 사람 간에 거리가 더 좁혀지고, 그걸 악용하는 사례가 증가하는 거죠. 보이스 피싱을 넘어서는 신용사기들이 메타버스에는 실제로 생

기고 있고 앞으로 더 커질 거
예요. 그러니까 좀 더 악랄
하게 쓰는 사람들 중 이미
메타버스에서 세금포탈 같
은 걸로 잡힌 사례도 있어
요. 자녀가 NFT* 같은 걸 심
어서 디지털 아이템을 만들
고 이걸 부모의 지인이 비싼

● NFT(Non-Fungible Token)

'대체 불가능한 토큰'이라는 뜻으로, 희
소성을 갖는 디지털 자산을 대표하는
토큰을 말한다. NFT는 블록체인 기술
을 활용하지만, 기존의 가상자산과 달
리 디지털 자산에 별도의 고유한 인식
값을 부여하고 있어 상호교환이 불가
능하다는 특징이 있다.

출처: 시사상식사전, pmg 지식엔진연구소

값에 사줘요. 그걸 또 부모가 다시 사줍니다. 암호화폐로 거래되다
보니까 추적도 잘 안 되고 증여세가 중간에 발생하지 않죠. 이런 걸
로 뇌물을 줬던 사례도 나타나기 시작했죠.

뇌물 공여의 수단으로?

김   우리가 오프라인에서 했던 나쁜 짓을 더 심하게, 더 안락하
고 편하게 할 수 있는 공간으로 메타버스를 바라보는 사람들도 많이
있습니다.

그래서 요즘 세상이 다 뭐 이렇다더라, 메타버스라고 해도 "아휴 난
관심없어. 난 이거 안 하고 살래." 이러면 안 되는 거예요?

강   그런데 다들 이미 하고 있지 않나요? 배달 앱을 사용하거나, 소셜미디어를 이용하는 것도 이미 어느 정도 하고 있는 거라고 봐야 할 거 같습니다.

인류의 고질병, 메타버스에서는 해결할 수 있을까?

김상균 교수님의 책《메타버스》에서 "당신이 외톨이가 되고자 굳게 마음먹은 게 아닌 이상 메타버스에서 외톨이가 될 가능성은 정말 낮습니다."라고 했는데, 이게 무슨 뜻이에요?

김   누군가 메타버스를 안 쓰겠다고 선언할 수도 있다고 말씀하셨잖아요. 저는 그게 조금 위험하다고 보는데요. 인간은 다양하게 소통할 수 있는데 메타버스를 사용하는 사람들이 많아지는 순간 메타버스를 안 쓰는 사람들끼리도 소통을 해야 하잖아요. 그럼 이제 소통할 수 있는 사람 숫자도 적어지고, 그건 내가 살아가는 시간과 공간이 축소되는 거거든요. 그렇게 되면 개인의 삶의 질이 낮아지지 않을까 걱정이 되고요.

이 책에서 "메타버스에서 대부분의 사람들은 상대방을 쉽게 믿는 속성이 있습니다."라는 문장도 썼는데요. 반대로 상대 입장에서도 낯선 사람에게 굉장히 쉽게 마음을 열어주는 속성이 있어요. 심리학적으로 '암흑효과'라고 부르기도 합니다. 상대방의 시그널이 잘 안 보이니까 가깝게 느껴서 가깝게 다가가는 거죠. 그래서 고립이나 고독사 측면에 대한 문제들을 메타버스 쪽으로 해결하려는 시도들이 있는데, 아직까지는 아주 초기예요. 집에 센서 같은 걸 달아놓고 어떤 신호를 감지해서 문제가 생기면 외부인이 오는 시스템이죠. 이것도 나쁜 건 아니지만 제가 생각하고 있는 건 외톨이들이 밖으로 나갈 수 있도록 돕는 겁니다. 우선 그들이 혼자가 아니라는 감정을 가질 수 있도록, 탐험하고 성취하고 소통할 수 있는 안전한 공간을 설계하는 거죠. '그렇게 대안세계에서의 경험이 커지면 그 성취감을 통해 현실세계에서도 밖으로 걸어나갈 수 있는 사람이 되지 않을까?' 하는 생각으로 그 문제를 메타버스와 연결해서 생각해보고 있습니다.

김상균 교수님은 누구보다 지금 그런 생활도 직접 하는 분이니까요. 나머지 전범선 씨나 강유정 교수님은 이런 세상의 도래에 스스로 적응하려는 마음가짐을 가지고 있습니까?

강   저는 그 부분에 대해서 사실 질문을 던지고 싶었어요. 가령 메타버스 안에서 위계라는 게 안 생길까? 하는 거죠. 왜냐하면 소셜미디어도 위계가 생겨서 굉장히 인기가 많은 인플루언서가 있는가 하면 개점휴무처럼 오히려 외로움을 더 느끼는 경우도 꽤 많거든요. 소셜미디어 안에서도 또 다른 왕따라는 것도 존재하고, 개인화되는 과정이 생기는데요. 그러면 어떤 업체에서 제공하는 오아시스 같은 메타버스가 아니라 개인화된 각각의 메타버스를 갖게 된다면 어딘가 만날 터미널이라든가 톨게이트에서 비용이 발생하는 문제도 생기

● **클럽하우스(Clubhouse)**

초대를 기반으로 한 실시간 음성 소셜 네트워크서비스(SNS)로, 2020년 3월 미국 실리콘밸리의 창업가 폴 데이비슨과 구글 출신인 로언 세스가 만들었다. 보통 SNS는 이용자가 가입을 한 후 친구를 추가해서 사용하는데, 클럽하우스는 기존 가입자로부터 초대를 받은 사람만 가입할 수 있다. 1인당 2장의 초대권이 주어지며, 활발하게 활동한다면 추가로 초대권을 받을 수 있다.

출처: 시사상식사전, pmg 지식엔진연구소

지 않을까? 굉장히 인기가 많고 아주 유력한 인플루언서의 메타버스에만 몰리는 것과 같은 현상이요. 화제가 되었던 클럽하우스●라는 소셜미디어도 초대장을 받아야만 들어갈 수 있는 시스템이었고요. 지금껏 여러 방식의 새로운 소셜미디어들이 생겨났지만, 그런 발전 속에서도 거듭 있었던 게 이 외톨이 문제가 아닌가 해요. 그래서 메타버스에서 정말 해결되었으면 좋겠지만, 결국 이 역시도 인류의 고질적인 문제가 아닌가 하는 생각이 들었습니다.

김　　외톨이 문제를 조금 더 크게 보면 양극화하고도 연결이 되는 것 같아요. 인기 있는 쪽은 더 몰리고 없는 쪽은 휑하고요. 〈레디 플레이어 원〉의 원작 소설에는 영화에서 다루지 않은 미래학교

가 나오는데요. 공부를 못하거나 가난한 아이들은 메타버스 속 오아시스에 있는 학교를 다녀요. 그런데 초반에는 안 좋은 쪽으로 표현을 해요. "감옥처럼 복제된 학교가 우주 같은 공간에 무한히 떠있다." 이렇게요. 주인공 파르즈발의 친구 중에 H라는 애가 있는데 원래는 흑인 여성이에요. 그런데 그 안에서는 젠더 문제가 있으니까 엄마가 애초에 잘생긴 백인 남자로 아이의 아바타를 만들어서 학교에 입학을 시켜버렸어요. 자아도 강하고 자존감도 높은 멋진 아이로 살아가서 메타버스 공간에서 멀쩡한 거죠. 그러나 반대로 자기 본래의 자아에 대한 고민은 계속 안고 있을 것 아니에요. 좋고 나쁨이 아니라 긍정적인 면 부정적인 면이 그 플랫폼에 다 있습니다. 지금 우리가 그런 것 같아요. 플랫폼 사업자가 많은 걸 결정할 수 있는 건 맞아요. 지금 거대 기업들이 만들어 놓은 약관을 보면 그 약관에 독소조항이 많아요. 그런데 아직 우리의 관심이 적어요. 지속적으로 관심을 갖고 그런 걸 바꿔나갈 수 있어야 하고 꼭 바꿔야 하지 않을까 생각합니다. 사업자가 결정하는 게 아니라 결국 우리가 참여해야 바꿀 수 있다는 거죠. 정치랑 같습니다.

전　　저는 소셜미디어의 세상에서 이미 살고 있으니까, 우리 모두가 이 외톨이 문제와 가깝다고 느껴지는데요. 수천 명, 수만 명의 친구가 있는 메타버스에 살다 보면 오히려 더 외톨이가 된 느낌이에요. 그래서 제가 최근에 디지털 디톡스를 한번 해봤어요. 한 열흘 정도 산에 들어가서 아예 스마트폰을 끄고 지내봤거든요. 잠시 동안 자발적인 외톨이가 된 거죠. 그랬더니 훨씬 나에게 집중하게 되더라고요. 가끔 나 자신과 대화하는 시간도 필요하잖아요. 그런데 메타버스에 익숙한 세대에게는 그 시간마저도 없었던 거죠. 너무나도 과잉 연결되어 있고 과잉 존재하는 삶을 살다 보니까요. 그러니까 메타버스에 잘 적응하는 것도 중요하지만 그 적응이라는 것에는 가끔은 자발적 외톨이가 되어 나 자신과 대화하는 시간도 갖는 것이 포함되지 않나 생각합니다.

그런 여러 페르소나의 균형 상황을 만드는 것도 참 쉽지 않겠어요. 본연의 페르소나를 생각해보는 것도 필요하니까요.

김　　메타버스적 관계가 사회적으로 악의 집단처럼 부르고 있는 '꼰대'가 되지 않는 지름길이라고도 봐요. 왜냐하면 메타버스에서의 인간관계는 넓거든요. 깊이는 없지만요. 그런데 넓은 관계의 장점이 뭐냐면 다양한 소리를 들을 수 있어요. 현실 공간은 대부분 특히, 인터넷도 없던 시절의 직장생활을 보면 사수와 부사수로 연결되어 있고 윗사람은 신 같은 존재잖아요. 모든 걸 다 따라다니며 배워야 하니깐요. 그렇게 자기들만의 집단의식이 강해지면서 꼰대가 양산되거든요.

받는 정보도 제한되고요.

전　메타버스에서 디지털 직접 민주주의, 디지털 광장 민주주의 같은 게 구현될 수도 있겠네요.

이제 곧 대통령 선거가 다가오는데, 선거에 이걸 활용한다?

전　그래도 흥미로울 것 같아요.

김　그리고 실제로 파업 대신에 시위하기 위한 공간으로 메타버스를 구상하는 기업도 있더라고요.

그러니까 각자 집에 있으면서도 메타버스에서 모여 시위를 한다는 건데, 그것도 일종의 파업이네요. 그러나 그 전염병을 퍼트리지 않는 집회가 되는 거로군요.

강　온라인 근무를 하기 때문에 효력도 대단하겠네요. 재택근무를 하는 사람이 다른 곳에 그렇게 모여있으면요.

메타버스의 발전과 현실 경제의 관계

이미 메타버스의 세계를 개척한 업체들은 세계에서 가장 큰 회사들이 된 것 아닙니까? 전자상거래 시대를 연 아마존, SNS의 시대를 연 페이스북, 국내에서는 카카오나 배달 앱처럼요. 이 기업들이 모두 거대한 부를 만든 걸 보면 앞으로 이 영역은 기존의 기업체나 창업하려는 사람들은 굉장히 적극적으로 뛰어들 것 아니에요. 넓어질 수밖에 없는 거죠?

김　네, 그렇게 봅니다.

그러면 새로운 일자리가 많이 창출되는 거예요? 아니면 오히려 일자리가 줄어드는 거예요?

김　새로운 일자리가 늘어날 거라고 보는데요. 역사적으로 보면 바로 직전 단계에서 공유했던 게 인공지능 문제거든요. 인공지능이 사람의 일자리를 줄게 하지 않을까 하는 문제를 많이 논의했었는데요. 그런데 가장 대표적인 사례 중에 하나가 번역입니다. 인공지능이 지금 번역을 잘하잖아요. 그럼 번역가들이 일자리를 뺏기지 않을까, 그리고 언어를 다루는 학자들이 사라지지 않을까, 하는 생각을 했었는데요. 그런데 사실 번역 일자리가 더 늘어났어요. 그 이유가,

예를 들어 과거에 책 한 권을 번역하는 데 사람한테 맡기면 1000만 원이 나온다고 가정을 해보죠. 그러면 지금은 초벌 번역을 인공지능이 하는 겁니다. 그다음에 교정하는 것만 사람이 하는 거죠. 그 비용이 200~300만 원밖에 안 돼요. 그러면 더 많은 서적들이 번역되기 시작하면서 번역가 한 명이 할 수 있는 일이 늘어나는 거예요. 원래 있던 일이 줄어드는 부분도 분명히 있습니다. 하지만 새로운 일이 많이 증가할 거라고 보고요.

제가 아는 사람 중에 '에이미 문'이라고 인공지능 작곡가를 데리고 있는 사람이 있어요. 그 인공지능이 만들어놓은 음악을 들으면 제 귀로는 구분이 안 돼요. 사람이 만들었는지 AI가 만들었는지 말이죠. 그런데 그런 생각이 들더라고요. '그럼 음악에 대한 평은 누가 할 수 있을까?' 제가 최근에 책에서 "기계는 인간한테 의미를 던져줄 수는 없다."라는 문장을 보았어요. 사람들은 늘 인공지능에게 "사랑이 뭐야? 사람들이 왜 살아?" 같은 질문을 해요. 이런 질문들에 대해 저 녀석이 뭐라고 대답하는지 궁금하거든요. 하지만 그걸 물으면서도 우리 마음속에는 '니가 뭘 알겠니…' 하는 생각들이 있죠. 이런 우리의 심통맞은 믿음이 변하지 않는 이상 인공지능이나 메타버스가 아무리 치고 들어와도 우리에게는 새로 해야 할 것들이 더 많아지지 않을까 생각을 합니다.

경제 부분도 없었던 영역이 생기는 거니까요.

김　그렇죠. 환경 문제에 관심이 있어 최근 의상에 관한 걸 보고 있는데 1년에 1,000억 벌의 옷이 만들어지고, 소각되거나 땅에 매립되는 양은 330억 벌이라고 해요. 그런데 제가 봤던 어떤 혁신적인 기업 중에 이런 곳이 있어요. 의상을 사람이 입는 옷처럼 똑같이 디자인해요. 아바타가 입는 아이콘 안에 있는 게 아니라 실제 옷이요. 그런데 이 의상을 집으로 배송하는 게 아니라, 제가 그 회사로 사진을 보내면 사진 속의 제가 그 옷을 입고 있는 것처럼 합성해서 다시 보내줘요. 비용도 그렇게 크지 않아요. 이 회사의 창업 정신이 뭐냐면, 땅에 묻히는 옷들이 사라져야 한다는 거예요. 특히 파티복 같은 옷들은 몇 번 안 입고 버리잖아요. 이 회사는 진짜 옷을 파는 것이 아니라, 합성기술로 사진에서 옷을 바꿔 입혀서 보내주고 추억으로 간직할 수 있도록 하는 거죠. 그런데 실제로 인간의 기억이 재조합되거든요. 사진을 보면서 몇 년이 지나면 진짜로 에펠탑 앞에서 분홍색 양복을 입고 사진을 찍었던 것 같은 느낌이 듭니다.

환경보호에 도움이 되는 산업도 있네요.

전　지금의 기후생태위기를 막으려면 기술을 활용하지 않고는 불가능하거든요. 그래서 이런 인간의 무한한 욕망, 패스트 패션 같은 문제도 메타버스를 통해 해결할 수 있다면 굉장히 유용하지 않을까 합니다.

　　　　　　　　　　　　　　　　　한국인을 읽는다

학교에서 젊은 학생들을 만나보면 이런 시스템에 굉장히 익숙하죠?

강   우리처럼 공부한다기보다는 그냥 디지털 네이티브라는 말처럼 메타버스 네이티브라는 생각이 듭니다. 굉장히 자연스럽게 받아들이고, 이미 생활의 일부로 들어가 있고요. 그런데 결국은 인류의 가장 오래된 숙제인 소유의 문제가 어떻게 해결되는가에 따라서 신세계로 잘 활용할 수도 있고, 숙제를 가진 대안세계일 수도 있겠다는 생각이 드네요.

젊은 세대들은 이미 태어나면서부터 이쪽에 가깝기 때문에 그들의 정서와 그들의 욕망을 투영하는 경제 영역이 점점 더 늘어날 것이고요.

강   그렇죠. 애당초 그런 세계에 대한 요구를 가지고 있고 그런 일을 하고 싶어 하고, 말 그대로 우리 세대와는 다른 사고방식을 가지고 있다는 생각이 들어요. 그러니까 언어가 세계관의 반영인 것처럼 이들에게는 주입된 세계가 아니라 이미 가지고 있는 세계이다 보니까 하고 싶은 일이나 꿈꾸는 미래 직업 자체가 우리랑은 완전히 다른 세계에 가깝다고 보입니다.

전   참 개인적으로는 환경파괴에 가장 큰 주범인 이 부동산 개발, 투기 이런 것들이 다 메타버스로 갔으면 좋겠어요. 각자 살 집 하나씩만 갖고, 나머지 추가적인 것들은 메타버스에서 하면 어떨까요. 그곳에서도 충분히 화폐로 전환할 수 있잖아요. 그런 욕망은 분출하되 지구에 생태적인 부담은 줄이고요.

메타버스 안에 초호화 럭셔리 아파트 하나씩 갖고 말이죠. 지금처럼 도시에 모여 살지 말고 멀리 떨어져서 온라인으로 업무 보고 교육하고 그러면 정말 좋아지죠.

전　　그렇죠. 중앙집중된 것도 분산시키고요.

나중에 혹시 메타버스 상에 아파트 투기 문제도 생길까요?

김　　실제로 어느 정도 발생하고 있습니다. 실제 가상 부동산을 분양하는 업체, 그걸 사서 다시 되파는 사람들도 나오고 있고요. 최근에 건설회사나 토지 관련 회사도 메타버스에 관심을 많이 갖고 있는데요. 거기에다가 직접 무언가를 만들어야겠다는 생각도 있고, 메타버스로 인해서 오프라인 비즈니스에 영향을 받을 거라는 위기감 또는 그 속에서 기회를 찾으려는 움직임도 동시에 존재합니다.

결국 지금 세상의 모습이 메타버스 안에서도 또 똑같이 구현될 것이

라는 말씀이네요. 현실에서 발생하는 심각한 문제가 메타버스에서
도 똑같이 발생하기 전에 우리가 미리 각오하고 대처하는 노력을 해
야겠습니다.

KBS 특별기획
한국인을 읽는다

초판 1쇄 인쇄 2021년 10월 28일
초판 1쇄 발행 2021년 11월 8일

지은이 최재천, 공우석, 제임스 후퍼, 강헌, 박성준, 유성호, 정상훈,
　　　　홍익희, 유인경, 김상균, 강유정, 전범선, 정관용,
　　　　〈한국인을 읽는다〉 제작팀 민노형PD, 김자영 작가
펴낸이 권기대

총괄이사 배혜진
편집팀 이종무, 이재열, 양아람, 이지윤
디자인팀 김창민
마케팅 안익주, 김지윤
경영지원 설용화

펴낸곳 ㈜베가북스 **출판등록** 2021년 6월 18일 제2021-000108호
주소 (07269) 서울특별시 영등포구 양산로3길 9, 2층
주문·문의 전화 (02)322-7241 팩스 (02)322-7242

ⓒ KBS
본 책자의 출판권은 KBS미디어㈜를 통해 계약을 체결한 ㈜베가북스에 있습니다.

ISBN 979-11-6821-006-6 [03300]

* 책값은 뒤표지에 있습니다.
* 잘못된 책은 구입하신 서점에서 바꾸어 드립니다.
* 좋은 책을 만드는 것은 바로 독자 여러분입니다.
　베가북스는 독자 의견에 항상 귀를 기울입니다. 베가북스의 문은 항상 열려 있습니다.
　원고 투고 또는 문의사항은 vega7241@naver.com으로 보내주시기 바랍니다.
* 베가북스에 대한 더 많은 정보가 필요하신 분은 홈페이지를 방문해주시기 바랍니다.

vegabooks@naver.com www.vegabooks.co.kr
 http://blog.naver.com/vegabooks vegabooks VegaBooksCo